P9-BBM-689

wśród
Polaków

Część I

Brygida Rudzka   Zofia Goczołowa

among Poles

Polish for foreign students

Part I

Lublin 1992
Catholic University of Lublin

Brygida Rudzka   Zofia Goczołowa

wśród Polaków

Podręcznik języka polskiego dla cudzoziemców

Część I

Lublin 1992
Katolicki Uniwersytet Lubelski

Recenzenci

Prof. dr hab. Zygmunt Markiewicz – Sorbona
Doc. dr hab. Witold Cienkowski – Uniwersytet Warszawski

Opracowanie redakcyjne i korekta
Anna Dobak

Opracowanie techniczne
Edward Lipczyński

Opracowanie graficzne
Józef Adamski

Projekt obwoluty, okładki i stron tytułowych
Zofia Kopel-Szulc

Rysunki
Jerzy Młotkowski

Fotografie
INTERPRESS, CAF, KAW oraz *G. Thiry* i *P. Ostyn*

Wycinanki ludowe
Muzeum Okręgowe w Lublinie

No part of this book may be reproduced in any form by print, photoprint, microfilm
or any other means without written permission from the publisher.

© by *Brygida Rudzka*

ISBN 83-00-00865-9
83-00-00657-5

REDAKCJA WYDAWNICTW
Katolickiego Uniwersytetu Lubelskiego
Al. Racławickie 14, 20-950 Lublin

Contents

   1. **The Polish Alphabet**
   2. **Vowels**
      2.1. Pronunciation, Distribution & Spelling
      2.2. Minimal Pairs
   3. **Consonants**
      3.1. Pronunciation, Distribution & Spelling
      3.2. Minimal Pairs
      3.3. Modification of Consonants Through Phonetic Context
      3.4. Simplification of Consonantal Clusters
   4. **Word Stress**

   1. **Inflection**
      1.1. Definition & Function
      1.2. Cases
      1.3. Stems & Endings
   2. **Consonantal Alternations**
      2.1. Functional Classification of Consonants
      2.2. Types of Consonantal Alternations
      2.3. Examples of Consonantal Alternations
      2.4. The $k \rightarrow ki$ & $g \rightarrow gi$ Alternation
   3. **Types & Examples of Vowel Alternation**

PRZYJAZD

I. PRZEPRASZAM, CZY PANI BROWN?
II. CZY JEST WOLNY POKÓJ?

I. NOMINATIVE SINGULAR

   1. **Nouns**
      Masculine & Feminine
   2. **Pronouns**
      Interrogative Pronouns: *kto?* , *co?*
      Demonstrative Pronoun: *to*
   3. **Uses of the Nominative**

II. THE VERB *być*
   Present Tense Singular

III. PARTICLES: *Czy? Tak. Nie.*

IV. INTONATION

5

NIC NIE WIDZĘ, NIC NIE SŁYSZĘ

I. NIE WIESZ, CO ROBI MARY?
II. NIC NIE SŁYSZYMY!

I. NOMINATIVE SINGULAR & PLURAL

    1. Nouns
        Masculine Plural in -*owie*
    2. Pronouns
        Demonstrative Pronouns: *tamten, tamta, tamto*
        Interrogative Pronouns: *czyj?, czyja?, czyje?*
        Possessive Pronouns: *mój, moja, moje;*
        twój, twoja, twoje; jego, jej
    3. Possessives in Polish and English
II. PRESENT TENSE
    1. The -*ę* / -*isz* **Conjugation**
    2. Irregular Verbs: *stać, bać się, spać*

TARG

I. CIELĘTA ZDROWE, CIELĘTA!
II. KAPUSTA MŁODA, KAPUSTA!

I. NOMINATIVE SINGULAR & PLURAL

    1. Nouns
        Neuter Nouns in -*ę*
        Neuter Nouns in -*um*
    2. Possessive Pronouns: *nasz, nasza, nasze;*
        wasz, wasza, wasze; ich
II. PRESENT TENSE
    The -*ę* / -*esz* Conjugation
III. ADVERBS
IV. THE INTERROGATIVE PRONOUN *jak?*

SZYBCIEJ PANOWIE!

I. KTO PIJE, TEN ŻYJE!
II. KAŻDY ORZE, JAK MOŻE!

I. PRESENT TENSE

    1. The -*ę* / -*esz* **Conjugation**
    2. Irregular Verbs
II. VERBAL COMPLEMENTS
III. NUMBERS
    Cardinal Numbers

JEDZIEMY NA WIEŚ

I. CIESZĘ SIĘ, ŻE JADĘ
II. NUMER NIE ODPOWIADA

I. ACCUSATIVE SINGULAR

    1. Nouns
        Masculine, Feminine & Neuter
    2. Pronouns
        Interrogative Pronouns: *kto?, co?*
        Personal Pronouns: *ja, ty, on, ona, ono*
    3. Adjectives
    4. Pronouns
        Interrogative Pronouns: *jaki?, jaka?, jakie?*
        Interrogative Pronouns: *który?, która?, które?*
        Demonstrative Pronouns: *ten, ta, to*
II. NUMBERS
    Cardinal Numbers

11

3. Neuter
4. Irregular: *dzień, brat, człowiek, rok; dziecko, oko*

Od wydawcy

Książka, którą imieniem Wydawnictwa mam zaszczyt przedstawić czytelnikom, jest z pewnością wydarzeniem nie tylko w kontekście naszych publikacji. Stanowi nowy model podręcznika do nauki języka polskiego dla cudzoziemców, bardzo różny od dotychczasowych pomocy tego typu, przygotowywanych czy to w kraju, czy za granicą. Wykorzystuje doświadczenia dydaktyczne zarówno samych autorek, jak i propozycje wypracowane w ośrodkach lingwistycznych różnych krajów.

Zamysł autorek wolno określić jako bardzo ryzykowny: ociera się wręcz o paradoks. Pragną one bowiem — *verbatim* — dać podstawy „do poprawnego posługiwania się językiem polskim w codziennych, typowych sytuacjach", zapoznać tylko z jedną odmianą współczesnej polszczyzny, „z potocznym językiem konwersacyjnym" — opatrując jednocześnie książkę w poważny aparat językoznawczy. W ten sposób skromne na pozór i tylko praktycznie pomyślane czytanki uzyskują zaplecze naukowe, pozwalają użytkownikom wejść głębiej w fonetykę oraz w strukturę języka i zrozumieć jego funkcjonowanie. Ilustrować te zasady ma system zestawień i tabel (wyraźnie już adresowany do czytelnika z *English-speaking world*), którym towarzyszą obszerne komentarze w języku angielskim.

Wydaje się, że książka spełni także inną funkcję: nie tylko wprowadzi w arkana mowy polskiej, ale i w pewne aspekty naszej wrażliwości i percepcji świata, odbite we frazeologii polskiej. Autorki są tych relacji w pełni świadome i myślą o nich w doborze materiału. Pragną też wyeksponować pewne cechy krajobrazu i kultury polskiej: formuła „Polska krajem kontrastów" wyraża właśnie bogactwo, różnorodność, złożoność zjawisk, wymykających się łatwym uogólnieniom.

Jeśli te ambitne zamysły udało się w znacznym stopniu zrealizować, niemała w tym zasługa zarówno formacji, jak i cierpliwych wysiłków autorek. Obie wychowanki i absolwentki Katolickiego Uniwersytetu Lubelskiego, w tej uczelni uzyskały filologiczną inicjację: w zakresie językoznawstwa polskiego — Zofia Klimaj-Goczołowa, w zakresie filologii angielskiej — Brygida Rudzka-Ostyn. Lata pracy dydaktycznej ze studentami KUL-u (Z. Klimaj-Goczołowa) czy Uniwersytetu Jagiellońskiego (B. Rudzka-Ostyn) przyniosły im doświadczenia, które miały się następnie rozszerzyć. Wypadło bowiem obu uczyć za granicą, we Francji i Belgii, co z pewnością dało okazję do cennej konfrontacji i weryfikacji metodycznej.

B. Rudzka-Ostyn ma też za sobą kilkuletnie studia doktoranckie w znanym ośrodku lingwistycznym w Rochester (USA), uwieńczone stopniem doktorskim w dziedzinie językoznawstwa ogólnego. Wraz z mężem, Paulem Ostynem, autorem wielu już książek o podobnym charakterze, przygotowała podręcznik do nauki języka angielskiego (*English of the 70s*, Plantyn, Antwerp), o zupełnie nowych założeniach. Jest wykładowcą anglistyki i językoznawstwa ogólnego w Leuven Universiteit (Lovanium).

Druga ze współautorek, dr Klimaj-Goczołowa, wniosła dobrą znajomość struktury języka polskiego jako wychowanka prof. T. Brajerskiego, doktor Uniwersytetu Warszawskiego, wieloletni wykładowca KUL, odpowiedzialna za przygotowanie polonistów w zakresie gramatyki opisowej, historii języka, dialektologii i języka staro-cerkiewno-słowiańskiego. Jej naukowe przygotowanie legitymują wcale liczne publikacje (m. in. *Składnia powieści Stanisława Przybyszewskiego,* Lublin, TN KUL); wspomniano tu już o jej pracy dydaktycznej w Belgii (Louvain) i Francji (Paryż).

Niech podręcznik sam, którego tylko pierwszą część oddajemy na razie w ręce czytelników, legitymuje autorki — nasze wychowanki — oraz Redakcję Wydawnictw. Oby skutecznie przybliżał słowo polskie, jego wielorakie kompetencje i obszary.

Prof. dr Irena Sławińska
Przewodnicząca Komisji Wydawniczej KUL

Książki nie są zazwyczaj wyłącznym dziełem autorów. Pracy nad niniejszym podręcznikiem również towarzyszyły inspiracje a także pomoc wielu osób. I tak, z inicjatywą jego przygotowania wystąpiła Profesor Irena Sławińska, do realizacji tego zamysłu przyczynił się również Profesor Jan Turowski, zaś Profesor Tadeusz Brajerski służył nam radą oraz doświadczeniem, udostępniając życzliwie wyniki własnych badań i przemyśleń. Profesor Zygmunt Markiewicz i Docent Witold Cienkowski jako recenzenci niniejszej pracy podzielili się z nami wnikliwymi spostrzeżeniami i uwagami krytycznymi, z czego skorzystałyśmy, korygując wiele błędów i niedociągnięć.

Z perspektywy nie-Polaków książce tej przyjrzeli się: Gerald Darring, który sprawdził dialogi wraz z częścią słownikową sugerując cenne poprawki i uzupełnienia, oraz Joan Miller, która pomogła przy redakcji tekstów angielskich, wnosząc nie tylko poprawki stylistyczne, ale proponując nowe, bardziej przejrzyste ujęcia materiału.

Pragniemy również podziękować p. Norbertowi Wojciechowskiemu, kierownikowi Redakcji Wydawnictw KUL, który z entuzjazmem podjął inicjatywę wydania podręcznika i dopingował nas do pracy.

Za pomoc i życzliwość wszystkich tych osób wyrażamy głęboką wdzięczność

Autorki

Przedmowa

Materiał w podręczniku języka polskiego *Wśród Polaków* został podzielony na trzy części. Wypływa to z ogólnej koncepcji stopniowania trudności w uczeniu języka obcego. Tom niniejszy stanowi pierwszą część całości. Jego celem jest danie podstaw do poprawnego posługiwania się językiem polskim w codziennych, typowych sytuacjach. Zapoznaje on więc tylko z jedną odmianą współczesnej polszczyzny — z potocznym językiem konwersacyjnym. Wybór tej odmiany języka — jako podstawowej bazy porozumiewania się — podyktował wprowadzenie uczących się języka polskiego cudzoziemców: Mary i Jeana, do domu profesora Górskiego oraz w środowisko studenckie, psychologicznie im najbliższe, gdzie mogą się zetknąć z poprawną wersją mowy potocznej.

dialogi   W związku z tym zastosowano tutaj także jedną tylko formę podawczą wypowiedzi — dialogi, na podstawie których uczący się języka obcego najłatwiej może sobie przyswoić umiejętność konwersacji. Dbając o naturalność wypowiedzi, zatem unikając uczenia sztucznych „książkowych" zdań, starano się w dialogach zapoznać przede wszystkim ze składnią polskiego języka potocznego. Nie unikano więc wprowadzania elips, zdań niedokończonych, równoważników, wyrazów nawiązujących jak również utartych a nawet nieco sfrazeologizowanych zwrotów — typowych wyznaczników mowy potocznej, które mogą, a nawet powinny być przyswajane w całości jako wyrażenia idiomatyczne.

Zaprezentowana w dialogach tematyka ma także wprowadzać w atmosferę codziennego życia i dzięki temu, o ile to jest możliwe na tym poziomie języka, ukazywać — choćby tylko do pewnego stopnia — polską mentalność.

Wprowadzenie różnych związków międzyludzkich było też okazją do pokazania emocjonalnej i psychologicznej warstwy języka, a zatem — poza uczeniem podstawowych zasad gramatyki — do przedstawienia równie ważnych typowych „chwytów" ekspresywnych, tzn. konstrukcji podkreślających lub łagodzących zabarwienie emocjonalne wypowiedzi. W związku z tym bohaterowie dialogów żartują, kłócą się między sobą, plotkują, krytykują się i pokpiwają z siebie nawzajem.

słownictwo   Słownictwo i zwroty starano się tu wprowadzać tematycznie na zasadzie tzw. pól semantycznych. Poszczególne sytuacje w dialogach mają pomagać w zapamiętywaniu słów oraz zwrotów w naturalnym kontekście. Unikano tu jednak zbyt typowych i utartych tematów będących zwykle pretekstem do zgromadzenia określonego słownictwa.

W zestawieniu słów pod każdym dialogiem przyjęto metodę ich klasyfikacji według części mowy, ażeby korzystającemu z podręcznika ułatwić uświadamianie sobie rozróżnień w zakresie polskich kategorii gramatycznych. W każdej lekcji starano się też zgromadzić i wyodrębnić dość bogatą grupę wyrażeń oraz zwrotów a nawet utartych fraz czy przysłów, których przyswojenie — jak już podkreślono — jest konieczne w posługiwaniu się językiem potocznym. Starano się również zachować proporcję między rzeczownikiem i czasownikiem, gdyż pozwala to na większą swobodę w wypowiadaniu się.

Liczba słówek w każdej lekcji jest dość duża w porównaniu z lansowaną przez metodyków angielskich lub francuskich. Wiąże się to ze specyfiką fleksji polszczyzny. W języku o takim zróżnicowaniu w tym zakresie, gdzie opanowanie jednego przypadka ze względu na rodzaj, końcówkę mianownika liczby pojedynczej, zakończenie tematu itp. wymaga zastosowania w dialogu kilku reprezentantów poszczególnych grup fleksyjnych rzeczowników lub innych części mowy, nie można sobie pozwolić na zbyt daleko idące ograniczenia co do liczby słówek. Ich opanowanie nie powinno jednak nastręczać trudności, gdyż ułatwiają to sytuacje dialogowe, powtarzanie słów w tabelach służących egzemplifikacji zagadnień gramatycznych, ćwiczenia a także ekspresywne rysunki ilustrujące tematykę dialogu.

W objaśnianiu słów przyjęto tłumaczenie ich znaczenia w danym kontekście; tylko w niektórych wypadkach podano po kilka odpowiedników angielskich, żeby lepiej zilustrować ich węższy lub szerszy zakres znaczeniowy w języku polskim. Objaśniano też czasem opisowo — w przypadku braku dokładnych odpowiedników angielskich — idiomy, trudniejsze konstrukcje z elipsą lub formy, które zostały użyte w dialogu, a których nie wyjaśniono jeszcze w części gramatycznej danej lekcji.

gramatyka   Jeśli chodzi o zaprezentowanie zagadnień gramatycznych koniecznych do opanowania, by móc porozumiewać się po polsku w codziennych sytuacjach, to dokonano tu następującej selekcji materiału. Spośród różnych podsystemów gramatycznych wybrano fonetykę w jej powiązaniu z fonologią, fleksją oraz z semantyką a także fleksję w jej ścisłej łączności ze składnią zdania prostego. Wybór tych dwóch podsystemów został podyktowany tym, że w systemie komunikacyjnym języka polskiego ważna jest poprawna artykulacja, na której spoczywa nie tylko ciężar odróżniania wyrazów w zakresie ich znaczeń, lecz także częściowo form fleksyjnych, oraz fleksja, gdyż bez jej znajomości nie do pomyślenia jest budowa poprawnych zdań. Z drugiej strony oba te działy sprawiają najwięcej trudności cudzoziemcowi, którego językiem ojczystym jest język pozycyjny o zredukowanej fleksji, różniący się także znacznie w zakresie systemu spółgłoskowego. Zapoznanie więc z podstawowymi regułami obu tych systemów wydaje się i z tego względu sprawą najbardziej podstawową. Morfologię i składnię zdania złożonego pozostawiono tymczasem na uboczu, odkładając ich omówienie do części drugiej i trzeciej, gdyż znajomość tych zagadnień gramatycznych nie jest konieczna, by porozumiewać się w najprostszych sytuacjach. Częściowo jednak niektóre typy zdań złożonych z charakterystycznymi dla mowy potocznej spójnikami wprowadzono już w dialogach tego tomu, by stopniowo przyzwyczajać uczących się do tych konstrukcji.

fonetyka   W zasadzie całą część gramatyczną podręcznika wypełnia fleksja w powiązaniu ze składnią zdania prostego. Materiał fonetyczny przedstawiono we Wstępie (Introduction), gdyż nie byłoby możliwe stopniowe omawianie wymian samogłosek i spółgłosek w każdej lekcji z powodu trudności dobrania materiału słownikowego dialogów tak, by równocześnie reprezentował on określone zagadnienia fleksji i fonetyki. Wstęp został tak pomyślany, by praktyczne korzystanie zeń przez studenta i przez nauczyciela mogło być jak najbardziej ułatwione. Opis artykulacji poszczególnych spółgłosek i samogłosek podsumowują raz jeszcze tabele klasyfikujące je według ich właściwości fonetycznych. Zwrócono tu też uwagę na najważniejsze upodobnienia zachodzące w żywej mowie, zwłaszcza na te, których niezrealizowanie mogłoby prowadzić do sztucznych efektów w wymowie (np. realizacja nosowości ę lub dźwięczności spółgłosek w wygłosie wyrazu).

We Wstępie za pomocą odpowiednich tabel syntetycznie przedstawiono też fonetykę w ścisłym powiązaniu z fleksją. Zwrócono tu mianowicie uwagę na te wymiany fonetyczne, które funkcjonują w odróżnianiu znaczeń między wyrazami i poszczególnych form w deklinacji lub w koniugacji.

Tak pomyślany Wstęp ma tę dogodność, że pozwala na odsyłanie do niego przy omawianiu określonych zagadnień fleksyjnych wiążących się z fonetyką. Dzięki temu w części fleksyjnej pewne wymiany fonetyczne omówiono w uproszczeniu, by nie powtarzać problemów, które zostały dokładnie przedstawione w części fonetycznej. Tak np. w partii fleksyjnej sygnalizuje się tylko wymianę spółgłosek twardych do miękkich przy określonych formach, ale nie wyszczególnia się ich, odsyłając do odpowiedniego paragrafu i tabeli we Wstępie. Syntetyczne ujęcie wymian samogłosek i spółgłosek funkcjonujących we fleksji, jakie tam przedstawiono, pozwala również zwrócić uwagę na to, że ten sam typ wymian może zachodzić zarówno w koniugacji, jak i w deklinacji oraz że przebiega wciąż według określonych, często podobnych zasad.

Wstęp podaje również wyjaśnienia podstawowych pojęć i terminów gramatycznych. Zebrano tu także najważniejsze zasady polskiej pisowni w powiązaniu z regułami wymian fonetycznych głosek.

fleksja   Przedstawiając zagadnienia fleksji w poszczególnych lekcjach starano się zaprezentować jak najprostszy jej model strukturalny: dokonano wyboru tylko tego, co konieczne do konstruowania zdań pojedynczych. Tak więc omówiono strukturę fleksyjną: rzeczownika, przymiotnika, czasownika, zaimka, liczebnika i przysłówka, pominięto jednak wszystkie imiesłowy, zwłaszcza współczesny czynny nieodmienny oraz imiesłowy przeszłe, gdyż zasadniczo nie stosuje się ich w języku mówionym. Imiesłowy przymiotnikowe bierne i czynne odmienne omówiono na razie łącznie z przymiotnikiem, ponieważ ich fleksyjna struktura jest taka sama, a wiedza o pochodzeniu — zbędna w praktyce językowej. Pominięto także czas przyszły, gdyż w sytuacji potocznej rozmowy można go zastąpić czasem teraźniejszym, co zaprezentowano wielokrotnie w dialogach. Omówiono natomiast czas przeszły, mimo że trudniejszy, ponieważ jest on ważny w narracji i daje większe możliwości konwersacyjne. Poza tym mając do dyspozycji czas przeszły, łatwiej pokazać tak ważne a zarazem trudne do wyjaśnienia różnice między aspektem i czasem gramatycznym w języku polskim i angielskim. Pominięto również stronę bierną jako na ogół bardziej „elegancką" formę czasownikową stosowaną przede wszystkim w języku pisanym.

Gramatyka w każdej lekcji dzieli się na dwie części. Najpierw omawia się grupę nominalną, a następnie werbalną. Podkreśla się jednak ścisły związek obu tych grup, zwłaszcza rzeczownika i czasownika, zwracając np. uwagę na fakt, że określone przypadki wiążą się z określonymi typami semantycznymi czasowników lub z ich pewnymi formami gramatycznymi.

W obrębie grupy nominalnej najdokładniej zaprezentowano fleksję rzeczownika — z uwagi na najwyższy stopień jej skomplikowania. Przedstawiono zatem różne warianty jego odmiany ze względu na: rodzaj gramatyczny, końcówkę mianownika, temat fleksyjny oraz semantykę. Także i tutaj dokonano selekcji form mając na uwadze tylko najbardziej podstawowe. Omówiono więc jedynie najczęstsze wyjątki we fleksji rzeczownika i najbardziej użyteczne w mowie potocznej funkcje poszczególnych przypadków w zdaniu. Tak np. spośród różnych użyć, w jakich występuje dopełniacz, wybrano jego funkcję przydawki posiadacza, dopełnienia czasowników zaprzeczonych i innych ze względu na ich semantykę, podając listę tylko tych czasowników, które wystąpiły w podręcznikowych tekstach. Zrezygnowano tu jednak z wszelkich ścisłych definicji określających typ semantyczny czasowników wymagających dopełniacza. Mówiąc o funkcjach przypadków starano się więc wskazywać konkretne przykłady stosowania poszczególnych form i podawać zasadnicze reguły ich użycia pod kątem praktyki językowej.

Po omówieniu danej formy rzeczownika w poszczególnych lekcjach przedstawiano zazwyczaj wszystkie inne części mowy wchodzące w skład grupy nominalnej w tej samej formie przypadkowej. Przy objaśnianiu form grupy nominalnej zachowywano na ogół następujący porządek: najpierw omówienie danej formy rzeczownika, z kolei przymiotnika, następnie zaimków i liczebnika. Łączne przedstawienie tych samych form grupy nominalnej miało na celu podkreślenie ich wzajemnego syntaktycznego powiązania w zdaniu, wyrażającego się związkiem zgody oraz wzajemną obligatoryjną lub fakultatywną konotacją.

W każdej lekcji omówiono w zasadzie jeden przypadek liczby pojedynczej lub mnogiej i na ogół jeden tylko rodzaj, głównie ze względu na złożone podziały w zakresie deklinacji rzeczownika. Tam, gdzie fleksja rzeczownika była mniej skomplikowana, łączono wszystkie trzy rodzaje.

Kolejność omawiania przypadków została podyktowana ich rolą w budowie zdania. Tak więc najpierw omówiono mianownik jako podmiot, później biernik jako dopełnienie bliższe, znajomość bowiem obu tych form pozwala już na tworzenie najprostszych zdań w języku polskim; z kolei przedstawiono dopełniacz, narzędnik, celownik i miejscownik. Przyjęcie takiej kolejności wprowadzania przypadków zostało również podyktowane współzależnością ich występowania z czasownikami i z innymi częściami mowy w odpowiedniej formie. Tak np. zgodnie z ową zasadą grupowania struktur dopełniacz omówiono łącznie z liczebnikiem i ze stopniowaniem przymiotników, a wołacz łącznie z trybem rozkazującym, ponieważ często z nim występuje. Poszczególne przypadki zaprezentowano od razu w liczbie pojedynczej i mnogiej, gdyż sytuacja mówienia wymaga stosowania z równą frekwencją obu tych liczb. Niektóre trudniejsze struktury wprowadzono stopniowo, np. czasowniki dokonane, liczebniki czy niektóre zaimki, ażeby uczący się miał czas na ich zrozumienie i przyswojenie.

tabele   Materiał gramatyczny przedstawiono i wyjaśniono następującą metodą. Każde zagadnienie w obrębie lekcji ujęte jest najpierw w tabeli, gdzie na podstawie odpowiednich przykładów uwidacznia się strukturę danej formy i egzemplifikuje ogólną regułę jej tworzenia, zapisaną w komentarzu pod spodem tabeli. Ten poglądowy sposób ma pomóc w przyswajaniu materiału gramatycznego. Stosuje się tu cztery rodzaje tabel: tabele strukturalne, funkcjonalne, funkcjonalno-strukturalne oraz tabele mające wartość jedynie egzemplifikacyjną. Tabele strukturalne w wypadku rzeczownika przedstawiają schemat budowy fleksyjnej danego przypadka w zestawieniu z formą podstawową — mianownikiem liczby pojedynczej. Tabele te stosowane są konsekwentnie przy omawianiu form rzeczownika i czasownika. W pionowym przekroju tabeli strukturalnej wskazuje się na temat i końcówkę, w poziomym oddziela się albo poszczególne grupy w danym modelu fleksyjnym, np. różne warianty tej samej formy przypadkowej rzeczowników, albo — przy czasowniku — formy poszczególnych osób.

Przedstawienie form fleksyjnych przymiotników, zaimków przymiotnych i liczebników porządkowych zostało dokonane w tabelach funkcjonalno-strukturalnych uwydatniających związek składniowy tych części mowy z rzeczownikiem. Nie są one bowiem samodzielnymi składnikami zdania i zawsze funkcjonują w powiązaniu syntaktycznym z rzeczownikiem. Odwoływanie się więc przy każdej formie przypadkowej np. przymiotnika do mianownika liczby pojedynczej jako formy podstawowej nie było tak konieczne jak przy rzeczowniku, gdyż ma on fleksję prostszą. Fleksję form przymiotnikowych powiązano także z odmianą odpowiednich zaimków pytajnych. By podkreślić tę współzależność, zestawia się w tabelach odpowiednie zdania twierdzące i pytające z użyciem omawianych form.

Przegląd wszystkich typów deklinacyjnych oraz koniugacyjnych podano w tabelach zbiorczych (Grammatical Tables). Został on włączony z tych względów, że paradygmaty fleksyjne rozbito w lekcjach na poszczególne formy. Ten syntetyczny przegląd całego systemu fleksyjnego służyć może do porządkowania i do utrwalania przerobionego materiału gramatycznego np. przy powtórce. Tam też uzupełniono te paradygmaty, które w poszczególnych lekcjach omówiono tylko fragmentarycznie.

ćwiczenia   Wszystkie zagadnienia gramatyczne występujące w danej lekcji ugruntowywane są przez ćwiczenia. Starano się tu zarówno o możliwie dużą liczbę ćwiczeń, jak i o ich różnorodność, gdyż dopiero wielokrotne utrwalanie materiału leksykalnego i gramatycznego może dać rezultaty praktyczne. W każdej lekcji jest około 20 ćwiczeń: fonetycznych, fleksyjnych, składniowych, ortograficznych, leksykalnych i konwersacyjnych. Stosuje się również ćwiczenia odmienne pod względem metody, zależnie od celu, jaki się chce dzięki nim osiągnąć. Tak więc występują tu proste ćwiczenia obejmujące tylko jeden problem gramatyczny lub leksykalny, ćwiczenia podkreślające wzajemny związek zagadnień gramatycznych, np. fleksji ze składnią, oraz takie, które łączą gramatykę i leksykę. Duża część ćwiczeń pomyślana została w ten sposób, by problemy gramatyczne i leksykalne wystąpiły w strukturach utrwalających jednocześnie pewne mechanizmy konwersacyjne typowe dla określonych sytuacji (np. przedstawiania się, witania, żegnania, kupowania). Są tu również ćwiczenia, gdzie uwzględniono pewne elementy ekspresywne, wprowadzone po to, by uczący się języka polskiego poza zdolnością porozumiewania się osiągnęli również możność wyrażania swych stanów emocjonalnych, takich jak: niepewność, niezadowolenie, entuzjazm. W każdej lekcji pewna partia ćwiczeń zbiera materiał występujący w lekcjach poprzednich. Dzięki temu działa metoda spirali, której celem jest ciągłe przypominanie i utrwalanie przerobionego materiału. Duża liczba i różnorodność ćwiczeń zostały podyktowane tym, że pewna ich część może być przerabiana w domu, pewna w grupach. Prawie połowa — choć zrobiono to tylko z niektórymi — nadaje się do nagrania na taśmy i wykorzystania w warunkach laboratoryjnych. Poza tym niektóre typy ćwiczeń prowadzący może wybierać do przerobienia na lekcji w zależności od stopnia zaawansowania studentów.

indeks   Indeks podaje w porządku alfabetycznym słówka wraz z numerami lekcji, w której po raz pierwszy zostały wprowadzone, oraz przegląd ich trudniejszych form gramatycznych.

nagrania   **Usprawnieniu korzystania z podręcznika służy nagranie wszystkich dialogów oraz wybranych ćwiczeń na kasety.**

metoda   W zakończeniu należy podkreślić, że podręcznik ten przeznaczono dla osób dorosłych mających przynajmniej podstawowy zasób wiedzy o języku, a więc w zasadzie dla ludzi ze średnim wykształceniem. Jest on rezultatem doświadczeń autorek w zakresie nauczania języka angielskiego i polskiego oraz studiów różnych metod nauczania języków obcych. Ogromną pomocą były tu gramatyki języka polskiego: T. Brajerskiego, R. Laskowskiego, A. Schenkera oraz J. Tokarskiego. Pod względem metodologicznym najwięcej skorzystano z dorobku belgijskiej lingwistyki stosowanej, szczególnie z prac P. Ostyna. Trudno tu było jednak wybrać jedną metodę najbardziej skuteczną w uczeniu języka polskiego. W podręczniku *Wśród Polaków* zastosowano więc do pewnego stopnia metodę eklektyczną. Tabele i komentarze, różnorodne typy ćwiczeń, systematyczne uporządkowanie materiału gramatycznego wreszcie różne środki techniczne: rysunki, zdjęcia, kolory, zmiana kroju czcionki — mają ułatwiać naukę naszego języka osobom o różnych dyspozycjach psychicznych.

części II i III Raz jeszcze należy zaznaczyć, że podręcznik ten jest pierwszą częścią całości i że chodzi w nim jedynie o podanie bazy gramatycznej a także słownikowej koniecznej do opanowania języka mówionego oraz do przyswojenia podstawowych zasad pisowni. Część druga natomiast zapoznawać będzie przede wszystkim z językiem literackim pisanym w najważniejszych jego odmianach — a więc z językiem literatury pięknej, z językiem prasy, popularnonaukowym itp. — i zaprezentuje wybór łatwiejszych tekstów z tego zakresu. Zagadnienia gramatyczne omówione w niniejszym tomie zostaną tam pogłębione oraz uzupełnione. Znajdą się w nim więc pominięte dotąd formy czasownika — czas przyszły prosty i złożony, strona bierna, imiesłowy, nie omówione dotąd funkcje przypadków, a zwłaszcza ich form przyimkowych itp. — zatem konstrukcje charakterystyczne przede wszystkim dla języka pisanego.

W odróżnieniu od części pierwszej, w której omawia się proste struktury językowe, dwie pozostałe zostaną poświęcone bardziej skomplikowanym konstrukcjom językowym — składni zdania złożonego i morfologii.

Celem dalszych części będzie pogłębianie sprawności w mówieniu i w pisaniu (np. w redagowaniu prostych wypowiedzi użytkowych, jak: list, streszczenie, opowiadanie).

SYMBOLS AND ABBREVIATIONS

/	indicates alternatives
φ	indicates a zero element (cf. Introduction, II, 1. 3, 3)
{ }	indicate free alternatives
( )	indicate optional items
[ ]	enclose pronunciations
*	before exercise number indicates an exercise that has been recorded

A / acc.	accusative	m. / masc.	masculine
adj.	adjective	mod.	modal
adv.	adverb	n. / neut.	neuter
conj.	conjunction	N / nom.	nominative
conjug.	conjugation	n.-p. / non-pers.	non-personal
comp.	comparative	p. / pers.	personal
cons.	consonant	p. t.	past tense
D / dat.	dative	pcle	particle
dim.	diminutive	perf.	perfective
emph.	emphatic	1 pers., 2 pers.	first person, second person
f. / fem.	feminine	pl.	plural
G / gen.	genitive	prep.	preposition
I / instr.	instrumental	pres. t.	present tense
indef.	indefinite	pron.	pronoun
inf.	infinitive	sb.	somebody
int.	interjection	sing.	singular
interrog.	interrogative	sth.	something
L / loc.	locative	V / voc.	vocative
lit.	literally		

INTRODUCTION

I. SOUNDS AND SPELLINGS

1. The Polish Alphabet

The Polish alphabet consists of the following letters:

a ą b c ć d e ę f g h i j k l ł m n ń o ó p r s ś t u w y z ź ż.

Many of these letters can be used in sequences of two or three (e.g., **dz, sz, cz, dź, dzi, rz, ci, bi**) to denote single sounds.

2. Vowels

Polish has eight vowel sounds. They are divided into:
(1) f r o n t and b a c k (depending on whether the front or the back of the tongue is used to pronounce them)
(2) h i g h, m i d and l o w (depending on how high the tongue is in relation to the top of the mouth)
(3) o r a l and n a s a l (depending on whether the air stream passes through the mouth or the nose).

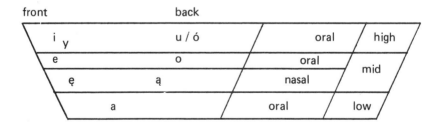

The arrangement of the letters in the above table gives a rough idea of where the tongue should be placed when the vowel sounds are uttered.
Note that the way a vowel is pronounced (long or short) in Polish makes no difference in meaning.

2.1. Pronunciation* and Distribution

Spelling

i — pronounced like the English equivalents in *meet* and *she*, but shorter; used at the beginning of words or after soft consonants (For a list of soft consonants, see 3 and II, 2.1.)

The letter **i** is often a sign that the preceding consonant is s o f t (cf. 3. 1.)

y — corresponds to a sound intermediate between the English **i** in *bit* and **e** in *bet*; used only after hard or hardened consonants (See II, 2. 1.)

u / ó — pronounced like **oo** in *foot* or *mood*, but shorter

The letters **ó** and **u** denote the same sound; **ó** often occurs in words whose inflected forms have **o**, e.g., **stół**, *table;* **stoły**, *tables* (cf. also II, 3.)

e — similar to **e** in *met*
o — similar to **o** in *copper*

ę, ą — pronounced as a n a s a l i z e d **e** or **o** respectively; both **ę** and **ą** retain the nasal resonance when a fricative (See 3) follows, as e.g., in **mężowie**, *husbands* and **mąż**, *husband*

In loanwords vowels pronounced as the nasal **ę** or **ą** are represented by the letters **en** and **on** (e.g., **sens** [sęs], *sense;* **benzyna** [bęzyna], *gasoline;* **konserwy** [kąserwy], *canned food*).

However, when **ą** or **ę** is the last sound of a word (when either is in "word-final position"), then only **ą** is articulated as a nasal; **ę** is ordinarily not. For example, **czytają** [czytają], *they read;* but **imię** [imie], *name.*

Before **ł** and **l**, both **ą** and **ę** lose their nasal resonance and are articulated as **o** and **e** respectively. For example, **wzięły** [wzieły], *they (f.) took;* **wzięli** [wzieli], *they (m.) took;* **wziął** [wzioł], *he took.*

Before stops and affricates (see 3), **ą** and **ę** are replaced by **o** and **e** and an appropriate nasal consonant. Depending on which stops or affricates follow, **ą** and **ę** are pronounced as **om** / **em**, **on** / **en**, **oń** / **eń**, or **oŋ** / **eŋ****.

For example, **trąby** [tromby], *trumpets;* **zęby** [zemby], *teeth;* **kąt** [kont], *corner;* **zakręt** [zakrent], *bend;* **sądzić** [sońdzić], *to judge;* **pięć** [pieńć], *five;* **szczęka** [szczeŋka], *jaw;* **pająk** [pajoŋk], *spider.*

---

*The letters used in the left-hand column of sections 2. 1 and 3. 1, as well as those used in bracketed words, represent sounds.

** ŋ stands for a sound pronounced like **n** in *rank.*

2.2. Minimal Pairs

It is important to recognize the different sounds presented above because they affect the meaning of words.
The following pairs of words differ in meaning through the use of a particular vowel.

bal *ball*   bak *can*   dam *I will give*   kot *cat*
ból *pain*   bąk *horse-fly*   dom *house*   kąt *corner*

był *he was*   pył *dust*   rok *year*   sęk *knot*   sam *alone*
bił *he beat*   pił *he drank*   rąk *(of) hands* sok *sap*   sum *catfish*

3. Consonants

The classification of Polish consonants is based on the following criteria:

(1) **point of articulation** (labial, dental, alveolar, palatal, velar)
(2) **manner of articulation** (obstruction, stoppage, release, etc. of the air stream)
(3) **presence or absence of voice** (vibration or lack of vibration of the vocal cords)
(4) **presence or absence of contact between the middle part of the tongue and the hard palate** (if the middle part of the tongue is raised towards the hard palate, the consonant is classified as s o f t; if it is not, the consonant is identified as h a r d).

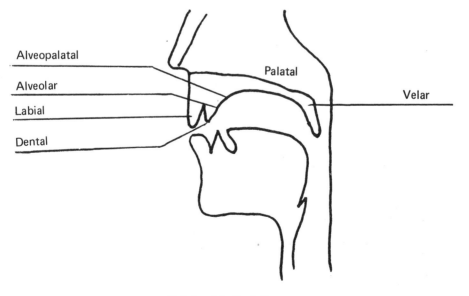

Points of Articulation

MANNER OF ARTICULATION			POINT OF ARTICULATION							
			LABIAL		DENTAL	ALVEOLAR		PALATAL	VELAR	
			hard	soft	hard			soft	hard	soft
	STOP	voiceless	p	pi	t				k	ki
		voiced	b	bi	d				g	gi
	FRICATIVE	voiceless	f	fi	s	sz		ś / si	h / ch	hi / chi
		voiced	w	wi	z	ż / rz		ź / zi		
	AFFRICATE	voiceless			c	cz		ć / ci		
		voiced			dz	dż		dź / dzi		
	NASAL	v	m	mi	n			ń /ni		
	LIQUID	o i				r	l			
	SEMIVOWEL	c e d	ł					j		

This table is meant to provide you with a relatively simple way of identifying Polish consonants. For economy and simplicity, bilabials (**p, b, pi, bi, m, mi, ł**) and labiodentals (**f, w, fi, wi**) have been grouped together as l a b i a l s; "softness" and "hardness" have been subsumed under the common heading of "point of articulation"; and a number of descriptive technicalities have been left out since they are not important for a practical knowledge of the language anyway. What is important is that you learn to pronounce the sounds and to distinguish between h a r d and s o f t consonants as this distinction closely interacts with inflection.

3.1. Pronunciation and Distribution

p, t, k —
b, d, g — pronounced like the English equivalents in *spin, stop, skip, buy, width*, and *gas*.
p, t, k are NONASPIRATED.
With **t** and **d** the tip of the tongue touches the upper teeth, NOT the gums.
f, w, s, z — like the English equivalents in *fence, vet, sun*, and *zoo*.
h / ch — like the English **h** in *hope* but weaker

Spelling

The letters **h** and **ch** represent the same sound. **H** is used mainly in loanwords,

31

sz, ż / rz — like **sh** in **sh**op and **s** in
plea*s*ure respectively
IMPORTANT: While pronouncing
the Polish **sz** or **ż / rz**, the blade of
the tongue articulates against the
alveolar ridge and NOT the alveopalatal region.

c, dz — **c** is pronounced like **tz** in *bli***tz**,
and **dz** like **ds** in *woo***ds**. The two
consonants are pronounced this
way before all vowels except **i**.

Note that **c** is articulated like the
English **tz** even when it is followed
by **k** (**placki** [platzki], *potato pan-
cakes*).

cz, dż — more or less like **ch** in **ch**op and
j / ge in **j**am or a**ge** respectively.
Note that the Polish **cz** and **dż** are
alveolar and NOT alveopalatal as in
English.

m, n — like their English equivalents.

l — like the English **l** in *lock,* and NOT
like the **l** in *pi*l*l* or *peopl*e .

r — the tip of the tongue touches the
alveolar ridge, creating a rapid trill.
IMPORTANT: When pronouncing
the trilled **r**, do not move your
tongue muscles. Let your tongue be
moved by the air stream.

j — corresponds to the English **y** in *y*es,
*y*ou, *Y*ork, etc.

e.g., **hymn,** *hymn,* **huragan,** *hurricane;*
hotel, *hotel.*

The letter **ż** is used when this sound
(1) alternates with **g, z,** or **ż / zi** in the
inflected forms of the words (For these
alternations see Tables A, B, D, E, F in II,
2.2. and 2.3.) or
(2) is preceded by **r, l,** or **ł,** as in   **drżeć,**
to tremble, **lżej,** *easier;* **łże,** *he / she lies.*

The letters **rz** are used when this sound
alternates with **r** (See Table A in II, 2.2.
and 2.3.).

This sound is spelled with the letter **j**
(1) at the beginning of words (i.e., in
"word-initial position"), (e.g., **Janek** *Johnny*).

ł — is pronounced like the English **w** in w**a**ll or w**e**st.

ś / si, ź / zi —
ć / ci, dź / dzi — roughly speaking, the middle of the tongue is raised towards the hard palate while the tip curves down behind the teeth.
As English has no equivalent sounds, only systematic practice will teach you to articulate these sounds and differentiate them from one another and from the hard **sz, rz, cz, dz.**

ń / ni — similar to the first **n** in *lenient.*

pi, bi, fi, wi —
hi / chi, ki, gi — pronounced like the English equivalents in **p**ewter, **B**ucharest, **f**ew, **V**ienna, **H**ugh, **C**uba and *argument.*
Like **h**, the Polish **hi** comes close to a whisper.

(2) when preceded by vowels and **NOT** followed by **i** (e.g., **pająk**, *spider*) or
(3) when preceded by the consonants **c, s** or **z**; this occurs in loanwords (e.g., **konstytucja**, *constitution;* **sesja**, *session;* **poezja**, *poetry*).
When preceded by consonants other than **c, s, z**, the sound **j** is spelled **i**; this also occurs in loanwords (e.g., **partia**, *party;* **encyklopedia**, *encyclopedia;* **galeria**, *gallery*).

In loanwords, the sound **ł** is spelled **u** (e.g., **auto**, *car;* **neurolog**, *neurologist*).

The letters **ś, ź, ć, dź, ń** are used in w o r d - f i n a l position (e.g., **gęś**, *goose;* **gałąź**, *branch;* **grać**, *to play;* **łódź**, *boat;* **koń**, *horse*), or b e f o r e c o n s o - n a n t s (e.g., **kość**, *bone;* **gwóźdź**, *nail;* **końmi**, *with horses*).
Combinations with the letter **i**— such as **si, zi, ci, dzi, ni** — are used before all vowels except **i** (e.g., **sierpień**, *August;* **ziemia**, *earth;* **ciało**, *body;* **dziób**, *beak;* **niebo**, *heaven, sky*).
IMPORTANT: In these examples the letter **i** merely indicates softness. If the letter **i** represents the vowel **i**, no other **i** is needed to mark the softness of the preceding consonant. The **s, c** and **dz** in **siła**, *strength;* **cisza**, *silence*, and **dziś**, *today*, all represent soft consonants pronounced as **ś, č** and **dź** respectively.

Here too, the letter **i** indicates softness. In cases where it also stands for the vowel **i**, once again no additional sign of softness is required.
The combinations **hi** and **chi** occur mainly in loanwords (e.g., **historia**, *history;* **Chiny**, *China;* **chirurg**, *surgeon*).

3.2. Minimal Pairs

All the consonant sounds presented above can affect the meaning of words. It is thus important that you learn to differentiate them from one another.
The following pairs of words differ in meaning through the use of a particular consonant.

	bas *bass*	**dom** *house*	**góra** *mountain*	**waza** *vase*
voiced	**pas** *belt*	**tom** *volume*	**kura** *hen*	**faza** *phase*
vs				
voiceless	**dzień** *day*	**koza** *goat*	**życie** *life*
	cień *shadow*	**kosa** *scythe*	**szycie** *needlework*

	pasek *belt band*	**ceni** *estimates*	**nic** *nothing*
hard	**piasek** *sand*	**cieni** *(of) shadows*	**nić** *thread*
vs			
soft	**len** *flax*	**mała** *small* (f.)	
	leń *lazy-bones*	**miała** *(she) had*	

dental	**kasa** *ticket-office*	**zebra** *zebra*		
vs				
alveolar	**kasza** *cereals*	**żebra** *ribs*	**każę** *I order*	**czerń** *black*
vs				
palatal	**Kasia** *Kate*		**Kazię** acc. of *Kazia*	**cierń** *thorn*

3.3. Modification of Consonants Through Phonetic Context

When sounds come into contact with one another, they can change in voice, softness (palatalization) or point of articulation.

Voice Modification Within the Word

For instance, when a voiced consonant is followed by a voiceless one, both are pronounced as voiceless.

torebka	[torepka]	*handbag*
wódka	[wutka]	*vodka*
ławka	[ławfka]	*bench*

Likewise, when a voiceless consonant is followed by a voiced one (except **w** and **rz**), both are pronounced voiced.

jakby	[jagby]	*as if*
prośba	[proźba]	*request*

The consonants **w** and **ż / rz** always become voiceless in the immediate vicinity of voiceless consonants, whether followed or preceded by them.

przód	[pszut]	*front*
przepraszam	[pszepraszam]	*excuse me*
twarz	[tfasz]	*face*
łyżka	[łyszka]	*spoon*
łóżko	[łuszko]	*bed*
powtarzać	[poftarzać]	*repeat*

Voice Modification in Word-Final Position

Voiced stops, fricatives and affricates are pronounced as voiceless when they appear in word-final position.

dąb	[domp]	*oak*	mróz	[mrus]	*frost*
lód	[lut]	*ice*	gałąź	[gałąś]	*branch*
róg	[ruk]	*horn*	mąż	[mąsz]	*husband*
staw	[staf]	*pond*	obudź	[obuć]	*wake (up)* imperative

Palatalization

Before **ł, mi** and palatal consonants, the hard **s** and **z** change into the soft **ś / si** and **ż / zi** respectively.

ciasto	*cake*	cieście	*(in) the cake*
gniazdo	*nest*	gnieździe	*(in) the nest*
zwięzły	*concise*	zwięźle	*concisely*
czasopismo	*journal*	czasopiśmie	*(in) the journal*

(For other types and examples of assimilation see T. B r a j e r s k i, *Polish Grammar*, Lublin 1981).

3.4. Simplification of Consonantal Clusters

Ł dropped

When **ł** appears between consonants or in word-final position, it is not pronounced.

ukradł	[ukrat]	*he stole*
ukradłby	[ukradby]	*he would steal*
umysł	[umys]	*mind*
jabłko	[japko]	*apple*

(For other cases consult Brajerski's grammar .)

4. Word Stress

As a rule, the stress falls on the penultimate syllable in Polish.

kobieta*	*woman*	interesujący	*interesting*
jedziemy	*we travel*	bezinteresówny	*disinterested*
wesoły	*gay*		

Exceptions to the rule include:

---

*The stressed syllables are presented in bold-face.

1, 2 and 3 indicate the number of syllables, counting back from the end of the word.

(1) words of foreign (mainly Greek and Latin) origin, such as:

         ³ ² ¹   ³ ² ¹
     matematyka   *mathematics*   uniwersytet   *university*

      ³ ² ¹   ³ ² ¹
     statystyka   *statistics*   prezydent   *president*

(2) Ist and 2nd person plural forms of the past tense:

      ³ ² ¹   ³ ² ¹
     pisaliśmy   *we wrote*   pisaliście   *you wrote*

      ³ ² ¹   ³ ² ¹
     spaliśmy   *we slept*   spaliście   *you slept*

(3) combinations with enclitics (words and particles which do not count in stress placement) such as the conditional particle **-by** and the numeral **sto / a.**
The same syllable is always stressed whether these enclitics are present or not. For example,

     ² ¹   ³ ² ¹
     pisali   *they wrote*   pisaliby   *they would write*

     ² ¹   ³ ² ¹
     cztery   *four*   czterysta   *four hundred*

(4) some native Polish words and expressions, such as:

             ³ ² ¹
           w ogóle   *in general*

             ³ ² ¹
           okolica   *surroundings*

                       ³ ² ¹
           rzeczpospolita   *republic*

II. RELATIONSHIPS BETWEEN SOUNDS AND INFLECTION

1. Inflection

1.1. Definition and Function

Inflection means a change of form by which some words indicate certain grammatical relationships, such as n u m b e r, c a s e, g e n d e r, t e n s e, and p e r s o n. Changes according to case, gender and number usually come under the name of d e c l e n s i o n and those involving person, number and tense come under the name of c o n j u g a t i o n.

The term declension is also used to denote a group of nouns, pronouns, adjectives and numbers which share the same inflectional forms. Likewise, conjugation can mean a group of verbs with similar or identical forms.

Inflection plays the same role in Polish as word order and / or prepositions in other languages. Under normal circumstances the noun *John* in the English sentence *John has a cat* will be interpreted as possessor because it occupies sentence-initial position. In other words, the information that *John* and not *cat* is the possessor will be conveyed only if a certain word order is observed. However, Polish uses inflectional endings to convey the same relationship between *John* and *cat,* no matter which noun comes first in the sentence. Whether one says **Jan ma kota** or **Kota ma Jan**, it is always clear who the possessor is because the accusative ending -a attached to **kot** carries the information that **kot** is the object possessed.

1.2. Cases

The example of **kot-a** brings us to the notion of c a s e.

A grammatical case is usually defined as a form which nouns, pronouns, adjectives (and, in Polish, also numbers) can take to show their relation to other items in the sentence. As was illustrated above, English expresses some of these relations by word order, whereas Polish uses distinct case forms.

There are seven cases in Polish. To make it easier to identify them, they are listed together with the questions they commonly answer.

1. **Nominative (Mianownik):** *Who? What?* (Subject of sentence)
2. **Genitive (Dopełniacz):** *Whose? Of whom? Of what?*
3. **Dative (Celownik):** *To whom? To what?*
4. **Accusative (Biernik):** *Who? / Whom? What?* (Direct object of sentence)
5. **Instrumental (Narzędnik):** *With / By whom? With / By what?*
6. **Locative (Miejscownik):** *Where? About / In whom? About / In what?*
7. **Vocative (Wołacz):** used in forms of address

1.3. Stems and Endings

If a noun like **kot** is declined for all these cases, the following pattern emerges:

Singular	Plural
N kot φ	N kot-**y**
G kot-**a**	G kot-**ów**
D kot-**u**	D kot-**om**
A kot-**a**	A kot-**y**
I kot-**em**	I kot-**ami**
L koci-**e**	L kot-**ach**
V koci-**e**	V kot-**y**

The common forms **kot-** and **koci-** are called s t e m s and the forms -a, -u, -em, -ami, -ach, etc. — which distinguish one case from another — are called e n d i n g s.

Observe that in the nominative case, **kot** has no ending or, as grammarians would say, it has a z e r o ending. Throughout this book the zero ending will be symbolized by φ.

Unlike other endings, it will not be separated from the stem by a hyphen.

The distinction between s t e m and e n d i n g is not just limited to nouns. In fact, every part of speech which can be inflected (i.e. declined or conjugated) can be analyzed in terms of stems and endings. For instance, in discussing verbs grammarians distinguish the stems and endings of the infinitive, the present tense, the past tense, the imperative, etc.

The conjugational pattern of the verb **brać** *to take* might serve as a good illustration. This verb has the following forms in the present tense:

Singular		Plural	
1. bior-**ę**	*I take*	1. bierz - **emy**	*we take*
2. bierz - **esz**	*you take*	2. bierz - **ecie**	*you take*
3. bierz - **e**	*he / she takes*	3. bior - **ą**	*they take*

Here the forms **bior-** / **bierz-** are stems, and the forms **-ę** / **-sz** / ϕ / **-my** / **-cie** / **-ą** are endings.

A stem will always be that part of a word which is common to several or all members of the pattern, whereas an ending will be the part indicating different cases, persons, genders or numbers. A closer look at the **kot** and **brać** examples reveals, however, that inflectional endings are not the only ways of denoting a difference in case, person or number. The 1st person **biorę** and the 3rd person **bierze** differ not only by distinct endings but also by phonetic changes within the stems; the vowel **o** changes into e and the consonant **r** changes into **rz**.

Similarly, the distinction between the nominative and the locative of **kot**, for instance, is marked not only by separate endings (ϕ and **e**) but also by the phonetic change of the stem-final **t** into **ci**.

This relationship between inflectional forms and phonetic change is a very regular one in Polish, and consonants play an important role in it.

2. Consonantal Alternations

2.1. Functional Classification of Consonants

To specify this role, Polish consonants are divided into s o f t, h a r d, and h a r d e n - e d*.

---

*Many grammars refer to them as h i s t o r i c a l l y or f u n c t i o n a l l y soft.

			POINT OF ARTICULATION							
			LABIAL		DENTAL	ALVEOLAR		PALATAL	VELAR	
			hard	soft	hard			soft	hard	soft
M **A** **N** **N** **E** **R** **O** **F** **A** **R** **T** **I** **C** **U** **L** **A** **T** **I** **O** **N**	STOP	voiceless	p	pi	t				k	ki
		voiced	b	bi	d				g	gi
	FRICA-TIVE	voiceless	f	fi	s	sz		ś / si	h / ch	hi / chi
		voiced	w	wi	z	ż / rz		ż / zi		
	AFFRI—CATE	voiceless			c	cz		ć / ci		
		voiced			dz	dż		dż / dzi		
	NASAL	v	m	mi	n			ń / ni		
	LIQUID	o i				r	l			
	SEMI-VOWEL	c e d	ł					j		

Note that the soft consonants appear in red, the hard consonants in gray, and the hardened consonants in green.

Hardened consonants are somewhat in between soft and hard consonants. They behave like soft consonants in inflection and word formation and like hard consonants on the phonic level (since they must be followed by y and not by i).

2.2. Types of Consonantal Alternations

Consonants alternate with one another according to strictly defined patterns. One consonant cannot take the place of (or change into) just any other consonant. Moreover, some alternations are possible within both declensions and conjugations, while others are limited to one specific declension or conjugation. The following tables illustrate the most common types of consonantal exchange.

A — alternations occur both in declensions and conjugations
B — alternations occur only in the -ę / -isz conjugation
C — alternations occur only in declensions
D — alternations occur only in the declension of nouns
E — alternations occur only in the declension of adjectives
F — alternations occur only in the -ę / -esz conjugation

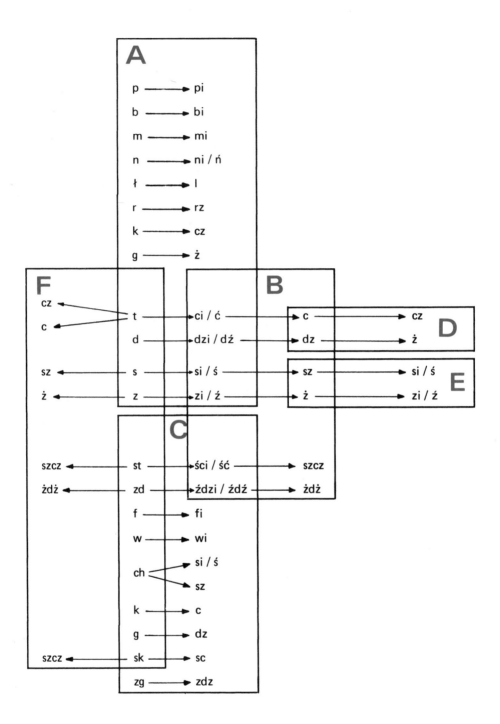

2.3. Examples of Consonantal Alternations

The types of consonantal alternations mentioned in A, B, C, D, E and F are now illustrated with concrete words. Illustrations have been drawn only from the area of inflection, but they are no less common in word formation (see *Wśród Polaków*, Part III).

A	SING. NOUNS				MASC. PERS.				-ę / -esz CONJUG.		
					NOUNS		ADJ.		PRESENT TENSE		
	nom.	dat. loc.	loc. voc.	loc.	nom. sing.	nom. pl.	nom. sing.	nom. pl.	infinitive	1st pers. sing.	3rd pers. sing.
p – pi	*f.* mapa	mapie			biskup	biskupi	skąpy	skąpi	kąpać	kąpię	kąpie
	m. chłop		chłopie		chłop	chłopi					
b – bi	*f.* ryba	rybie			Kaszub	Kaszubi	gruby	grubi	rąbać	rąbię	rąbie
	m. dąb		dębie								
	n. niebo			niebie							
m – mi	*f.* zima	zimie					niewidomy	niewidomi	kłamać	kłamię	kłamie
	m. dym		dymie								
	n. pismo			piśmie							
n – ń/ni	*f.* rana	ranie			Hiszpan	Hiszpanie	zdolny	zdolni	kraść	kradnę	kradnie
	m. Jan		Janie								
	n. siano			sianie							
ł – l	*f.* szkoła	szkole			diabeł	diabli	mały	mali	słać	ślę	śle
	m. osioł		ośle								
	n. masło			maśle							
r – rz	*f.* wiara	wierze			fryzjer	fryzjerzy	stary	starzy	brać	biorę	bierze
	m. ser		serze		kasjer	kasjerzy					
	n. wiadro			wiadrze							
k – cz									piec	piekę	piecze
g – ż									móc	mogę	może
t – ć/ci	*f.* gazeta	gazecie			poeta	poeci	pracowity	pracowici	gnieść	gniotę	gniecie
	m. kot		kocie		brat	bracia					
	m. poeta	poecie									
	n. ciasto			cieście							
d – dź/dzi	*f.* woda	wodzie			Szwed	Szwedzi	młody	młodzi	jechać	jadę	jedzie
	m. lód		lodzie								
	n. stado			stadzie	Żyd	Żydzi					
s – ś/si	*f.* kasa	kasie			Metys	Metysi	łysy	łysi	nieść	niosę	niesie
	m. włos		włosie								
	n. mięso			mięsie							
z – ź/zi	*f.* koza	kozie			Francuz	Francuzi	zły	źli	wieźć	wiozę	wiezie
	m. obraz		obrazie								
	n. żelazo			żelazie							

C	nom.	dat. loc.	loc. voc.	loc.	NOUNS nom. sing.	NOUNS nom. pl.	ADJ. nom. sing.	ADJ. nom. pl.
			SING. NOUNS		MASC. PERS.			
st – ści / ść	f. kapusta m. okulista m. most n. miasto	kapuście okuliście	moście	mieście	okulista egoista	okuliści egoiści	prosty	prości
zd – ździ / źdź	f. gwiazda m. objazd n. gniazdo	gwieździe	objeździe	gnieździe				
f – fi	f. szafa m. filozof	szafie	filozofie					
w – wi	f. kawa m. Kraków n. prawo	kawie	Krakowie	prawie			zdrowy	zdrowi
ch si/ś sz	f. pielucha m. monarcha	pielusze monarsze			Włoch Czech —	Włosi Czesi	cichy	cisi
k – c	f. rzeka m. kaleka	rzece kalece			Polak	Polacy	wysoki	wysocy
g – dz	f. noga m. kolega	nodze koledze			Norweg kolega szpieg	Norwedzy koledzy szpiedzy	drogi	drodzy
sk – sc	f. bluzka	bluzce					niski	niscy
zg – zdz	f. rózga	rózdze						

B	infinitive	present tense 1st pers. sing.
		-ę / -isz CONJUG.
ci – c	płacić	płacę
dzi – dz	widzieć	widzę
si – sz	prosić	proszę
zi – ż	mrozić	mrożę
ździ – żdż	jeździć	jeżdżę

D	nom. sing.	voc. sing.
	MASC. PERS. NOUNS	
c – cz	Niemiec chłopiec	Niemcze chłopcze
dz – ż	ksiądz	plural księża księży księżom etc.

E	MASC. PERS. ADJ.	
	nom. sing.	nom. pl.
sz – si	starszy	starsi
ż – zi	duży	duzi

F	-ę / -esz CONJUG.	
	infinitive	present tense
		1st pers. sing.
t – {cz / c}	szeptać	szepc(z)ę
s – sz	pisać	piszę
z – ż	kazać	każę
st – szcz	chlustać	chluszczę
zd – żdż	gwizdać	gwiżdżę
sk – szcz	głaskać	głaszczę

2.4. The k → ki and g → gi Alternation

In present-day Polish, **k** and **g** are subject to certain phonetic restrictions. They cannot be followed by **e*** or **y**. The only oral front vowel that they can precede is **i**. This phonetic restriction interacts with inflection. If a noun, pronoun, adjective, or number takes the -**e** ending in a given case, the stem-final **k** or **g** changes into **ki** or **gi** before this **e**.

If a noun, pronoun, adjective, or number takes the -**y** ending, the situation is slightly more complicated. Stems in **k** and **g** take the -**i** ending instead of **y**; so, once again, **k** and **g** change into **ki** and **gi**. Stems in consonants other than **k** and **g** retain the -**y** ending.

Examples:

	NOUNS				
	nom. sing.		gen. sing.	instr. sing.	nom. acc. voc. pl.
f.	**studentka** *student* **noga** *leg*		**studentki** **nogi**		**studentki** **nogi**
m.	**zegarek** *watch*			**zegarkiem**	**zegarki**
n.	**mleko** *milk*			**mlekiem**	

ADJ.		
nom. sing.		
m.	n.	
wysoki **drogi**	**wysokie** **drogie**	*high* *dear*

---

*Ke and ge only occur in loanwords (cf. **kelner**, *waiter;* **geografia**, *geography*).

3. Types and Examples of Vowel Alternation

The $a \longrightarrow e$, $o / ó \longrightarrow e$ Vowel Exchange

Like consonant change, vowel change   also plays a role in inflection, and, in fact, the two often accompany each other. For instance, the alternations between the hard dental consonants and the soft palatal consonants, between r and rz, and between ł and l occur with the $a \longrightarrow e$ and $o / ó \longrightarrow e$ vowel changes.
These changes arise both in declensions and conjugations.

Examples:

$a \longrightarrow e$

n o u n s

	nom. sing.	dat. sing. loc. sing.	loc. sing. voc. sing.	nom. pl. voc. pl.
ciasto	cake		cieście	
obiad	lunch		obiedzie	
wiara	faith	wierze		
sąsiad	neighbor		sąsiedzie	sąsiedzi

v e r b s

present tense sing.		past tense pl.		
1st pers.	3rd pers.	3rd pers.		
jadę *I travel*	jedzie *he / she travels*	fem.	masc. pers.	
		wolały	woleli	*they preferred*
		musiały	musieli	*they had to*
		wiedziały	wiedzieli	*they knew*
		należały	należeli	*they belonged*

$o / ó \longrightarrow e$

n o u n s

nom. sing.	gen. sing.	loc. sing. voc. sing.	nom. pl.
kościół *church*	kościoła	kościele	kościoły

44

$o \longrightarrow e$

v e r b s

present tense sing.			past tense pl.		
1st pers.		3rd pers.	3rd pers.		
bio rę *I take*		bierze *he / she takes*	fem.	masc. pers.	*they transported they carried*
nio sę *I carry*		niesie *he / she carries*	wio zły nio sły	wie źli nieśli	

The ó → o, o → ó Vowel Exchange

The ó → o alternation usually occurs in masculine nouns. It also occurs in some pronouns.

Note that ó is retained in the forms ending in a voiced consonant, whereas o appears in the forms ending in a vowel.

Examples:

$ó \longrightarrow o$

n o u n s

	nom. sing.	gen. sing.	nom. pl.
ogród	*garden*	ogro du	ogro dy
pokój	*room*	poko ju	poko je
stół	*table*	sto łu	sto ły
wieczór	*evening*	wieczo ru	wieczo ry
Kraków	*Cracow*	Krako wa	

p r o n o u n s

masc. sing.	fem. sing.	masc. pers. pl.	
mój	mo ja	mo i	*my*
twój	two ja	two i	*your*

The o → ó vowel alternation occurs mainly in feminine nouns with -a endings. A few neuter nouns in -e or -o and some verbs also have it. Ó appears in the forms which end in a consonant, including voiceless consonants (particularly p and t). O appears in those forms which end in a vowel.

Examples:

$o \longrightarrow \acute{o}$

n o u n s

	fem.		neut.	
	nom. sing.	gen. pl.	nom. sing.	gen. pl.
	oso ba *person*	osób	sło wo *word*	słów
	sio stra *sister*	sióstr	po le *field*	pól
	sobo ta *Saturday*	sobót		
	sto pa *foot*	stóp		

v e r b s

present tense	imperative	past tense		
1st pers. sing.	2nd pers. sing.	3rd pers. sing.		
ro bię *I do*	rób! *do!*		fem.	masc.
kro ję *I slice*	krój! *slice!*	nio sła *she carried*		niósł *he carried*
		wio zła *she transpor-ted*		wiózł *he transpor-ted*

The $\varrho \longrightarrow q$, $q \longrightarrow \varrho$ Vowel Exchange

Another type of vowel exchange involves q and ϱ. It arises both in declensions and conjugations.

Observe that q occurs in forms ending in a consonant, whereas ϱ occurs in forms ending in a vowel.

Examples:

$q \longrightarrow \varrho$

n o u n s

	nom. sing.	gen. sing.	nom. pl.
	ząb *tooth*	zęba	zęby
	gałąź *branch*	gałęzi	gałęzie
	mąż *husband*	męża	mężowie

$\varrho \longrightarrow q$

	nom. sing.	gen. pl.
	świę to *holiday*	świąt
	rę ka *hand*	rąk
	nom. pl.	gen. pl.
	zwierzę ta *animals*	zwierząt
	cielę ta *calves*	cieląt

46

verbs

past tense	
3rd pers. sing.	
fem.	masc.
wzię ła *she took*	wzią ł *he took*
płynę ła *she swam*	płyną ł *he swam*

"Mobile" *e,* or the $e \rightarrow \phi$ Vowel Exchange

To facilitate pronunciation, the vowel *e* is frequently inserted into words containing clusters of two or more consonants.

This "mobile" *e* usually combines with c, k, l, r, ł or ń to produce the -ec, -ek, -el, -er, -eł or -eń ending.

Examples:

$$e \rightarrow \phi, \quad \phi \rightarrow e$$

nouns

masc.		fem.	
nom. sing.	gen. sing.	nom. sing.	gen. sing.
ołówek *pencil*	ołówka	wieś *village*	wsi
Niemiec *(a) German*	Niemca	krew *blood*	krwi
handel *trade*	handlu	marchew *carrot*	marchwi
diabeł *devil*	diabła	nom. sing.	gen. pl.
cukier *sugar*	cukru	lalka *doll*	lalek
kwiecień *April*	kwietnia	bluzka *blouse*	bluzek

neut.	
nom. sing.	gen. pl.
wiadro *pail*	wiader
żebro *rib*	żeber
źródło *spring*	źródeł
piekło *hell*	piekieł
czółno *canoe*	czółen

verbs

past tense	
3rd pers. sing.	
masc.	fem.
szedł *he went*	**szła** *she went*

N.B. When the inflected forms of these nouns take a vowel ending, the "mobile" *e* is dropped.

The *a* ⟶ *e, o* ⟶ *e, ó* ⟶ *o, ą* ⟶ *ę* and *e* ⟶ *ϕ* exchanges also occur between other inflected forms of nouns and verbs. (For additional examples, see Brajerski.)

Przyjazd

I. PRZEPRASZAM, CZY PANI BROWN?

Warszawa. Dworzec. Staje długi pociąg.

Staszek:	Ona?
Leszek:	Chyba ona...
Staszek:	Przepraszam, czy pani Mary Brown?
M. Brown:	Tak.
Staszek:	Górski jestem. A to pan Frycz.
M. Brown:	Bardzo mi miło.

II. CZY JEST WOLNY POKÓJ?

Dom akademicki. Dzwoni telefon.

Kierowniczka: Lipińska. Słucham.
Telefon: _____.
Kierowniczka: Dzień dobry.
Telefon: _____ ?
Kierowniczka: Owszem, jest wolny pokój.
Telefon: _____.
Kierowniczka: Kto to jest?
Telefon: _____.
Kierowniczka: Nie rozumiem.
Telefon: _____.
Kierowniczka: Ach, Kanadyjka! *(pisze: Mary Brown)* Czy to jest studentka?
Telefon: _____.
Kierowniczka: Co to jest? Szkoła Letnia?
Telefon: _____.
Kierowniczka: Rozumiem. Tak.
Telefon: _____.
Kierowniczka: Proszę bardzo.
Telefon: _____.
Kierowniczka: Do widzenia.

GLOSSES

1. NOUNS

dom house; home
dom akademicki hostel; dormitory; hall of residence
dworzec station; railroad station
dzień day
Kanadyjka (a) Canadian
kierowniczka manager of a business, hotel, etc.; head of residence

lekcja lesson
pan Mr.; gentleman; sir
pani Mrs.; Miss; lady; madam
pociąg train
pokój room
przyjazd arrival
studentka student
szkoła school
telefon telephone

2. ADJECTIVES & INFLECTED PARTICIPLES

akademicki academic; student's; students'
długi long
dobry good

letnia summer _____
wolny free; vacant

3. VERBS

dzwoni rings
jest is
jestem (I) am
pisze writes

rozumiem (!) understand
słucham (I) am listening (see § 5)
staje comes to a stop

4. PRONOUNS, NUMERALS, ADVERBS, CONJUNCTIONS, PARTICLES & INTERJECTIONS

a and; but
ach oh! ah!
bardzo very
chyba I suppose / believe (so)
co what
czy (particle introducing a question)
kto who

nie not; no
ona she
owszem yes; of course
pierwsza first
tak yes
to this

5. IDIOMS & OTHER EXPRESSIONS

Przepraszam. Excuse me.
Przepraszam, czy pani Brown? Excuse me, are you Miss Brown?
Bardzo mi miło. Pleased to meet you; very nice to meet you.
Słucham. Hello.
Dzień dobry. An equivalent of "good morning", "good afternoon" and sometimes even "good evening".
Do widzenia. Good-bye.
Proszę bardzo. You are welcome.

6. PROPER NAMES

Staszek *m.*
Leszek *m.* } forenames; **Staszek** (Stan) is a familiar form of **Stanisław**

Frycz *m.* ⎫
Górski *m.* ⎬ surnames
Lipińska *f.* ⎭

Warszawa *f.*   Warsaw

7. WORDS USED IN GRAMMATICAL TABLES & EXERCISES

ja I   **ono** it
on he   **ty** you

GRAMMAR

I. NOMINATIVE SINGULAR

1. Nouns

Polish nouns can differ in g e n d e r (masculine, feminine and neuter),
n u m b e r and c a s e. Unlike their English equivalents, they require no article.
Depending on the context, the noun **szkoła** can be translated as *the school, a school,* or
school.

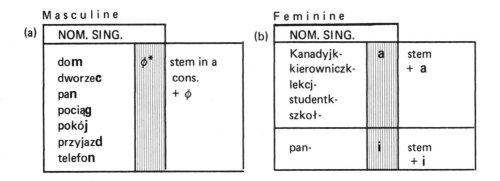

Masculine

(a)

NOM. SING.		
do**m** dworze**c** pa**n** pocią**g** pokó**j** przyjaz**d** telefo**n**	φ*	stem in a cons. + φ

Feminine

(b)

NOM. SING.		
Kanadyjk- kierowniczk- lekcj- studentk- szkoł-	**a**	stem + **a**
pan-	**i**	stem + **i**

(a) The majority of masculine nouns terminate in a consonant (i.e. a zero ending) in the
   nominative singular.
(b) The majority of feminine nouns end in -**a**. The -**i** ending is used only with a few nouns,
   the most common of which is **pani**.

---

*φ symbolizes a zero ending. (For an explanation of this concept see Introduction, II 1. 3.)

52

2. Pronouns

Interrogative Pronouns: **kto?** , **co?** *who, what*

Demonstrative Pronoun: **to** *this*

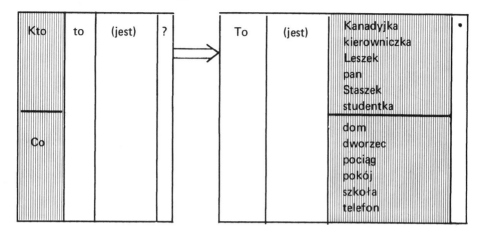

The interrogatives **kto?** and **co?** must be answered by nouns in the nominative case, regardless of their gender or number. The pronoun **kto?** refers to people, whereas **co?** is non-personal and refers to things.

The demonstrative pronoun **to** refers to both people and things.

Note that the verb **jest** may be left out.

3. Uses of the Nominative

SUBJECT	PREDICATE
Kierowniczka	pisze
Pociąg	staje
Pokój	jest wolny
Telefon	dzwoni

The nominative usually functions as the subject of a sentence.

To + (być) *is*		NOMINAL PREDICATE
To	(jest)	kierowniczka
		Mary
		ona
		dworzec
		telefon

Nouns in the nominative case also appear in constructions with the introductory **to**. Here they usually follow the verb **być** and are called nominal predicates.

II. THE VERB być (is)

Present Tense Singular

(ja)	jest-	em	1	sing.
(ty)		eś	2	
(on) (ona) (ono)		∅	3	

Notice that the pronouns **ja, ty, on,** etc. are usually deleted, unless contrast or emphasis is intended.

In a non-emphatic context, a Pole would never say **Ja jestem Górski,** but **Jestem Górski** or **Górski jestem.**

III. PARTICLES: Czy? Tak. Nie.

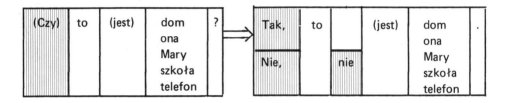

(Czy)	to	(jest)	dom ona Mary szkoła telefon	?

Tak, Nie,	to nie	(jest)	dom ona Mary szkoła telefon	.

The main function of the particle **czy** is to introduce questions which require either an affirmative answer (marked with the particle **tak**) or a denial (signalled by **nie**). In colloquial Polish, this particle may be left out.

The negative particle **nie** always comes before the verb.

IV. INTONATION

STATEMENTS		QUESTIONS	
To (jest) ona To (jest) pani Brown Jest wolny pokój Pociąg staje Telefon dzwoni	.	To (jest) ona → To (jest) pani Brown → Jest wolny pokój → Pociąg staje → Telefon dzwoni →	?

QUESTIONS	
Czy to jest szkoła → Kto to jest → Co to jest →	?

All questions, whether in the statement form or introduced by interrogatives, have a rising intonation in Polish.

The statement type of question is particularly common in colloquial Polish.

EXERCISES

* 1.1 *Repeat the pairs.*

gruby	wolny	głodny	pysk	być	myła
grubi	wolni	głodni	pisk	bić	miła

* 1.2 *Read these words aloud, paying attention to the contrast between voiced and voiceless consonants.*

bas	biec	brać	biorę	gapa	gość
pas	piec	prać	piorę	kapa	kość
wrak	koza	wozy			
frak	kosa	fosy			

* 1.3 *Try to pronounce* ę and ą *correctly.*

mięso, język, gęś, ciężki, kęs, mąż, wąż, wąski, sąsiad

1.4 *Repeat after your teacher. Note the rising intonation.*

1. Kto to jest?
2. Czy to jest pani kierowniczka?
3. Co to jest?
4. Czy to jest Kanadyjka?
5. Telefon dzwoni?
6. To jest Szkoła Letnia?
7. Leszek Frycz?
8. Kto dzwoni?

1.5 *Read the following words aloud.*

dworzec, przyjazd, telefon, kierowniczka, Leszek, Staszek, czy, szkoła, jesteś

* 1.6 *Re-read the Intro., I 2.1. How should* ę *and* ą *be pronounced in the following words?*

idę	matkę	zęby	święto	błędy	rzędy
idą	matką	ząb	świąt	błąd	rząd

* 1.7 *Read the following words aloud.*

pociąg, pani, miło, Lipińska, dzień, letnia, rozumiem, długi, do widzenia

In each word, separate the consonants from the vowels.
Example: **p-o-ci-ą-g**

1.8 *Fill in the blanks with* **sz** *or* **rz**.

   p—yjazd, p—epra—am, ow—em, pro—ę, Le—ek, p—yjemnie, pierw—a

1.9 *Fill in the blanks with* **u** *or* **ó**.

   pok—j, G—rski, dł—gi, roz—miem, dzięk—ję, sł—cham

1.10 *Name the following objects.*

* 1.11 *Answer the following questions.*

   Example: A. Czy to jest studentka?   B. **Tak, to jest studentka.**

   A. 1. Czy jest wolny pokój?   3. Czy to jest pani Brown?
      2. Czy to jest Szkoła Letnia?   4. Czy to jest dworzec?

Give a negative answer.

    Examples: A. Czy to jest Mary? B. **Nie, to nie jest Mary.**
                A. Kto to jest? Leszek? B. **Nie, to nie jest Leszek.**

A. 1. Czy to jest kierowniczka?   3. Co to jest? Szkoła Letnia?
    2. Czy to jest dworzec?   4. Kto to jest? Staszek Górski?

1.13 *Act out a dialogue similar to this one:*

A. Dzień dobry!
B. Dzień dobry!
A. Czy pani Brown?
B. Tak.
A. Górski jestem.
B. Bardzo mi miło.

Use other names (e.g., Lipińska, Frycz, Wojciechowski, Mikołajczak, Górska, or Gałązka).

1.14 *Follow the examples and ask questions with the given words.*

Examples:

Studentka   A. **Czy to jest studentka? / Czy to studentka? / To studentka?**
             B. **Tak, to jest studentka. / Tak, to studentka. / Tak, studentka.**

1. Kierowniczka   A. _____
                B. _____
2. Leszek Górski A. _____
                B. _____
3. dworzec   A. _____
                B. _____
4. Szkoła Letnia   A. _____
                B. _____
5. dom akademicki A. _____
                B. _____

1.15 *Ask questions which require the following answers.*

             Example: **Kto to (jest)?**   To (jest) Mary Brown.
             1. Kto _____?   To (jest) pani kierowniczka.
             2. Co _____?   Owszem, jest wolny pokój.
             3. Co _____?   To (jest) telefon.
             4. Kto _____?   To pan Frycz.
             5. Kto _____?   Tak, to ona.
             6. Co _____?   Nie, to nie (jest) telefon.
             7. Kto _____?   Tak, to ja.

1.16 *Introduce yourself to other members of the class.*

Niezły jest ten pokój

This is not a bad room.

I. JAKI JEST POKÓJ MARY?

*Pokój numer dwa (2). Duża szafa, łóżko, małe
biurko, krzesło, miękki, wygodny fotel.*

II. JAKIE ŁADNE ZDJĘCIE!

Ktoś puka.

> **Mary:** Proszę.
> **Basia:** Dzień dobry.
> **Mary:** Dzień dobry.

Basia: Jak się masz?

Mary: Dziękuję, bardzo dobrze.

Basia: *(rozgląda się)* Niezły jest ten pokój...

Mary: Jest jasny, czysty...

Basia: *(spostrzega zdjęcie)* O, jakie ładne zdjęcie! Rodzina?

Mary: Tak. To jest siostra, Shirley...

Basia: Jaka ładna! To jest pewno ojciec i matka?

Mary: Tak.

Basia: A to kto? Brat?

Mary: Nie, kuzyn.

Basia: Sympatyczna rodzina.

GLOSSES

1. **biurko** desk
   brat brother
   fotel armchair
   krzesło chair
   kuzyn cousin
   łóżko bed
   matka mother

   numer number
   ojciec father
   rodzina family
   siostra sister
   szafa wardrobe; cupboard
   zdjęcie photograph

2. **czysty** clean
   duży big; large
   jasny light; clear
   ładny nice; pretty
   mały small

   miękki soft
   niezły not bad
   sympatyczny likable; nice
   wygodny comfortable

3. **dziękuję** thank you
   puka knocks

   rozgląda się looks around
   spostrzega notices

4. **dobrze**, well
   dwa two
   i and
   jak how
   jaki what...like? ; what sort(kind)
      of...? what (a)...!

   ktoś somebody
   o oh!; look!
   pewno surely; undoubtedly
   ten *m.* this

5. **Proszę.** Come in, please. (Note that **proszę** can also mean "you are welcome" (L. 1)
      and "here you are" (L. 5).)
   Jak się masz? How are you? (to a person with whom you are on first name terms)

   Jak się {**pani** / **pan**} **ma?** How are you? (when you are n o t on first name terms)

   To jest pewno... This must be...

6. **Basia** *f.* Barb (familiar form of Barbara)

7. **morze** sea
   słońce sun

   tani cheap; inexpensive
   wielki big; large

GRAMMAR

I. NOMINATIVE SINGULAR

1. Neuter Nouns

biur**k**- krzes**ł**- łó**żk**-	**o**	stem in a hard cons. + **o**
mo**rz**- słoń**c**- zdję**ci**-	**e**	stem in a soft or hardened cons. + **e**

Most neuter nouns end in **-o** or **-e** in the nominative singular. The **-o** ending is added to nouns whose stems terminate in h a r d consonants. The **-e** ending is used with nouns whose stems terminate in s o f t or h a r d e n e d consonants. (For the different types of consonants see Intro., II 2. 1.)

2. Adjectives

Masculine

(a)

NOM. SING.		
dług- wielk- tan-	**i**	stem in **k, g** or a soft cons. **+ i**
czyst- jasn- wygodn- duż-	**y**	stem in other cons. **+ y**

Feminine

(b)

NOM. SING.		
czyst- jasn- wygodn- duż- dług- wielk- tani-	**a**	stem **+a**

Neuter

(c)

NOM. SING.		
czyst- jasn- wygodn- duż- długi*- wielki*- tani-	**e**	stem **+ e**

(a) Adjectives of masculine gender whose stems terminate in **k, g** or a s o f t consonant take the -i ending in the nominative. All other masculine adjectives end in -y.

(b, c) All feminine and neuter adjectives end in -a and -e respectively.

NOM. SING.	NOM. SING.		NOM. SING.		
Dobry	pokój dom	jest	duży	.	masc.
Dobra	szafa szkoła		duża		fem.
Dobre	biurko zdjęcie		duże		neut.

Adjectives always agree in gender, number and case with the nouns they modify, no matter whether they are used attributively or predicatively.

3. Interrogative Pronouns: jaki?, jaka?, jakie?

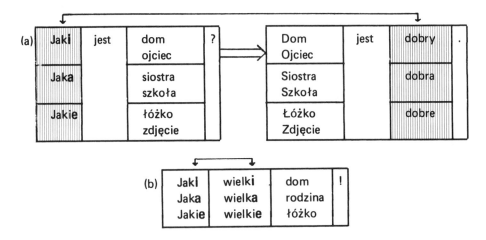

(a)

Jaki	jest	dom ojciec	?	→	Dom Ojciec	jest	dobry	.
Jaka		siostra szkoła			Siostra Szkoła		dobra	
Jakie		łóżko zdjęcie			Łóżko Zdjęcie		dobre	

(b)

Jaki	wielki	dom	!
Jaka	wielka	rodzina	
Jakie	wielkie	łóżko	

---

*For an explanation of the presence of i see Intro., II 2. 4.

The pronoun **jaki?**, **-a?**, **-e?** is declined like the adjective **wielki, -a, -e.** It may introduce
(a) questions about the characteristics of people or things, or
(b) exclamatory constructions stressing the intensity of a given feature.
In both functions, **jaki?**, **-a?**, **-e?** agrees in gender, number and case with the noun it
refers to.

EXERCISES

* 2.1 *Re-read the Intro., I 2. 1. Now pronounce the following words, paying special
attention to ę and ą.*

| pięć | będzie | zdjęcie | wzięcie | ręka | męka |
| spiąć | bądź | zdjąć | wziąć | rąk | mąk |

| kręgi | cięgi | płynęła | zamknęła | gwizdnęła |
| okrągły | ciągnie | płynął | zamknął | gwizdnął |

* 2.2 *Try to pronounce ś and sz correctly.*

| koś | prosię | Kasia | Basia | kochaś | wieś | miś |
| kosz | proszę | kasza | basza | kochasz | wiesz | mysz |

* 2.3 *Pronounce the following words, paying special attention to the contrast between ć
and cz.*

| badać | płać | drapać | leć | wołać | zmywać |
| badacz | płacz | drapacz | lecz | wołacz | zmywacz |

* 2.4 *Read these words aloud, paying attention to the pronunciation of sz, ż/rz, cz, and
dż.*

szafa, łóżko, jeżdżą, proszę, sympatyczna, dziewczyna, krzesło, dżem

2.5 *Make a list of the words spelled with rz in the dialogues of lessons 1 and 2. For each
of these words indicate whether the rz is pronounced as voiced or voiceless.*

* 2.6 *Repeat after your teacher.*

spostrzega, kierowniczka, sympatyczna, słońce, miękki, dom akademicki,
zdjęcie, siostra, przyjazd

2.7 *Put in all the missing diacritical marks (´ ˛ ˙).*

Pociag staje. Dzien jest dlugi, slonce jasne.

Szkola jest tania. Pokoj jest duzy. Lozko jest miekkie.

Ktos puka. Prosze bardzo. Mary rozglada sie.

2.8 *Use the correct form of the adjective.*

Dom jest   —————— .   (duży, duża, duże)
Zdjęcie jest   —————— .   (mały, mała, małe)
Lekcja jest   —————— .   (niezły, niezła, niezłe)
Pokój jest   —————— .   (tani, tania, tanie)
Ojciec jest   —————— .   (dobry, dobra, dobre)
Morze jest   —————— .   (wielki, wielka, wielkie)

2.9 *Answer the question.*

Co to (jest)?

M F N

2.10 *Fill in* **jaki?** **jaka?** *, or* **jakie?**

1. JAKA   . jest pani kierowniczka?   5. JAKIE   jest łóżko?
2. JAKI   jest Leszek?   6. JAKI   jest numer?
3. JAKI   jest ojciec?   7. JAKA   jest siostra?
4. JAKA   jest rodzina?   8. JAKIE   jest zdjęcie?

2.11 *List all the words you know for members of the family.*

2.12 *Ask questions which require adjectives in the answers.*

Example: **Jaki jest fotel?**   Fotel jest wygodny.

1. _____?   Siostra jest ładna.
2. _____?   Brat jest sympatyczny.
3. _____?   Matka jest dobra.
4. _____?   Łóżko jest wygodne.
5. _____?   Pokój jest mały.
6. _____?   Pociąg jest długi.
7. _____?   Zdjęcie jest niezłe.

2.13 *Ask questions requiring the following answers.*

Examples: **Czy to (jest) szkoła?**   Nie, to nie (jest) szkoła, to (jest) dworzec.
           Co to (jest)? To jest zdjęcie.

1. _____?   Tak, to pokój nr 2.
2. _____?   Nie, to nie Mary, to Basia.
3. _____?   To jest Leszek Frycz.
4. _____?   To jest łóżko.
5. _____?   Nie, to nie on.
6. _____?   Tak, to ona.

2.14 *Express your appreciation, satisfaction or surprise with an exclamatory sentence, matching the appropriate nouns, pronouns and adjectives.*

Examples: **Jaki długi pociąg!**
Jaka długa lekcja!
Jakie wielkie łóżko!

siostra, dworzec, rodzina, numer, brat, pani, pan,
pokój, szafa, fotel, zdjęcie, szkoła

jaki, jaka, jakie

mały,	ładny,	sympatyczny,	tani,	czysty,	długi
mała,	ładna,	sympatyczna,	tania,	czysta,	długa
małe,	ładne,	sympatyczne,	tanie,	czyste,	długie

2.15 *Describe Mary's room, using appropriate adjectives.*

2.16 *Identify the gender of the following nouns. The rules presented in lessons 1 and 2 should enable you to do so.*

stół, pies, torba, dziecko, śniadanie, kolacja, podłoga, sen,
okno, ręka, wesele, wóz, koza, drzewo, sąsiad, klucz

2.17 *Match words from the adjective list with words from the noun list. Make sure that your combinations are correct in both form and meaning.*

duża, miękkie, małe, długi, długa, wygodny, ładna, sympatyczna, sympatyczny,
dobre, dobry, wielki, letnia, czyste

brat, szafa, biurko, fotel, rodzina, pokój, krzesło, zdjęcie, dworzec,
szkoła, łóżko, lekcja

2.18 *Use a sentence to agree or disagree with each of the following statements.*

Examples:

To jest zdjęcie.  **Nie, to nie jest zdjęcie. To jest dom.**

To jest numer. **25** **Tak, to jest numer.**

1. To jest telefon.

66

2. To jest krzesło.

3. To jest Kanadyjka.

4. To jest dworzec.

5. To jest pani.

6. To jest szafa.

7. To jest morze.

8. To jest fotel.

2.19 *A friend comes over to visit. What are the things you would normally say to each other when he arrives?*

Jacy oni są?

I. KIEDY POLAK JEST ZŁY?

Południe. Państwo Górscy są głodni.

Staszek:	Jest już obiad?
Pani G.:	Jeszcze nie.
Staszek:	Jeszcze nie?
Pan G.:	Już jest południe...
Pani G.:	Jacy jesteście niecierpliwi!
Staszek:	Nie jesteśmy niecierpliwi, tylko głodni.
Pan G.:	A gdy Polak jest głodny...
Staszek:	... jest zły!
Pani G.:	Polka też jest zła.
Staszek:	Właśnie, właśnie...
Pan G.:	Cicho, sza, bo matka zła!
Pani G.:	Jesteście niepoważni. Starzy i niepoważni!
Pan G.:	Jakie wy, kobiety, jesteście nerwowe!

II. A KIEDY JEST MIŁY?

*Kawiarnia-piwnica. Wchodzą: Leszek, Staszek, Mary, Basia,
Ewa i jej kuzyni, a także inni studenci i studentki.*

Leszek:	Gdzie siadamy? Tu?
Basia:	Lepiej tam. *(siadają)*
Leszek:	Co zamawiamy?
Andrzej:	Sok owocowy.
Leszek:	Przepraszam, najpierw panie. *(do Mary)* Proszę...

Mary:	Mam ochotę na piwo.
Basia:	Herbata dla mnie.
Ewa:	Dla mnie mała kawa.
Staszek:	Też kawa.
Adam:	Piwo.
Leszek:	Czyli tu herbata, tu sok owocowy, tu małe kawy, tam piwa. Piwa duże czy małe?
Mary ⎫ **Adam** ⎭ :	Duże!
Leszek:	Co jeszcze zamawiamy?
Ewa:	Jakieś dobre lody.
Mary:	Albo ciastka.
Staszek:	*(wyciąga portfel)*
Leszek:	O nie, ja płacę!

GLOSSES

1. **ciastko** pastry
   herbata tea
   kawa coffee
   kawiarnia café
   kobieta woman
   lód, lody *pl.* ice; icecream (it is usually the plural form that carries the meaning of 'icecream')
   obiad dinner; midday meal; lunch
   państwo Mr. & Mrs.
   piwnica cellar
   piwo beer

Polak *m.* ⎫ (a) Pole	**sok** juice
Polka *f.* ⎭	**student** *m.* ⎫ student
południe noon	**studentka** *f.* ⎭
portfel wallet	

2. **głodny** hungry   **niepoważny** not serious
   miły nice; pleasant   **owocowy** fruit _____
   nerwowy nervous   **stary** old
   niecierpliwy impatient   **zły** angry

3. **płacę** (I) am paying   **wchodzą** (they) enter
   siadają (they) sit down   **wyciąga** takes out
   siadamy (we) are sitting   **zamawiamy** (we) are ordering

4. **albo** or   **jej** her
   a także and also   **jeszcze nie** not yet
   bo because; as   **już** already
   cicho silently; softly; quietly   **kiedy** when; when?
   co jeszcze what else   **lepiej** better
   czyli so then; in other words   **mnie** me
   dla for   **najpierw** first
   do to   **oni** they
   gdy when   **także** also
   gdzie where   **tam** there
   inni *m. p. pl.* other   **też** also
   jacy, jakie what... like?   what   sort   **tu** here
     of...? what...?   **tylko** only; just
   jakieś *m. n-p., f., n.* any; some   **właśnie** exactly; precisely

5. **Jest już obiad?** Is dinner ready?
   Gdy Polak jest głodny, jest zły. When a Pole is hungry, he is angry.
   Cicho, sza.. Hush..; Not a sound...
   bo matka zła! because mother is angry!
   Najpierw panie. Ladies first.
   Mam ochotę na... I would like...

6. **Państwo Górscy** Mr. and Mrs. Górski
   Names that end in **-ski** in the singular are inflected like adjectives and take the
   masculine personal ending **-cy** in the plural.
   Andrzej Andrew
   Ewa Eve

7. **gospodyni** hostess; housekeeper;   **noga** leg
     housewife; landlady   **starszy** elderly; older
   kot cat

I. NOMINATIVE PLURAL

1. Nouns

Masculine

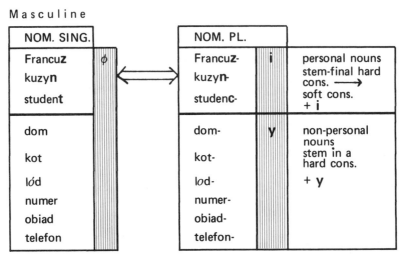

NOM. SING.			NOM. PL.		
Francuz	∅		Francuz-	i	personal nouns stem-final hard cons. ⟶ soft cons. + i
kuzyn			kuzyn-		
student			studenc-		
dom			dom-	y	non-personal nouns stem in a hard cons. + y
kot			kot-		
lód			lod-		
numer			numer-		
obiad			obiad-		
telefon			telefon-		

Masculine personal nouns whose stems terminate in h a r d consonants (except **k, g** and **r**) take the -i ending in the plural, and the hard consonants change into the appropriate soft consonants. (For further examples of changes in consonants see Intro., II 2. 3. Table A.) Non-personal nouns whose stems terminate in h a r d consonants (except **k** and **g**) take the -y ending in the nominative plural.

Difference in number can also be expressed by vowel change (cf. lód ⟶ lody)

Feminine

NOM. SING.			NOM. PL.		
kobiet-	a		kobiet-	y	stem in a hard cons. + y
kaw-			kaw-		
szkoł-			szkoł-		
matk-			matk-	i	stem in k or g k→ki, g→gi + i
nog-			nog-		
kawiarni-			kawiarni-	e	stem in a soft or hardened cons. + e
lekcj-			lekcj-		
piwnic-			piwnic-		
pan-	i		pani-		
gospodyn-			gospodyni-		

72

Feminine nouns whose stems terminate in a h a r d consonant (except **k** and **g**) in the nominative singular take the -y ending in the nominative plural.

Nouns terminating in **k** or **g** take the -i ending in the plural, and those whose stems end in a s o f t or h a r d e n e d consonant take the -e ending.

Neuter

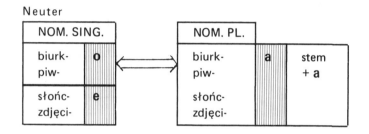

NOM. SING.			NOM. PL.		
biurk- piw-	**o**		biurk- piw-	**a**	stem + a
słońc- zdjęci-	**e**		słońc- zdjęci-		

Almost all neuter nouns take the -a ending in the nominative plural.

2. Adjectives

Masculine Personal

NOM. SING.			NOM. PL.		
tań- wielk- drog-	**i**		wielc- drodz- starz-	**y**	stem in **k, g, r** **k→c, g→dz, r→rz** **+ y**
star- obc- urocz- starsz- duż- mał- cierpliw- czyst- głodn-	**y**		obc- urocz-		stem in **c, cz** **+ y**
			tań- stars- duz- mal- cierpliw- czyśc- głodn-	**i**	stem in other cons. **sz →s, ż→zi** hard cons. → soft cons. **+ i**

Adjectives which modify masculine personal nouns and whose stems terminate in the hard consonants **k, g, r**, or the hardened consonants **c, cz, dz**, take the -y ending in the nominative plural. All other adjectives that accompany masculine personal nouns end in -i.

Both groups are subject to changes in consonants. Hard consonants (except **k, g, r**) change into appropriate soft consonants, **k, g** and **r** change into **c, dz** and **rz**, and **sz** and **ż** change into **si** and **zi**. (For other details see Intro., II 2. 2., 2. 3., Tables A and E).

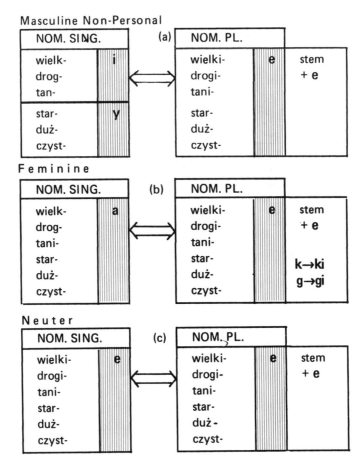

Masculine Non-Personal

NOM. SING.		(a)	NOM. PL.		
wielk- drog- tan-	i		wielki- drogi- tani-	e	stem + e
star- duż- czyst-	y		star- duż- czyst-		

Feminine

NOM. SING.		(b)	NOM. PL.		
wielk- drog- tani- star- duż- czyst-	a		wielki- drogi- tani- star- duż- czyst-	e	stem + e k→ki g→gi

Neuter

NOM. SING.		(c)	NOM. PL.		
wielki- drogi- tani- star- duż- czyst-	e		wielki- drogi- tani- star- duż- czyst-	e	stem + e

(a, b, c) Adjectives qualifying masculine non-personal nouns as well as feminine and neuter nouns always take the -e ending in the nominative plural.
Note the **k→ki, g→gi** alternation in feminine adjectives.

3. Interrogative Pronouns: jaki?, jaka?, jakie?

Nom. Pl.: **jacy?, jakie?**

Jacy	są	studenci kuzyni	?	Studenci Kuzyni	są	wielcy	.
Jakie		koty domy panie szkoły biurka krzesła		Koty Domy Panie Szkoły Biurka Krzesła		wielkie	

Jac-	y	wielc-	y	studenci	!
Jaki-	e	wielki-	e	domy szkoły morza	

As was pointed out in Lesson 2, the pronoun **jaki?**, **-a?**, **-e?** is declined like the adjective **wielki, -a, -e**.

The plural **jacy** introduces questions about the features of masculine **p e r s o n a l** nouns and requires masculine personal adjectives as answers.

The plural **jakie** introduces questions about all other nouns (i.e. masculine non-personal, feminine and neuter).

II. THE VERB być

Present Tense Plural

(my)	jesteś-	my	1
(wy)		cie	2
(oni) (one)	s-	ą	3

Pronominal subjects accompanying **być** or any other verb can be deleted, unless contrast or emphasis is intended, as in **Jakie** *wy* **(kobiety) jesteście nerwowe!**

III. THE kto? /co? /to + być CONSTRUCTION

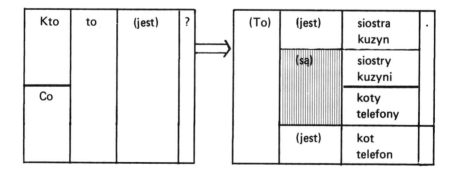

Unlike English, Polish always uses the singular pronoun **to** and the singular **jest** in **kto?** / **co?** -questions. However, if the answer to the **kto?** / **co?** -questions contains a noun in the plural, the verb (if used at all) must also be plural.

75

* 3.1 *Pronounce the following words, observing the contrast between* **cz** *and* **ć.**

odsyłacz	podżegacz	podpalacz	pożeracz	zamiatacz	porywacz
odsyłać	podżegać	podpalać	pożerać	zamiatać	porywać

* 3.2 *Pronounce these words, paying particular attention to the nasal vowels.*

lęk	więc	bąk	rąk	kąt
lek	wiec	bok	rok	kot

* 3.3 *Read the following sentences aloud. Substitute voiceless consonants for voiced ones, where necessary.*

Jest już obiad?
Przepraszam, najpierw panie.
Dla mnie też kawa.
Widzę tylko róg tego domu.
Mam duży wóz.

3.4 *Read the following pairs. Make sure the contrast between hard and soft consonants is clear.*

piasek	bił	miały	miła	wić	sień
pasek	był	mały	myła	wyć	sen

* 3.5 *Re-read the Intro., I 3. 3. Now pronounce the following words.*

pociąg, staw, przyjazd, róg, nóż, wódz, sąsiad, dąb,
ród, lud, ryż, idź, kóz, mów, jedź, wóz, krów

3.6 *Fill in the missing diacritical marks.*

Panstwo Gorscy sa glodni i zli. Pani Gorska jest mila, ale powazna.
Ewa i Basia sa tez mile.

3.7 *Fill in the missing letters.*

Państwo G—rscy są głodni. Jest j—ż obia—? Jesteście niepowa—ni.
Sta—y i niepowa—ni. Najpier— panie. P—epraszam.
—erbata dla mnie. Piwa du—e czy małe? O nie, ja płac--.

3.8 *Place an appropriate consonant in each of the following blanks.*

Nom. sing.	Nom. pl. Masc. pers.
kuzyn	kuzy—i
chłop	chło—i

murzyn	murzy—i
student	studen—i
sąsiad	sąsie—i

---

pracowity	pracowi—i
młody	mło—i
łysy	ły—i
prosty	proś—i

3.9 *Answer the questions with correctly inflected adjectives.*

jasny	mały	ładny	tani	czysty	dobry	duży	zły
jasna	mała	ładna	tania	czysta	dobra	duża	zła
jasne	małe	ładne	tanie	czyste	dobre	duże	złe

Jaki jest telefon? / pokój? / brat? / ojciec? / Pan Górski?

Jaka jest rodzina? / szkoła? / pani kierowniczka?

Jakie jest łóżko? / biurko? / zdjęcie? / krzesło? / piwo?

3.10 *Supply the correct form of the verb* być.

1. Jaka ty ___JESTEŚ___ niecierpliwa!
2. Jaki on ___JEST___ ładny!
3. Jacy oni ~~JEST~~ SĄ sympatyczni!
4. Jaka ona ___JEST___ dobra!
5. Jaki ja ___JESTEM___ głupi *(stupid)*!
6. Jakie wy ___JESTEŚCIE___ już duże!

* 3.11 *Put into the plural.*

Example: **To jest student. To są studenci.**

To jest telefon / ciastko / kawiarnia / zdjęcie / kobieta / kot / studentka / gospodyni.

* 3.12 *You are talking with someone, and you didn't catch what he said. Use* jaki? , jaka? *or* jakie? *to ask him to repeat his statement.*

Example: He: Tam jest duży pokój.
You: **Przepraszam, jaki pokój?**
He: Jest tam duża szafa / wygodny fotel / duże biurko / stary kot / sympatyczna gospodyni.

* 3.13 *Strongly disagree with the following by using the adverb* wcale *and the particle* nie.

Examples: A. Jestem głupi. B. **Wcale nie jesteś głupi!**
A. Jesteśmy głupi. B. **Wcale nie jesteście głupi!**
A. 1. Jestem stary. / Jesteśmy starzy.
2. Jestem nerwowa. / Jesteśmy nerwowe.
3. Jestem mały. / Jesteśmy mali.
4. Jestem niecierpliwy. / Jesteśmy niecierpliwi.

3.14 *Complete these questions.*

Example: A. **Jakie** tam są ciastka?   B. Dobre.

A. 1. _____ zamawiamy kawy?   B. Małe.
   2. _____ są studentki?   Urocze.
   3. _____ jest pokój?   Duży.
   4. _____ jest pani Górska?   Nerwowa.
   5. _____ są państwo Górscy?   Niepoważni.
   6. _____ jest krzesło?   Wygodne.
   7. _____ są łóżka?   Miękkie.
   8. _____ są Leszek i Staszek?   Sympatyczni.

3.15 *Ask questions requiring the following answers.*

1. _____?   Tu jesteśmy.
2. _____?   To jest Leszek Frycz.
3. _____?   Nie, to nie jest Staszek.
4. _____?   Tak, to ona.
5. _____?   Owszem, jestem głodna.
6. _____?   Leszek jest dobry.

3.16 *Express surprise or discontent by using* **jaki?** *,* **jaka?** *,* **jacy?** *or* **jakie?** *as in the examples.*

Examples: A. Jesteś mała.   B. **Jaka jestem?**
           Jesteś mały.   **Jaki jestem?**
           Jesteście małe.   **Jakie jesteśmy?**
           Jesteście mali.   **Jacy jesteśmy?**

A. 1. Jesteś stara / stary.   3. Jesteś niecierpliwa / niecierpliwy.
   2. Jesteście złe / źli.   4. Jesteście niepoważne / niepoważni.

3.17 *Name the things you can order in a Polish café.*

3.18 *Although the following nouns and adjectives are unfamiliar to you, you should be able to deduce their gender and number from their endings.*

	gender number		*gender number*
drewniany stół		zielone pola	
grzeczni chłopcy		brudne nogi	
trudne życie		głupie kozy	
mili Francuzi		bogata ciocia	

3.19 *Suggestions for oral presentation*
You are John Allen. Adam Pasicki and his brother Michał meet you at the station. What would you say to each other?
Act out your dialogue with other members of the class.

Polacy nie gęsi, swój język mają*

I. ZNOWU TRZEBA SIĘ UCZYĆ

Uniwersytet. Cudzoziemcy: Anglicy, Francuzi, Norwedzy, nawet Japończyk.
Anglicy powtarzają słówka.

Anglik I: Liczba mnoga od: *zegarek, ołówek, słownik.*
Anglik II: *Zegarki, ołówki, słowniki.*
Anglik I: Dobrze, a teraz od: *robotnik, ser, wieczór.*
Anglik II: *Robotnicy, sery, wie... wieczory.* Uff, trudny język!

Mary: Kto to jest?
Francuz: Kto? Te urocze blondynki?

---

*Frequently quoted words by Mikołaj Rej (1505-1569).

> *A niechaj narodowie wżdy postronni znają,*
> *Iż Polacy nie gęsi, iż swój język mają.*

> *Among all the neighboring peoples let it be known*
> *That Poles are no geese, a language they have of their own.*

Transl. Gerald Darring

The title of L. Morstin's play is a somewhat ironical allusion to those words.

Mary:	Nie, ci wysocy chłopcy.
Francuz:	Którzy?
Mary:	Cały czas słówka powtarzają.
Francuz:	Ach oni! To Anglicy z Coventry.
Mary:	Bardzo pracowici.
Francuz:	Olaf, co to za dziewczyna?
Norweg Olaf:	Która, ta brunetka?
Francuz:	Tak. Ciekawy jestem...
Mary:	Szszsz... Profesor Górski już jest.
Francuz:	I znowu trzeba się uczyć...

II. TRZEBA ZOBACZYĆ „WESELE"

Teatr. Mary i Leszek oglądają afisze.

Mary:	„Dwa teatry" to dobra sztuka?
Leszek:	*(czyta afisz)* Dobra, ale aktorzy słabi. *(czyta dalej)*
	O nie, przepraszam, jest Hanin, Wołłejko...
Mary:	Podobno Hanuszkiewicz i Świderski też są dobrzy.

Leszek: Oni? Wspaniali aktorzy!
Mary: *(ogląda już inny afisz)* Dziwny tytuł.
Leszek: Który tytuł? „Polacy nie gęsi"?
Mary: Tak. Dlaczego „gęsi"?
Leszek: To długa historia *(Leszek opowiada...)*
Mary: Ciekawa rzecz. Trzeba zobaczyć.
Leszek: Ale najpierw trzeba poznać „Wesele".
Mary: „Wesele"?
Leszek: Oczywiście. To dramat narodowy, tragiczny... wielki!

GLOSSES

1. **afisz** *m.* **afisze** *pl.* poster
   Anglik Englishman
   blondynka blonde
   brunetka brunette
   chłopiec boy
   cudzoziemiec foreigner
   czas time
   dramat drama
   dziewczyna girl
   Francuz Frenchman
   gęś *f.* **gęsi** *pl.* goose
   historia history; story
   Japończyk (a) Japanese
   język language
   liczba number
   liczba mnoga the plural

   Norweg (a) Norwegian
   ołówek pencil
   profesor professor
   robotnik worker
   rzecz *f.* **rzeczy** *pl.* thing
   ser cheese
   słownik dictionary
   słówko (foreign) word
   sztuka play
   teatr theater
   tytuł title
   uniwersytet university
   wesele wedding
   wieczór evening
   zegarek watch

2. **cały** whole; all
   ciekawy interesting; curious
   dziwny funny; odd; strange
   narodowy national
   pracowity hard-working; diligent;
      industrious
   słaby weak; poor

   tragiczny tragic
   trudny difficult
   uroczy charming
   wielki great
   wspaniały wonderful; superb
   wysoki high; tall

3. **czyta** reads
   mają (they) have
   ogląda looks at

   oglądają (they) are looking at
   opowiada tells
   powtarzają (they) are repeating

poznać to become acquainted with; to get to know

uczyć się to learn; to study

zobaczyć to see (here: to go and see)

4. **ale** but
ci these
dalej further; on
dlaczego why
inny *m. sing.* another
który, która which (one)
którzy, które which (ones)
nawet even

oczywiście of course
od from
podobno they say that (lit.: apparently)
swój their; their own
ta this
te these
z from
znowu again; once again; once more

5. **liczba mnoga od** the plural of

Trzeba $\left\{\begin{array}{l}\textbf{poznać}\\\textbf{uczyć się}\\\textbf{zobaczyć}\end{array}\right\}$ ... One should / must / ought to $\left\{\begin{array}{l}\text{get to know}\\\text{study}\\\text{go and see (it)}\end{array}\right\}$ ...

Co to za dziewczyna? Who is $\left\{\begin{array}{l}\text{that}\\\text{this}\end{array}\right\}$ girl? What is $\left\{\begin{array}{l}\text{that}\\\text{this}\end{array}\right\}$ girl like?

What kind of / sort of girl is she?

Profesor Górski już jest. Profesor Górski is here / has arrived.

6. **Wyspiański — Wyspiańska**
Malicki — Malicka
Górski — Górska
Kotarski — Kotarska
Rudzki — Rudzka

Notice that certain surnames distinguish between masculine and feminine gender in the singular. The wife of Mr. Wyspiański is Mrs. Wyspiańska; his daughter is also Wyspiańska.
This rule holds for all adjective-like surnames ending in **-ski / -cki / -dzki**.

7. **fryzjer** barber; hairdresser
dziecko child

GRAMMAR

I. NOMINATIVE SINGULAR AND PLURAL

1. Nouns

Masculine Personal Nouns in **k, g, r**

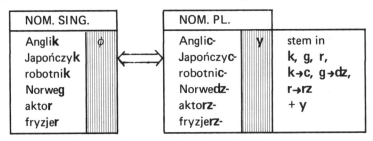

82

Masculine personal nouns which end in **k, g, r** in the nominative singular take the **-y** ending in the nominative plural. **K, g** and **r** change into **c, dz,** and **rz** respectively.

Masculine Non-Personal Nouns in **k, g**

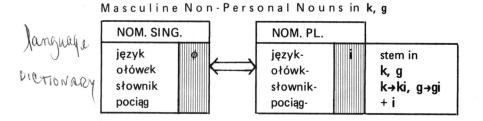

Masculine non-personal nouns terminating in **k** and **g** take the plural ending **-i.** Following the general rule, **k** and **g** change into **ki** and **gi.**

Masculine Nouns in **ec, ek**

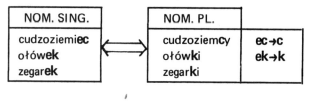

Nouns ending in **ec** or **ek** in the nominative singular drop the *e* in the nominative plural and take the **-y** or **-i** ending. (For other examples see Intro., II 3.)

2. Pronouns

Interrogative Pronouns
    Nom. Sing.: **który? , która? , które?**
    Nom. Pl.:   **którzy? , które?**
Demonstrative Pronouns
    Nom. Sing.: **ten, ta, to**
    Nom. Pl.:   **ci, te**

WHICH THIS

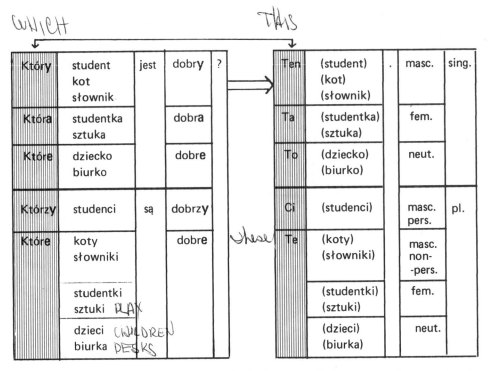

Który	student kot słownik	jest	dobry	?	→	Ten	(student) (kot) (słownik)	.	masc.	sing.
Która	studentka sztuka		dobra			Ta	(studentka) (sztuka)		fem.	
Które	dziecko biurko		dobre			To	(dziecko) (biurko)		neut.	
Którzy	studenci	są	dobrzy			Ci	(studenci)		masc. pers.	pl.
Które	koty słowniki		dobre		these	Te	(koty) (słowniki)		masc. non- -pers.	
	studentki sztuki *PLAY*						(studentki) (sztuki)		fem.	
	dzieci *CHILDREN* biurka *DESKS*						(dzieci) (biurka)		neut.	

Like the English *which?*, the pronoun **który?**, **-a?**, **-e?** has a selective meaning; it selects one or more out of a limited number. It is inflected like the adjective **dobry**, and agrees in gender, number and case with the noun it refers to.

The same kind of grammatical agreement holds for the demonstrative pronoun **ten / ta / to**. One of the many functions of this pronoun is to point to the object(s) selected.

Personal Pronouns
    Nom. Sing.: **on, ona, ono**
    Nom. Pl.:   **oni, one**

Czy	ten	student kot słownik	jest	dobry	?	→	Nie,	on	nie	jest	dobry	.	masc.	sing.
	ta	studentka szkoła		dobra				ona			dobra		fem.	
	to	dziecko łóżko		dobre				ono			dobre		neut.	
	ci	studenci	są	dobrzy				oni		są	dobrzy		masc. pers.	pl.
	te	koty słowniki studentki szkoły dzieci łóżka		dobre				one			dobre		masc. non- -pers. fem. neut.	

In the nominative singular each gender has a distinct personal pronoun. In the nominative plural, however, only the masculine p e r s o n a l has a distinct pronominal form — **oni**. All the other genders (i.e. masculine non-personal, feminine and neuter) are subsumed under **one**.

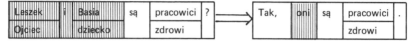

| Leszek | i | Basia | są | pracowici | ? | → | Tak, | oni | są | pracowici | . |
| Ojciec | | dziecko | | zdrowi | | | | | | zdrowi | |

N.B. The pronoun **oni** can also refer to a group of people if it includes at least one male member.

II. THE INFINITIVE

Types

In the majority of cases, the infinitive ends in **-ć**. In a few cases, it terminates in **-c**.

być
czytać *to READ*
dziękować *to THANK*
opowiadać *TELL*
oglądać *look*
poznać *to GET TO KNOW*
uczyć się *LEARN / STUDY*
zamawiać *ORDER*
zobaczyć *to SEE*

Some verbs are always accompanied by the reflexive **się** (see L. 7). With other verbs, like **uczyć się**, the use of **się** depends on the meaning intended. For example, the equivalent of to *teach* will be the verb **uczyć** without the reflexive particle. If, however, to *learn* or to *study* is intended, **uczyć się** must be used.

biec (see L. 10)
piec (see L. 8)
pomóc (see L. 8)

The *trzeba + infinitive* Construction

The infinitive is often used with impersonal constructions.

Trzeba się uczyć. *STUDY*
Trzeba poznać „Wesele". *get to know*
Trzeba zobaczyć „Dwa teatry". *to go and see*

One should, must ought to.

EXERCISES

4.1 *Read the following aloud. Make sure the distinction between ł and l is clear.*

Łagodny leń. Ładna dziewczyna je lody. Wygodny fotel stoi przy lampie, a łóżko przy oknie. Małe lustro. Urocze blondynki uczą się słówek.

* 4.2 *Read these words aloud. What phonetic contrast do they illustrate?*

nic / nić   ton / toń   nos / noś   cęgi / cięgi   ząb / ziąb   meszek / mieszek
dna / dnia   paskarz / piaskarz

*4.3 *Read these sentences aloud. W h e n and w h y will the voiced consonants be pronounced as voiceless?*

Wciąż wkrada się błąd. Rąb szybko to drzewo. Ameryka to duży ląd. Mam sportowy wóz. Mów trochę wolniej. Nasza młodzież też jest zdolna.

4.4 *In the following words, which letters represent consonants, which represent vowels?*

cudzoziemcy, Francuzi, Anglicy, Norwedzy, Japończyk

4.5 *In which of the following is the use of* **rz** *justified by a rule? In which is it not?*

aktorzy, dobrzy, rzecz, przepraszam, powtarzać, starzy, dobrze, którzy, trzeba, krzesło, fryzjerzy

4.6 *In the following, when is the use of* **ó** *justified by a rule? Why?*

ołówek, wieczór, który, słówko, pokój, łóżko, wóz, mróz, lód

4.7 *Write the nominative plural of the following adjectives. Underline the stem-final consonants. (See Intro., II 2.3., Table A.)*

wysoki (aktor)	_____	(aktorzy)
polski (student)	_____	(studenci)
drogi (robotnik)	_____	(robotnicy)
mądry (Polak)	_____	(Polacy)
stary (Norweg)	_____	(Norwedzy)

4.8 *Fill in the blanks with* **rz, ż,** *or* **sz.**

—afa, łó—ko, k--esło, je—cze, sta—y, Le—ek, dwo—ec, p—epra--am, t—eba, powta—ają, —ecz, powa—ny, akto—y

4.9 *Give the nominative plural of the following feminine nouns and adjectives.*

nouns	*adjectives*
kierowniczka	krótka
kuzynka	długa
studentka	droga
noga	elegancka
droga	miękka

4.10 *Re-read § II 2.3 of the Introduction.*
Give the masculine personal nominative plural of each of the following.

brudny, uroczy, wysoki, cały, wielki, tragiczny, ubogi, duży, stary, gruby, sympatyczny

4.11 *Express your surprise or disbelief as in the example.*

Example: A. Mary jest miła. B. **Ona? Miła?**

A. 1. Leszek jest miły. 3. Państwo Górscy są mili.
   2. Basia jest miła. 4. Pani kierowniczka jest miła.

4.12 *Which of these nouns will pair with* **który?** *, which with* **która?**

który _____? która _____?

student, dziewczyna, Kanadyjka, profesor, kot, zegarek, szkoła,
brat, pani, lekcja, pokój, dworzec, numer

* 4.13 *Disagree with each of the following, substituting pronouns for nouns.*

Examples: A. To państwo Górscy. B. **Nie, to nie oni.**
          A. To Basia i Ewa. B. **Nie, to nie one.**

A. 1. To Staszek i Leszek. 3. To Mary i Hanka.
   2. To państwo Lipińscy. 4. To Mary i Staszek.

* 4.14 *Use a demonstrative pronoun to answer the following.*

Examples: A. Który pokój jest wolny? B. **Ten.**
          A. Która lekcja jest trudna? B. **Ta.**
          A. Które piwo jest dobre? B. **To.**

A 1. Który zegarek jest dobry? TEN   5. Które biurko jest niezłe? To
  2. Która książka jest ciekawa? TA   6. Która sztuka jest dobra? TA
  3. Które łóżko nie jest wygodne? To   7. Które dziecko jest głodne? TO
  4. Który student jest z Coventry? TEN

4.15 *Make up questions requiring the following answers.*

Example: **Jacy są Leszek i Staszek?** Leszek i Staszek są mili.

1. _____? Państwo Górscy są sympatyczni.
2. _____? Pan Górski i Staszek są niecierpliwi.
3. _____? Jean jest niepoważny.
4. _____? Pan Górski jest stary.
5. _____? Kobiety są złe i nerwowe.
6. _____? Pani Górska jest ładna.

* 4.16 *Answer these questions with a pronoun.*

Example: A. Czy to Mary? B. **Tak, to ona.**

A. Czy to Leszek? Czy to państwo Górscy? Czy to wy?
   Czy to ty? Czy to Basia? Czy to Basia i Ewa?

4.17 *Which of these nouns will pair with* **który?** *, which with* **które?**

który _____?   które _____?

dziecko, słownik, ołówek, brat, zdjęcie, słówko, fotel, ciastko, ser, pan, Anglik, kot

* 4.18 *Use demonstrative pronouns to answer the following.*

Examples: A. Którzy studenci są pracowici?   B. **Ci.**
              A. Które gospodynie są czyste?   B. **Te.**
A. 1. Które pokoje są wolne?   4. Które ciastka są dobre?
    2. Którzy Anglicy są z Coventry?   5. Którzy chłopcy są mili?
    3. Które zegarki są tanie?   6. Którzy Japończycy są z Tokio?

4.19 *Use the correct infinitive in each of the following.*

uczyć się, słuchać, iść, powtarzać, zobaczyć, siadać

1. Trzeba _____ ,,Polacy nie gęsi''. To dobra sztuka.
2. To trudny język. Trzeba stale _____ słówka.
3. To nie teatr, to uniwersytet. Tu trzeba _____ !

4.20 *Give the names of the inhabitants of the following countries.*

Example: To jest **Polak.**   (Poland)
              To są **Polacy.**

To jest _____ .   (Canada, France, Japan, England)
To są _____ .

4.21 *Put the following nouns into two groups: those that can be used with* **którzy?**
and those that can be used with **które?**

którzy _____?   które _____?

studenci, lekcje, studentki, biurka, aktorzy, gospodynie, szafy, łóżka, siostry, Francuzi, zegarki, szkoły, pociągi

4.22 *Translate the words in parentheses.*

1. Ci (*actors*) są wspaniali.
2. (*Evenings*) są długie.
3. Te (*watches*) są dobre.
4. Gdzie jest (*this dictionary*)?
5. Tu są (*Poles* **masc.**), a tam (*Frenchmen* **masc.**) i (*Canadians* **masc.**).
6. Ci (*Japanese*) powtarzają słówka.
7. Te (*Canadians*) uczą się i uczą.

4.23 *Fill in the missing nouns, modifying their form when necessary.*

aktor — tytuł — dramat narodowy — afisz — cudzoziemiec

1. „Polacy nie gęsi'' to dziwny _____.
2. Mary i Leszek oglądają _____ .
3. „Wesele'' to _____.
4. Anglicy i Francuzi to _____ .
5. Hanuszkiewicz i Świderski to dobrzy _____ .

4.24 *Use the dialogue from lesson 4 to answer these questions.*

1. Kto powtarza słówka?
2. Jacy są Anglicy?
3. Co powtarzają Anglicy?
4. Jakie są blondynki?
5. Jaki jest Jean?

4.25 *Use the correct demonstrative in each of the following.*
Example: A. Kto to jest?   B. **Kto? Ci cudzoziemcy?**

A. Kto to jest?

B.
1. _____? _____ Angielki?
2. _____? _____ dziewczyna?
3. _____? _____ student?
4. _____? _____ Anglicy?
5. _____? _____ pan?
6. _____? _____ Kanadyjki?

*4.26 *Change all plurals into singulars.*

1. Te okna są duże.
2. Które dziewczyny są sympatyczne?
3. Ci studenci są niecierpliwi?
4. Czy te zegarki są dobre?
5. Jakie są te pokoje?
6. Gdzie są ołówki?
7. Jacy wspaniali aktorzy!
8. Ci robotnicy są pracowici.

4.27 *Give an appropriate response to each of the following.*

Exapmle: A. Jak się masz?   B. **Dziękuję, bardzo dobrze.** *or* **Dziękuję, dobrze.**

A.
1. Cześć!
2. Dzień dobry!
3. *(Ktoś puka.)*
4. *(Dzwoni telefon.)*
5. Do widzenia.
6. Kowalski jestem.
   (Somebody introduces himself to you)

B. _____ .
_____ .
_____ .
_____ .
_____ .
_____ .

Pani Górska urządza „małe" przyjęcie

I. WESELE MAMA URZĄDZA?

Pani Górska urządza pojutrze przyjęcie.
Właśnie sprząta mieszkanie. Ktoś puka.

Pani G.: Chwileczkę, już otwieram. *(otwiera drzwi)* A, to ty.
Staszek: *(głośno zamyka drzwi)*
Pani G.: Nie umiesz wchodzić cicho?
Staszek: Przepraszam. *(otwiera torby)* No, zakupy zrobione.
Jest masło, chleb, mąka, cukier...
Pani G.: Jeszcze trzeba przynieść jajka, mleko, ser,
jakieś napoje, owoce...
Staszek: Kto to ma jeść? Wesele mama urządza?
Pani G.: Tylko małe przyjęcie!

Staszek:	Małe przyjęcie... Hm... Kto właściwie jest zaproszony?
Pani G.:	Oczywiście Mary Brown.
Staszek:	Wiem.
Pani G.:	...twoi koledzy z Coventry, ten sympatyczny Francuz, nie pamiętam, jak się nazywa...
Staszek:	Jean Legros.
Pani G.:	Właśnie Legros.
Staszek:	Kto jeszcze?
Pani G.:	Kto jeszcze? Aha, doktor Rupik i jego żona, profesor Maliński — wiesz, ten poeta — pani inżynier Starosta i jej matka, ciotka Ela...
Staszek:	Lekarze, nauczyciele, poeci, inżynier, stare ciotki — wszyscy razem. Straszne!

II. JAKI OJCIEC, TAKI SYN!

Wieczór. Pani Górska czyta „Noce i dnie" (to jej ulubiona powieść), a Profesor i Staszek oglądają Dziennik telewizyjny.*

Profesor:	Nudne te wiadomości... Może jest jakiś film?
Staszek:	*(przegląda program)* Owszem, są „Złodzieje i policjanci."
Profesor:	Stare jak świat!

---

* A roman-fleuve by Maria Dąbrowska (1889-1965)

Staszek: Jest też reportaż: „Czy znacie polskie wsie?"

Profesor: Znamy, znamy... Co dalej?

Staszek: Chwileczkę, jeszcze tu mamy coś... tak, jest komedia „Mężczyźni i kobiety".

Profesor: O, to może być interesujące!

Staszek: Hm.

Profesor: To co, oglądamy te „kobietki"?

Staszek: Oczywiście!

Pani G.: *(słucha i kiwa głową)* Jaki ojciec, taki syn!

GLOSSES

1. **chleb** bread
   ciotka aunt; auntie
   cukier sugar
   doktor doctor
   drzwi *pl.* door (the noun has no singular)
   dziennik daily
   dziennik telewizyjny the daily news on TV
   dzień *m.* dnie / dni *pl.* day
   film film
   głowa, głową *I sing.* head
   inżynier engineer
   jajko egg
   kobietka *dim.* of **kobieta** (here used humorously)
   kolega colleague; class-mate; friend
   komedia comedy
   lekarz physician; doctor
   mama mom; mum
   masło butter
   mąka flour

   mężczyzna man
   mieszkanie apartment; flat
   mleko milk
   napój beverage; drink
   nauczyciel teacher
   noc night
   owoc fruit
   poeta poet
   policjant policeman
   powieść novel
   program program
   przyjęcie here: dinner party
   reportaż report; documentary
   syn son
   świat world
   torba bag
   wiadomość (piece of) news
   wieś village
   zakupy shopping
   złodziej thief
   żona wife

2. **interesujący** entertaining; interesting
   nudny boring; dull
   polski Polish
   straszny terrible; awful

   telewizyjny television ⎯⎯⎯⎯
   ulubiony favorite
   zaproszony invited
   zrobiony made; done

3. **jeść** to eat
   kiwać to nod; to shake
   mieć to have

   nazywać się to be known as; to go by the name of

oglądać to look at; to watch
otwierać to open
pamiętać to remember
przeglądać to look / glance through; to go over
przynieść to bring
sprzątać to clean up; to tidy up
umieć to know how

urządzać to organize; to prepare; to give /throw (e.g., a party)
wchodzić to enter
wiedzieć to know sth.; to know about sth. or sb.
zamykać to close
znać to be acquainted with; to know sth. or sb. (e.g., a person, a language, etc.)

4. **aha** oh yes...
   coś something
   głośno loud(ly)
   jakiś *m. sing.* any; some
   jego his
   jej her
   może maybe; perhaps

   no well; why; so
   pojutrze the day after tomorrow
   razem together
   taki *m. sing.* such; so
   twoi your
   właśnie just; just now
   właściwie as a matter of fact

5. **Chwileczkę...** Just a minute...; Just a moment...
   A, to ty... Oh, it's you...
   Zakupy zrobione. I did my shopping. (I got everything.)
   Przepraszam. I am sorry.
   Kto to ma jeść? Who is (supposed) to eat it?
   Jak on się nazywa? What is his name?
   Kto jeszcze? Who else?
   Stare jak świat! (It is) as old as the hills!
   ...to może być interesujące... this may be interesting...
   To co, oglądamy te „kobietki"? So what, shall we look at those "girls"?
   kiwa głową shakes her head (to indicate disapproval)
   Jaki ojciec, taki syn. Like father, like son.

GRAMMAR

I. NOMINATIVE SINGULAR AND PLURAL

1. Nouns in Soft or Hardened Consonants

Masculine

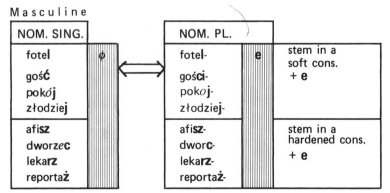

NOM. SING.		NOM. PL.		
fotel	φ	fotel-	e	stem in a soft cons. + e
gość		gości-		
pokój		pokoj-		
złodziej		złodziej-		
afisz		afisz-		stem in a hardened cons. + e
dworzec		dworc-		
lekarz		lekarz-		
reportaż		reportaż-		

Masculine nouns whose stems terminate in a s o f t or h a r d e n e d consonant (for their inventory see Intro., II 2. 1.) take the -e ending in the nominative plural. Some of these nouns also undergo vowel change, e.g., **pokój → pokoje.** (For other types of vowel change see Intro., II 3.)

Note that masculine p e r s o n a l nouns terminating in **ec** take the -y ending in the nominative plural, whereas masculine n o n - p e r s o n a l nouns terminating in **ec** take the -e ending in the nominative plural.

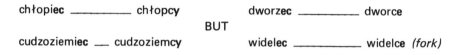

chłopiec ——————— chłopcy   dworzec ——————— dworce

BUT

cudzoziemiec — cudzoziemcy   widelec ——————— widelce *(fork)*

F e m i n i n e

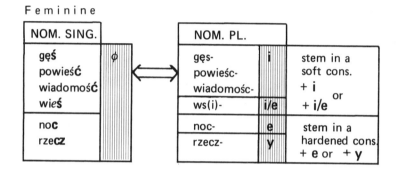

NOM. SING.		NOM. PL.		
gęś powieść wiadomość	φ	gęs- powieśc- wiadomośc-	i	stem in a soft cons. + i or
wieś		ws(i)-	i/e	+ i/e
noc rzecz		noc- rzecz-	e y	stem in a hardened cons. + e or + y

There are also feminine nouns which end in a s o f t or h a r d e n e d consonant in the nominative singular. Their plural endings have not been determined yet.

Nouns whose stems end in a soft consonant take either -i or -e in the nominative plural. (As a rule, nouns terminating in **ość** take the -i ending in the plural (cf. **wiadomość — wiadomości**).

Nouns whose stems end in a h a r d e n e d consonant take either -e or -y in the nominative plural.

2. Masculine Nouns in -a

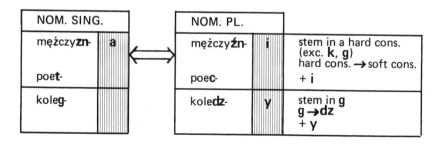

NOM. SING.		NOM. PL.		
mężczyzn-	a	mężczyźn-	i	stem in a hard cons. (exc. **k, g**) hard cons. → soft cons.
poet-		poec-		+ i
koleg-		koledz-	y	stem in **g** **g → dz** + y

95

A few masculine nouns share certain features with both the feminine and the masculine declensions. In the singular, they have the feminine ending -a, yet in the plural they take the masculine personal ending -i or -y. (For consonantal changes in this group see Intro., II 2. 2. and 2. 3., Tables A and C.)

II. PRESENT TENSE

The -a-m / -a-sz Conjugation* [czytać] *to READ*

ZNAĆ
to BE ACQUAINTED WITH, TO KNOW A PERSON

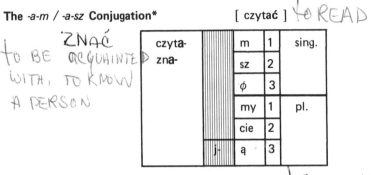

czyta- zna-		m	1	sing.
		sz	2	
		φ	3	
		my	1	pl.
		cie	2	
	j-	ą	3	

The **-a-m / -a-sz** conjugation embraces verbs which *to BE KNOWN AS*
(1) have the **-ać** ending (czytać, znać, nazywać się) in the infinitive;
(2) retain the stem suffix **-a-** in all their conjugated forms;
(3) expand the suffix by **-j-** in the 3rd person plural of the present tense; and
(4) take the **-m** ending in the 1st person singular.

N.B. Like any other verb that takes the reflexive particle **się, nazywać się** keeps the
particle in all its conjugated forms.
Cf. **Ja nazywam się Mary. On nazywa się Leszek.** *to BE KNOWN AS*
Jak ty się nazywasz? Jak się pan nazywa? *to GO BY THE NAME OF*

The -e-m / -e-sz Conjugation [umieć]
u m i e ć *to KNOW HOW*

umie-		m	1	sing.
		sz	2	
		φ	3	
		my	1	pl.
		cie	2	
	j-	ą	3	

The **-e-m / -e-sz** conjugation comprises just a few verbs, the most common of which are **umieć** and **rozumieć**. Verbs of this conjugation differ from **-a-m / -a-sz** verbs in that their infinitives end in **-eć** and the stem suffix **- e-** (not **-a-**) occurs in the forms of the present tense.

---

* Some grammars call it conjugation III, others call it conjugation I. To avoid further confusion, we will identify all conjugations by the first two inflectional endings of the present tense.

Irregular Verbs

The most common irregular verbs which share certain features with the **-a-m / -a-sz** and **-e-m / -e-sz** verbs are **mieć, jeść** and **wiedzieć**.

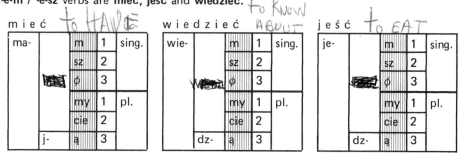

to HAVE   to KNOW ABOUT   to EAT

mieć					wiedzieć					jeść				
ma-		m	1	sing.	wie-		m	1	sing.	je-		m	1	sing.
		sz	2				sz	2				sz	2	
		∅	3				∅	3				∅	3	
		my	1	pl.			my	1	pl.			my	1	pl.
		cie	2				cie	2				cie	2	
	j-	a	3		dz-		a	3		dz-		a	3	

EXERCISES

*5.1 *Read these words aloud, contrasting* **cz** *and* **ć** / **ci**.

czapa — ciapa	badacze — badacie
czy — ci	leczy — leci
bicze — bicie	słuchacz — słuchać
życz — żyć	badacz — badać
bicz — bić	wołacz — wołać

*5.2 *Read the following words aloud, contrasting* **sz** *and* **ś** / **si**.

szał — siał	szydła — sidła
szata — siatka	wiesz — wieś
szeroka — sierota	mysz — miś
szyła — siła	kosz — koś
szyna — sina	kasza — Kasia

5.3 *Write five sentences using feminine nouns and adjectives in the nominative plural. Choose only nouns and adjectives whose stems end in* **k** *or* **g** *in the nominative singular.*

5.4 *Read this text aloud.*

Lekarze, nauczyciele, poeci, inżynier, stare ciotki — wszyscy razem. Straszne!

In each word, separate the consonants from the vowels.
Example: **L-e-k-a-rz-e**

5.5 *Fill in the missing letters.*

Pani G—rska u—ądza pojut—e p—yjęcie. Właśnie sp—ąta mie—kanie.
Zapro—ony jest in—ynier Mali—ski, a tak—e jakiś leka—.

5.6 *Supply the missing diacritical marks.*

dluga, powiesc, mezczyzni, maslo, maka, sprzatac,
olowek, jesc, ges, wlasnie, zlodzieje

5.7 *Some masculine nouns in* **k, g** *or* **r** *have these consonants changed into* **c, dz** *or* **rz** *in the nominative plural. List as many of these nouns as you can.*

5.8 *Re-read the Intro., II 2.3., Tables A and E.*
Now give the masculine p e r s o n a l *nominative plural of these adjectives.*

duży, głuchy, drogi, słaby, dobry, zły, ubogi, łysy, chory, cichy, starszy

5.9 *Make up five sentences using the* **trzeba** + **infinitive** *construction. .*

5.10 *Give the nominative plural of:*

grzeczny student, niecierpliwy kuzyn, stary pan, długi pociąg,
krótki *(short)* ołówek, dobry obiad, niepoważny chłopiec

*5.11 *Express surprise or disbelief the way the example does.*

Example: A. Leszek jest pracowity. B. **On? Pracowity?**

A. 1. (Ty) jesteś bardzo nerwowa. 4. Basia i Ewa są pracowite .
2. (Wy) jesteście dziwni. 5. Jean jest uroczy.
3. Górscy są mili.

5.12 *Use* **jaki, jakie** *or* **jacy** *in exclamatory sentences.*

1. _____ ładne zdjęcie! 5. _____ tanie biurka!
2. _____ urocze dziecko! 6. _____ brzydkie *(ugly)* pokoje!
3. _____ dziwni chłopcy! 7. _____ nerwowe kobiety!
4. _____ duże mieszkanie! 8. _____ wspaniały aktor!

5.13 *Put the following verbs into*
(a) the 3rd person singular
(b) the 3rd person plural.

przepraszać, słuchać, rozumieć, spostrzegać, powtarzać,
opowiadać, pamiętać

*5.14 *The following questions show disapproval and imply a request or an order.*
Express your willingness to comply.

Example: A. Dlaczego nie sprzątasz? B. **Już sprzątam.**

A. 1. Dlaczego nie jesz? 4. Dlaczego nie otwierasz drzwi?
2. Dlaczego nie siadasz? 5. Dlaczego nie opowiadasz?
3. Dlaczego nie czytasz? 6. Dlaczego nie pukasz?

Answer in the affirmative with a verb in the 1st person singular or plural.

Examples: A. Jesz ser? B. **Owszem, jem.**
A. Znacie Kraków? B. **Owszem, znamy.**

A. 1. Czytasz powieści?   3. Czekacie?   5. Jecie mięso?
2. Wiesz, kto to jest?   4. Masz dziś czas?   6. Pamiętacie słówka?

5.16 *Use the correct form of the following verbs.*

1. Mary (powtarzać) słówka, a my (słuchać).
2. Basia (czytać) powieść, a Mary (przeglądać) program telewizyjny.
3. Może oni (pamiętać) jego imię.
4. Czy wy (znać) Lublin?
5. Co oni (jeść)?
6. Ja (nazywać się) Ela.
7. Ten nauczyciel (wiedzieć) dużo.
8. Ja nie (jeść) dużo.

5.17 *Choose five nouns from the list, and, when necessary, change their forms to fit the given sentences.*

cudzoziemiec – dziewczyna – poeta – tytuł – język – numer – robotnik – napój
1. Anglicy, Francuzi, Japończycy i Kanadyjczycy to _____ .
2. Trzeba powtarzać słówka, bo to trudny _____ .
3. _____ to liczba mnoga od „robotnik''.
4. Jakie urocze _____ .
5. Adam Mickiewicz to _____ .

5.18 *Match appropriate nouns with each of the following pronouns.*

który _____?   która _____?   które _____?   którzy _____?

dworzec, uniwersytet, Polacy, pan, dziewczyna, państwo Górscy, Kanadyjka, aktorzy, języki, słówko, gospodyni, biurko, pokoje, gęsi, ołówek, studentki, kawiarnia, łóżko, szafy, lody, robotnicy, wesele, zegarki, sztuka, zdjęcie

5.19 **Co to jest?**

5.20 *Make up questions requiring the italicized words as answers.*

Example: **Co urządza pani Górska?**   Pani Górska urządza *przyjęcie.*

1. _____?   Pani Górska czyta ,,*Noce i dnie*''.
2. _____?   Komedia jest *interesująca.*
3. _____?   Profesor i Staszek oglądają *dziennik.*
4. _____?   Wiadomości są *nudne.*
5. _____?   Profesor i Staszek są *niepoważni.*

5.21 *Give the names and professions of all those invited to Mrs. Górska's dinner party.*

5.22 *Make a list naming (a) members of the family and (b) things to eat.*

*5.23 *Put into the plural.*

1. Który to numer?
2. Jaki jest ten słownik?
3. Tamten ołówek nie jest dobry.

4. Ten ser jest niedobry.
5. Ale ten robotnik jest pracowity!
6. Mam ładny zegarek.

*5.24 *In each case, use the appropriate form of the demonstrative to refuse the object that is being offered to you.*

Example: A. Który chcesz *(do you want)* ołówek, ten?
B. **Nie, tamten.**

A. 1. Który chcesz zegarek, ten?
2. Które chcesz piwo, to?
3. Które chcesz książki, te?

4. Które chcesz biurko, to?
5. Które chcesz słowniki, te?
6. Który chcesz pokój, ten?

5.25 *Fill in the missing verbs, and change their form when necessary.*

urządzać — wiedzieć — znać — mieć — przepraszać — słuchać — czytać — nazywać się

1. A. Co pan _____, powieść?
   B. Nie. _____ „Wśród Polaków".
2. A. Jak (ty) _____?
   B. _____ Mary.
3. A. Może wy _____ pieniądze *(money)*?
   B and C. Oczywiście. My zawsze _____ pieniądze.
4. A. _____, czy jest pan profesor Górski?
   B. Nie, _____ .
5. A. _____ , co to jest?
   B. Nie, nie _____ .
6. *(Telefon:)* Halo, _____ .
7. A. A ona _____ „Polacy nie gęsi"?
   B. Owszem, _____ .

5.26 *Topic for conversation*
You and your friends are discussing what is on television tonight. Each mentions his preferences.

Nic nie widzę, nic nie słyszę

I. NIE WIESZ, CO ROBI MARY?

Dom akademicki. Pokój numer pięć (5). Leszek uczy się.
Wchodzi Staszek.

Staszek: Cześć! Przynoszę twoje książki. Proszę bardzo.
Leszek: To nie są moje książki.

Staszek: Nie twoje, a czyje?
Leszek: Przepraszam, ta książka jest moja.
Staszek: A tamta czyja?
Leszek: Nie wiem. Może jest podpis... Tak, jest tu coś. *(czyta)* Mik... czyj to może być podpis? Mikoła...
Staszek: Mikołajczak! Tak, tak, pamiętam, to jego książka.
Leszek: Nie wiesz, co robi Mary?
Staszek: Wiem. Cała jej grupa zwiedza dziś miasto.
Leszek: Twój ojciec też tam jest?

Staszek: Niestety, ojciec musi siedzieć w domu, bo znowu są Jagiełłowie.
Leszek: Którzy Jagiełłowie?
Staszek: Wiesz, ci młodzi inżynierowie.
Leszek: Ich synowie też są?
Staszek: Na szczęście nie! *(patrzy na zegarek)* Muszę już iść. Cześć!

II. NIC NIE SŁYSZYMY!

Pałac Kultury. Najwyższe piętro. Mary i jej koledzy
oglądają miasto.

Przewodnik: Widzą państwo tamten biały budynek?

Mary
Jean } : Widzimy.

Olaf: Nic nie widzę.

Przewodnik: Bo pan stoi za daleko. Proszę tu.

Olaf: Tak, jest jakaś biała plama...

Przewodnik: Otóż to jest Wilanów, piękny pałac...

Mary: Kto tam mieszka?

Przewodnik: Stale nikt nie mieszka, tylko od czasu do czasu
śpią tam obcy prezydenci, ministrowie, królowie...

Olaf: Te małe domki, tu w lewo, to Stare Miasto?

Przewodnik: Tak, to Stare Miasto. Widzicie państwo — tu jest
Zamek, obok Kolumna Zygmunta,
(Wchodzą nowe grupy: Belgowie, Francuzi,
Arabowie. Hałas)

tam w prawo katedra...

Olaf: *(do Mary)* Co on mówi? Nic nie słyszę.

Mary: *(głośno)* Nic nie słyszymy.

Przewodnik: Proszę państwa, kończymy!

1. **Arab** (an) Arab
   Belg (a) Belgian
   budynek building
   domek *dim.* of **dom**
   grupa group
   hałas noise
   katedra cathedral
   kolumna pillar; column
   król king
   książka book
   kultura culture

   miasto town
   minister minister
   pałac *m.* palace
   piętro storey; floor
   plama spot
   podpis signature
   prezydent president
   przewodnik guide
   szczęście happiness
   zamek castle

2. **biały** white
   młody young
   najwyższy highest

   nowy new
   obcy foreign
   piękny beautiful

3. **iść** to go
   kończyć to finish
   mieszkać to reside; to lodge; to live
   mówić to speak; to talk; to say
   musieć must; have to
   patrzeć (na) to look (at)
   przynosić to bring
   robić to make; to do

   siedzieć to sit (coll.: to stay)
   słyszeć to hear
   spać to sleep
   stać to stand
   widzieć to see
   zwiedzać to visit (e.g., a town, a castle, a museum)

4. **czyj, czyja, czyje** whose
   daleko far
   dziś today
   ich their (theirs)
   jakaś *f. sing.* any; some
   mój, moja, moje my (mine)
   na at
   nic nothing
   niestety unfortunately
   nikt nobody

   obok near by; close by; beside
   otóż and so; well
   pięć five
   stale permanently
   tamta, tamten that
   twoje, twój your(s)
   w lewo left; to the left
   w prawo right; to the right
   za too
   za daleko too far

5. **Cześć!** Hi! Hallo! (at parting: Bye-bye!; very informal, used mainly among young people)

Proszę (bardzo). Here you are. (**bardzo** makes it more polite)

Czyj to może być podpis? Whose signature can this be?

ojciec musi siedzieć w domu... father has to stay home...

Na szczęście (nie)! Fortunately / luckily (no)!

Widzą państwo / Widzicie państwo When addressing a group of people, a Pole will use the expression **państwo** (ladies and gentlemen) with a verb in the 2nd or 3rd person plural. To many Poles the form of the 2nd person sounds somewhat more familiar than that of the 3rd person.

od czasu do czasu from time to time

Tu proszę! Please come here.

Proszę państwa... Ladies and gentlemen...

6. **Pałac Kultury** The Palace of Culture — one of the tallest buildings in Warsaw; the seat of about forty institutions and organizations

Wilanów the summer residence of King Jan Sobieski

Kolumna Zygmunta a monument with a statue of King Sigismund the Third

7. **bać się** to be afraid

GRAMMAR

I. NOMINATIVE SINGULAR AND PLURAL

1. Nouns

Masculine Plural in **-owie**

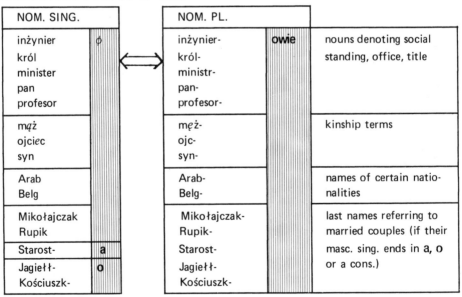

NOM. SING.		NOM. PL.		
inżynier król minister pan profesor	∅	inżynier- król- ministr- pan- profesor-	**owie**	nouns denoting social standing, office, title
mąż ojciec syn		męż- ojc- syn-		kinship terms
Arab Belg		Arab- Belg-		names of certain nationalities
Mikołajczak Rupik		Mikołajczak- Rupik-		last names referring to married couples (if their masc. sing. ends in **a, o** or a cons.)
Starost-	a	Starost-		
Jagiełł- Kościuszk-	o	Jagiełł- Kościuszk-		

Some masculine nouns form their nominative plural by the **-owie** ending. Unlike other plural endings, **-owie** does not normally depend on the phonological properties of the stem but on the meaning of the given noun.

2. Pronouns

Demonstrative Pronouns
<table>
<tr><td>Nom. Sing.:</td><td>**tamten, tamta, tamto**</td></tr>
<tr><td>Nom. Pl.:</td><td>**tamci, tamte**</td></tr>
</table>

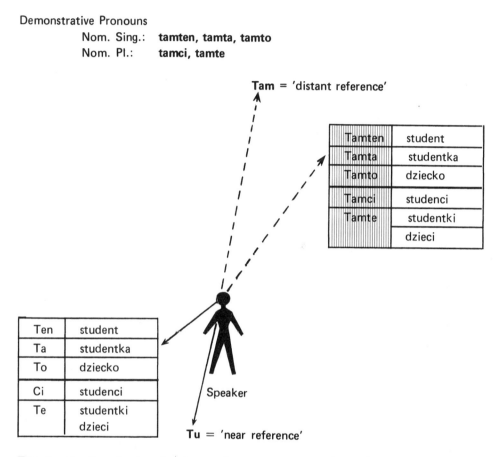

Tam = 'distant reference'

Tamten	student
Tamta	studentka
Tamto	dziecko
Tamci	studenci
Tamte	studentki
	dzieci

Ten	student
Ta	studentka
To	dziecko
Ci	studenci
Te	studentki dzieci

Speaker

Tu = 'near reference'

Ten, ta, ci, etc. refer to what is near in space or conception, whereas **tamten, tamta, tamci,** etc. refer to what is more distant.

Interrogative Pronouns
<table>
<tr><td>Nom. Sing.:</td><td>**czyj? , czyja? , czyje?** WHOSE</td></tr>
<tr><td>Nom. Pl.:</td><td>**czyi? , czyje?**</td></tr>
</table>

Possessive Pronouns* *my ~ MINE; YOURS; HIS HERS*
<table>
<tr><td>Nom. Sing.:</td><td>**mój, moja, moje; twój,** etc.; **jego, jej**</td></tr>
<tr><td>Nom. Pl.:</td><td>**moi, moje; twoi,** etc.; **jego, jej**</td></tr>
</table>

---

* Note that the possessives **mój, twój,** etc., like their English equivalents *my, your,* etc., function as adjectives and were formerly called possessive adjectives.

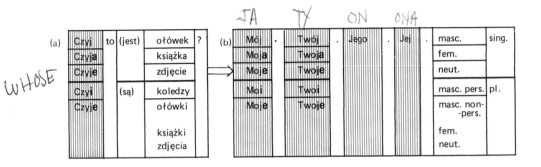

JA *TY* *ON* *ONA*

WHOSE

(a)

Czyj	to	(jest)	ołówek	?
Czyja			książka	
Czyje			zdjęcie	
Czyi		(są)	koledzy	
Czyje			ołówki	
			książki	
			zdjęcia	

(b)

Mój	.	Twój	.	Jego	.	Jej	.	masc.	sing.
Moja		Twoja						fem.	
Moje		Twoje						neut.	
Moi		Twoi						masc. pers.	pl.
Moje		Twoje						masc. non--pers.	
								fem.	
								neut.	

(a) The pronoun **czyj?**, **-a?**, **-e?** introduces questions which must be answered by a possessive pronoun (or a noun in the genitive case, see L. 12). **Czyj?**, **-a?**, **-e?** is inflected like an adjective and agrees in gender, number and case with the noun it refers to.

(b) The preceding remarks also apply to the possessive pronouns **mój**, **-a**, **-e** and **twój**, **-a**, **-e**.

Jego and **jej** are different in that they have no gender and no number contrast.

3. Possessives in Polish and English

GENDER OF NOUN

Czyj	(jest)	ten	ołówek	?
Czyja		ta	książka	
Czyje		to	zdjęcie	

Ten	ołówek	jest	mój / twój	.
Ta	książka		moja / twoja	
To	zdjęcie		moje / twoje	

Czyj	to	(jest)	ołówek	?
Czyja			książka	
Czyje			zdjęcie	

To	(jest)	mój / twój	ołówek	.
		moja / twoja	książka	
		moje / twoje	zdjęcie	

108

Unlike English, Polish uses the same form of the possessive pronoun in the attributive and predicative functions.

Cf. **Ten ołówek jest** *mój*.　　This pencil is *mine*.
　　To jest *mój* **ołówek.**　　This is *my* pencil.

　　Ten ołówek jest *twój*.　　This pencil is *yours*.
　　To jest *twój* **ołówek.**　　This is *your* pencil.

II. PRESENT TENSE 2ND (CONJUGATION)

The -ę / -isz Conjugation

$$\begin{bmatrix} \text{uczyć (się)} \\ \text{prosić} \\ \text{woleć} \end{bmatrix}$$

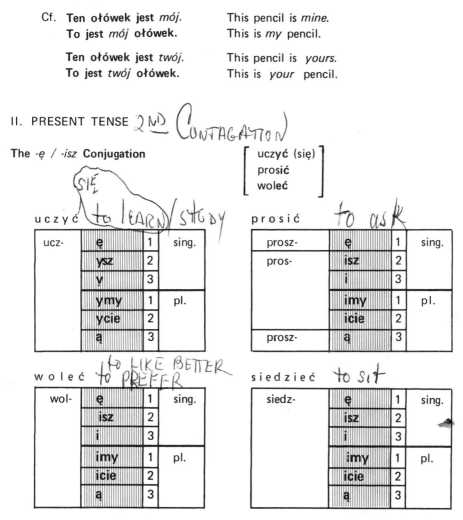

uczyć (SIĘ) *to learn / study*

ucz-	ę	1	sing.
	ysz	2	
	y	3	
	ymy	1	pl.
	ycie	2	
	ą	3	

prosić *to ask*

prosz-	ę	1	sing.
pros-	isz	2	
	i	3	
	imy	1	pl.
	icie	2	
prosz-	ą	3	

woleć *to like better / to prefer*

wol-	ę	1	sing.
	isz	2	
	i	3	
	imy	1	pl.
	icie	2	
	ą	3	

siedzieć *to sit*

siedz-	ę	1	sing.
	isz	2	
	i	3	
	imy	1	pl.
	icie	2	
	ą	3	

The -ę / -isz conjugation includes all polysyllabic verbs whose infinitives end in -ić or -yć (prosić, robić, mówić, uczyć, ważyć), and some verbs whose infinitives terminate in -eć (woleć, siedzieć, widzieć, słyszeć).

Characteristic of this conjugation is the -ę ending in the 1st person singular, and the -i or -y ending in the 3rd person singular. The inflectional endings (-ę, -isz, -ycie, -ą, etc.) are often attached to the part of the infinitive that is left when -ić / -yć / -eć are cut off (ucz~yć~, pros~ić~, wol~eć~). Thus consonants which were soft in the infinitive change into hardened consonants in the 1st person singular and 3rd person plural. (Patterns of relevant consonantal changes are given in the Intro., II 2. 2., 2. 3., Table B.)

Exceptions to the rule:

robić ~~To DO,MAKE~~ [handwritten: To DO, MAKE] mówić [handwritten: To SPEAK]

rob-	i-	ę	1	sing.
mów-		isz	2	
		i	3	
		imy	1	pl.
		icie	2	
	i-	ą	3	

If the infinitive terminates in **-bić, -pić, -wić, -fić, -mić**, or **-nić**, only the final **ć** is cut off before the inflectional endings are added. Consequently, **bi, pi, wi, fi, mi** and **ni** never lose their softness in the 1st person singular and 3rd person plural.

Irregular Verbs: stać [handwritten: STAND], bać się, spać

stać [handwritten: To STAND] bać się [handwritten: To BE AFRAID] spać [handwritten: To SLEEP]

sto-	j-	ę	1	sing.
bo-		isz	2	
		i	3	
		imy	1	pl.
		icie	2	
	j-	ą	3	

śp-	i-	ę	1	sing.
		isz	2	
		i	3	
		imy	1	pl.
		icie	2	
	i-	ą	3	

EXERCISES

*6.1 *Read these words aloud, observing the contrast between ż / rz and ź / zi.*

żarna — ziarna	burza — buzia	każą — Kazią
rząd — ziąb	róża — Rózia	maże — mazie
żur — ziół	wierzę — wiezie	

*6.2 *Read the following words aloud.*

dżem — dzień	dżokej — dziobać	jeżdżą — jeździ
dżuma — dziupla	drzemać — dziergać	drzwi — dźwig

6.3 *Give the nominative plural of each of the following nouns. What alternations have you noticed?*

pokój, stół, wieczór, wóz, róg, próg

6.4 *Supply the missing diacritical marks.*

1. Staszek Gorski jest tez niecierpliwy.
2. Trzeba zamowic duze piwa.
3. Ciagle ktos puka.
4. To lozko jest niewygodne.
5. Jakie ladne zdjecie!
6. Gdzie jest moj olowek?
7. Pani Gorska czyta powiesc, a Staszek reportaz.
8. Ci mezczyzni mowia glosno.
9. To piekna ksiazka.

6.5 *Why is the letter ó (and not u) used in* **mój** *and* **twój**?

6.6 *Give the nominative plural of:*

zegarek, budynek, domek, zamek, słownik, ołówek, dziennik

6.7 *Answer these questions with correctly inflected possessive pronouns.*

Example: A. Czyje to jest mleko? B. **Moje.** (ja) / **Twoje.** (ty)

A. 1. Czyja to jest kawa?   B. _____ . (ja)   _____ . (ty)
2. Czyj to jest sok?   _____ .   _____ .
3. Czyje to jest piwo?   _____ .   _____ .
4. Czyje to jest masło?   _____ .   _____ .
5. Czyja to jest herbata?   _____ .   _____ .
6. Czyj to jest cukier?   _____ .   _____ .

6.8 *Supply the correct interrogative pronoun.*

Example: _____ dziewczyna jest ładna?
Która dziewczyna jest ładna?

1. _____ sztuka jest ciekawa?
2. _____ zegarek jest dobry?
3. _____ studenci uczą się?
4. _____ dziewczyna jest pracowita? `
5. _____ student jest z Tokio?
6. _____ język jest trudny?
7. _____ Anglicy są zdolni?
8. _____ panie czytają?

*6.9 *Express surprise and discontent the way the example does.*

why don't you enter

Example: A. Dlaczego nie wchodzicie? B. **Ależ wchodzimy!** *But we do enter*

A. 1. Dlaczego nie słuchacie? 4. Dlaczego nie sprzątacie? *cleaning*
   2. Dlaczego nie pomagacie? 5. Dlaczego nie płacicie? *paying*
reading 3. Dlaczego nie czytacie? 6. Dlaczego nic nie robicie?

6.10 *Answer these questions with correctly inflected possessive pronouns.*

Example: A. Czyja to (jest) książka? B. **Moja.** (ja) / **Twoja.** (ty)
                            Jego. (on) / **Jej.** (ona)

A. 1. Czyj to (jest) zegarek? B. _____ . (ja) _____ . (on)
   2. Czyja to (jest) siostra? _____ . (ja) _____ . (ona)
   3. Czyje to (jest) mieszkanie? _____ . (ona) _____ . (on)
   4. Czyja to (jest) torba? _____ . (ty) _____ . (on)
   5. Czyj to (jest) pokój? _____ . (ona) _____ . (ty)

6.11 *Complete the following in the plural.*

Example: Pan Rupik dzwoni. Pani Rupik też dzwoni.
          Państwo **Rupikowie dzwonią.**

1. Pan Mikołajczak zwiedza miasto. Pani Mikołajczak też zwiedza miasto.
   Państwo _____ .
2. To jest inżynier i to jest inżynier.
   To są _____ .
3. Pan Jagiełło jest niecierpliwy i pani Jagiełło jest niecierpliwa.
   Państwo _____ .
4. Pan Rawicz dużo czyta; pani Rawicz też dużo czyta.
   Państwo _____ .
5. To jest Belg i to jest Belg.
   To są _____ .

6.12 *Use an appropriate possessive pronoun to answer the following.*

Examples: A. Czyi to (są) koledzy? B. **Moi.** (ja) / **Twoi.** (ty)

   A. Czyje to (są) { reportaże / rzeczy / zdjęcia } ? B. **Moje.** (ja) / **Twoje.** (ty)

A. 1. Czyje to (są) chleby? B. _____ . (ja)
   2. Czyi to (są) synowie? _____ . (ja)
   3. Czyje to (są) książki? _____ . (ty)
   4. Czyje to (są) owoce? _____ . (ty)
   5. Czyi to (są) nauczyciele? _____ . (ja)
   6. Czyje to (są) powieści? _____ . (ja)
   7. Czyje to (są) słowniki? _____ . (ty)
   8. Czyi to (są) profesorowie? _____ . (ty)

6.13 *Complete the given sentences with five words from the following list. Do not use any word more than once.*

film — fryzjer — powieść — wiadomości — wieczór —
Dziennik telewizyjny — reportaż — złodzieje

1. Pani Górska czyta ~~POWIEŚĆ~~ .
2. Profesor i Staszek oglądają Dz - TV .
3. WIADOMOŚCI są nudne.
4. Jest też _____ „Mężczyźni i kobiety"
   oraz _____ „Czy znacie polskie wsie"?

6.14 *Answer these questions with appropriate possessive pronouns.*
   Express uncertainty by adding **chyba**.

Example: A. Czyje to (są) słowniki?   B. **Chyba twoje.** (ty)

A. 1. Czyje to (są) rzeczy?   B. _____ . (on) / _____ . (ona)
   2. Czyi to (są) goście?   _____ . (ja) / _____ . (ty) / _____ . (ona)
   3. Czyi to (są) studenci?   _____ . (ona) / _____ . (on) / _____ . (ty)
   4. Czyje to (są) siostry?   _____ . (ja) / _____ . (ty) / _____ . (on)

*6.15 *Use* **ten, ta, to, ci** *or* **te** *to answer the following.*

   Example: A. Która książka cię interesuje? B. **Ta.**
      (Lit.: *Which book interests you?*
         Which book do you find interesting?)

   A. Którzy studenci cię interesują? Które studentki? Ci - Te
      Która dziewczyna? Który aktor? Którzy Anglicy? TA - TEN, Cu
      Który Francuz? Które książki? Które mieszkanie? TEN - TE - To
      Który pokój? Która szkoła? Który teatr? TEN, TA, TEN

Now do the same exercise using **tamten, tamta, tamto, tamci** *or* **tamte**.

6.16 *English-speaking persons often confuse* **znać, wiedzieć** *and* **umieć** *because these*
To Know *three verbs, despite slight differences in meaning, can all be translated by the*
   English know. *Here are a few tips to help you avoid this confusion:*
   (a) **znać** *is followed by a noun not a sentence*
   (b) **wiedzieć** *is usually followed by a sentence (though it can take a noun as a*
      complement)
   (c) **umieć** *is usually followed by an infinitive (exceptions:* **umieć** słówka / lekcję
      / matematykę*)*

Use these tips to complete the following exercises.
            znać — umieć — wiedzieć

1. Czy (ty) UMIEĆ już czytać?
2. Gdzie jest Mary? Nie _____ .
3. Czy pan ZNAĆ Kraków?

113

4. (Ja) _____ te panie bardzo dobrze.
5. Czy ty _____, kto to jest?

* 6.17 *Give the opposites.*

Examples: **dobry — zły**
            brat — siostra

blondynka _____   długi _____
duża _____   nudny _____
miasto _____   nowy _____
noc _____   kobieta _____
ojciec _____   cicho _____

6.18 *In each of the following sentences the first letter of an appropriate verb is provided.*
Complete the spelling of its correctly inflected form.

1. Czy ty w_IESZ_____ , gdzie Ewa urządza przyjęcie?
2. Mary s_PRZĄTA____ pokój, bo jest brudny *(dirty)*.
3. A. Czy pan p_AMIĘTA_jak ona się nazywa?
   B. Owszem, p_AMIĘTAM_. Nazywa się Mary Brown.
4. Pani Górska otwiera drzwi, bo ktoś p_UKA_____ .
5. A. Co j_E____ Mary?
   B. Jajko.

6.19 *Ask questions requiring the italicized words as answers.*

Examples: **Kto to jest?** To jest *Ewa.*
           Czyje są te książki? Te książki są *moje.*

1. _____? Mój pokój jest *duży.*
2. _____? Mary jest *tam.*
3. _____? Nie pracują, *bo nie chcą.*
4. _____? To są *twoi* studenci.
5. _____? Chcę *te* ołówki.
6. _____? To jest *ser.*
7. _____? *Nie,* Ewa *nie* pracuje.

6.20 *Use the correct interrogative and demonstrative pronouns in each of the following.*

Example: A. Jaki to zegarek?
         B. **Który?**
         A. **Ten** mały.

1. A. Jaka to jest sztuka?   2. A. Jakie to są słowniki?
   B. _____?   B. _____?
   A. _____ nowa.   A. _____ duże.

114

3. A. Jacy to są aktorzy?
   B. _____?
   A. _____ Francuzi.

4. A. Jakie to studentki?
   B. _____?
   A. _____ Kanadyjki.

5. A. Jaki to profesor?
   B. _____?
   A. _____ cudzoziemiec.

6. A. Jaka to jest szkoła?
   B. _____?
   A. _____ nowa.

*6.21 *Change all singulars into plurals.*

1. On zwiedza dziś miasto.
2. Ona musi się uczyć.
3. Ta książka jest ciekawa.
4. Jaki jest ten film?
5. Które mieszkanie jest tanie?

6.22 *Topics for oral presentation*

1. Have you been to Warsaw? If so, tell your friends what you have seen.
2. You are a guide. Right now you are on the top floor of the Palace of Culture, answering all sort of questions about the city before you.
3. Now another member of the class is the guide and you ask him questions. If you are not too inspired, use a map.
4. If you happen to be in Lublin, Kraków, or Łódź, talk about things you have seen there.

21. Oni zwiedzają dziś miasto.
    One muszą się uczyć.
    Te książki są ciekawe.
    Jakie są te filmy?
    Które mieszkanie są tanie?

Targ

I. CIELĘTA ZDROWE, CIELĘTA!

Przedmieście. Kobiety sprzedają owoce, jarzyny, kwiaty; niektóre mają również masło, jajka i ser. W poniedziałek sprzedają tu też zwierzęta. Jakiś mężczyzna właśnie woła głośno: Cielęta zdrowe, cielęta! *Jacyś chłopi kłócą się:* Wasz koń jest stary. Mówię, że niestary! Co mówicie? Przecież pokazuje zęby stare jak cholera! *Jest głośno, ale wesoło.*

II. KAPUSTA MŁODA, KAPUSTA!

Pani Górska i jej sąsiadka kupują tu dzisiaj jarzyny i owoce na przyjęcie.

Pani G.: Po ile są te jabłka?
Kobieta: Po dwa złote.
Pani G.: *(do sąsiadki)* A w centrum kosztują trzy złote.
Sąsiadka: Nasza dzielnica jest bardzo droga.

117

Pani G.: Proszę dwa kilo.

Kobieta: *(waży szybko)* proszę bardzo, cztery złote.

Pani G.: Już płacę.

Sąsiadka: Ci chłopcy mają ładne gruszki. Kupuje pani?

Pani G.: O tak, nasi goście zawsze chętnie jedzą owoce. *(podchodzą)*

Pani G.: Proszę trzy kilo.

Chłopcy: To nie nasze gruszki.

Pani G.: Nie wasze, a czyje?

Chłopcy: *(pokazują)* Ich.

Kobieta II: Ja tu obsługuję, proszę bardzo...

Pani G.: Trzy kilo proszę.

Kobieta II: *(grzecznie)* Już ważę.

Pani G.: *(do sąsiadki)* Czego jeszcze potrzebujemy?

Sąsiadka: Mamy już jabłka, śliwki, gruszki...

Pani G.: Ale jeszcze czegoś potrzebuję... *(myśli długo)* Czuję, że się starzeję... *(Chłop woła:* Kapusta młoda, kapusta!) Ależ tak, kapusta jest potrzebna!

![gray bar] GLOSSES

1. **centrum** center
   chłop peasant; countryman
   cholera cholera; the devil! hell!
   cielę calf
   dzielnica quarter; district; section
   gość *m.* guest
   gruszka pear
   jabłko apple
   jarzyna vegetable
   kapusta cabbage

   kilo (gram) kilogram
   koń *m.* horse
   kwiat flower
   poniedziałek Monday
   przedmieście suburb
   sąsiadka neighbor
   targ market
   ząb *m.* **zęby** *pl.* tooth
   złoty *m.* **złote** *pl.* Polish currency
   zwierzę animal

118

2. **zdrowy** healthy
   drogi dear; expensive

   potrzebny necessary

3. **czuć** to feel *3*
   kłócić się to quarrel; to argue *2*
   kosztować to cost *3*
   kupować to buy *3*
   myśleć to think *2*
   obsługiwać to serve *3*

   płacić to pay *2*
   potrzebować to need *3*
   podchodzić to come near(er) *2*
   sprzedawać to sell *3*
   starzeć się to grow older *3*
   ważyć to weigh *2*
   wołać to call (out) *1*

4. **ależ tak** why, yes; why, of course
   chętnie gladly; with pleasure
   czego *G* what
   czegoś *G* something
   cztery four
   grzecznie politely
   ile how much; how many
   jak as
   jacyś *m. p. pl.* any; some
   na for

   nasi, nasze our(s)
   niektóre *m. n.-p. f. n. pl.* some
   przecież yet
   również also
   szybko fast; quickly
   trzy three
   wasze your(s)
   wesoło gaily; cheerfully
   zawsze always

5. **Jest głośno, ale wesoło.** It is loud but gay.
   Po ile są te jabłka? How much are these apples?
   Po dwa złote. Two złotys (a kilogram).
   Czego jeszcze potrzebujemy? What else do we need?

7. **imię** forename; first name
   muzeum museum
   myć to wash

   pić to drink
   żyć to live

GRAMMAR

I. NOMINATIVE SINGULAR AND PLURAL

1. Nouns

Neuter Nouns in **-e**

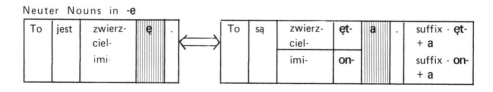

Neuter nouns in **-ę** form their nominative plural by taking either the **-ęt-** suffix + **a**, or the **-on-** suffix + **a**.

Nouns with the **-ęt-** suffix usually denote people or animals not yet fully developed.

Neuter Nouns in **-um**

The neuter declension also embraces loanwords in **-um**. These nouns are indeclinable in the singular. (Cf. **Jabłka w Centrum** (Locative) **kosztują trzy złote**).

2. Possessive Pronouns

Nom. Sing.: **nasz, nasza, nasze; wasz, etc.; ich**

Nom. Pl.: **nasi, nasze; wasi, etc.; ich**

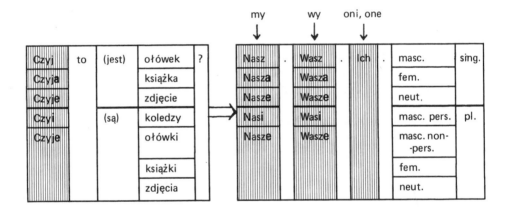

Like **mój** and **twój**, **nasz** and **wasz** agree in gender, number and case with the nouns they modify.

In the singular, a distinction is made between masculine, feminine and neuter, whereas in the plural only between masculine p e r s o n a l and other genders.

Jego and **jej** have the same plural equivalent — **ich**.

II. PRESENT TENSE

This is the 3rd Conjugation

The **-ę / -esz** Conjugation

pracować   WORK/HAVE A JOB
pokazywać   SHOW
obsługiwać   SERVE
myć, pić, czuć
starzeć się
to GROW OLDER

to WORK / WORK A JOB   to SERVE   show / demonstrate

pracować   obsługiwać   pokazywać

pracuj-	ę	1	sing.
obsługuj-	esz	2	
pokazuj-	e	3	
	emy	1	pl.
	ecie	2	
	ą	3	

The **-ę / -esz** conjugation embraces a great many verbs whose infinitives have more than two syllables and terminate in **-ować** (kupować, pracować), and a smaller number of verbs (also polysyllabic*) in **-iwać / -ywać** (obsługiwać, pokazywać). Characteristic of both groups is the replacement of **-owa- / -iwa- / -ywa-** by **-uj-** in all forms of the present tense.

to get old

WASH, LIVE, DRINK, FEEL

myć żyć pić czuć starzeć się

my-	j-	ę	1	sing.
ży-		esz	2	
pi-		e	3	
czu-		emy	1	pl.
starze-		ecie	2	
		ą	3	

The **-ę / -esz** conjugation also includes a few monosyllabic verbs in **-ić, -yć, -uć,** and verbs ending in **-eć**. What distinguishes these verbs from other members of the same conjugation is the presence of **-j-** in all forms of the present tense.

N.B. Verbs ending in **-eć** often express a process of changing or acquiring certain features and thus correspond to some English constructions with *become, grow* or *get.*

(Ja) siwieję.   *I'm getting / becoming grey.*
(Ja) starzeję się.   *I'm getting / growing older.*

---

* Notice that some two- and even three-syllable verbs in **-ywać** belong to the **-a-m / -a-sz** conjugation (cf. nazy**wać** się, pły**wać** *(swim)*).

III. ADVERBS

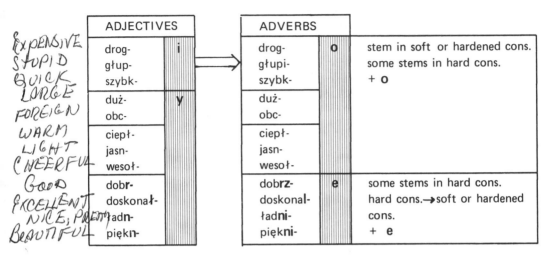

Handwritten margin notes (left side): EXPENSIVE, STUPID, QUICK, LARGE, FOREIGN, WARM, LIGHT, CHEERFUL, GOOD, EXCELLENT, NICE, PRETTY, BEAUTIFUL

ADJECTIVES			ADVERBS		
drog- głup- szybk-	i		drog- głupi- szybk-	o	stem in soft or hardened cons. some stems in hard cons. + o
duż- obc-	y		duż- obc-		
ciepł- jasn- wesoł-			ciepł- jasn- wesoł-		
dobr- doskonał- ładn- piękn-			dobrz- doskonal- ładni- piękni-	e	some stems in hard cons. hard cons.→soft or hardened cons. + e

Most adverbs are derived from adjectives by cutting off the -i / -y ending of the nominative masculine singular and adding -o or -e.

IV. THE INTERROGATIVE PRONOUN jak?

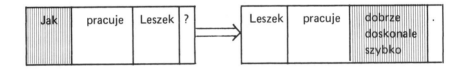

| Jak | pracuje | Leszek | ? | → | Leszek | pracuje | dobrze
doskonale
szybko | . |

Jak? introduces questions which must be answered by an adverb or a noun in the instrumental case (see L. 16).

EXERCISES

*7.1 *Read the following sentences aloud, paying special attention to nasal vowels.*

Na targu sprzedają cielęta.
Chętnie chodzę do moich sąsiadek na pogawędkę.
Bardzo proszę nie przechodzić tędy.
„Leszek" to stare polskie imię.
Często bawią się tu mali chłopcy.

Read these words aloud, observing the contrast between hard and soft consonants.

sześć, musisz, prosisz, myślisz, wisisz, siadasz, kosisz, nosisz,

ćwiczycie, czekacie, kończycie, leczycie, ucieczka, uczciwy, wycieczka, zobaczcie, życzcie

7.3 *Fill in the blanks with* **sz, rz** *or* **ż.**

p—yjęcie (RZ), stra—ne (SZ), leka— (RZ), sp—ątać (ż), p—epra—am (RZ SZ), ju— (ż), ksią—ka (ż), u—ądzać (RZ), in—ynier (ż), —ona (ż), —ecz (RZ), akto—y (RZ)

7.4 *Put the following verbs into*
(a) *the 1st person singular, and*
(b) *the 3rd person plural.*

płacić, ważyć, potrzebować, czuć, starzeć się, myśleć

Now read these forms aloud. (Which of the final vowels loses its nasal resonance?)

7.5 *Read these words aloud, dropping the ł when necessary.*

złodziej, kanał, kradł, kłócić się, jabłko, słownik, południe, szedł, padł

7.6 *Answer in the affirmative with the pronoun* **mój, -a, -e.**

Example: A. To twoja książka? B. **Moja.**

A. 1. To twój zegarek? (WATCH) Mój   4. To twoje mieszkanie? (APT) MOJE
2. To twoje łóżko? (BED) MOJE   5. To twój pokój? MÓJ (ROOM)
3. To twoja szafa? (CUPBOARD) MOJA

7.7 *Give a negative answer, using an appropriate possessive pronoun.*

Example: A. To twoja matka? B. **Nie, jej.** (ona) (EEK)

A. 1. To twoi rodzice?   B. NIE, ICH. (oni) MINE
2. To twój ojciec?   JEGO. (on) IT'S HIS
3. To jej mieszkanie? APT   JEGO. (on)
4. To ich pokój? THEIR   MÓJ. (ja)
5. To twój zegarek?   JEJ. (ona) HERS
6. To wasze szafy?   ICH. (oni)

* 7.8 *Give a negative answer to each of the following and substitute pronouns for nouns.*

Example: A. Czy to Mary? B. **Nie, to nie ona.**

A. Czy to państwo Nowakowie? / Basia? / Leszek? / nasi Francuzi? / twoje studentki? / nasi goście? / nasze Kanadyjki? / nasze dziecko?

7.9 *Use the appropriate form of* **mój** *or* **nasz** *to answer the following.*

Examples: A. Czyje to mieszkanie, twoje? B. **Moje.**

A. Czyje to mieszkanie, wasze? B. **Nasze.**

A. 1. Czyje to pokoje, wasze?   5. Czy i to studenci, twoi?
   2. Czyje to siostry, twoje?   6. Czyja to matka, wasza?
   3. Czyje to ciotki, wasze?   7. Czyj to dom, wasz?
   4. Czy i to goście, wasi?

7.10 *In each case use an adverb derived from the adjective in parentheses.*

Example: Jak on się **szybko** uczy! (szybki)

1. Jak ona _____ opowiada! (ciekawy)
2. Jak ty _____ myślisz! (długi)
3. Jak to dziecko już _____ mówi! (ładny)
4. Jak on _____ mówi! (nudny)
5. On _____ czyta. (słaby)
6. Ono bardzo _____ śpi. (nerwowy)

7.11 *Give the nominative plural of:*

ojciec, syn, mężczyzna, król, profesor, minister, Belg, Arab,
poeta, kolega

* 7.12 *Use the correct interrogative.*

Example: A. To nie (jest) jego biurko. B. **A czyje?**

A. 1. To nie (są) nasi studenci.   5. To nie (są) nasze fotele.
   2. Ta szafa nie jest jej.   6. To nie (są) jej zdjęcia.
   3. Te ołówki nie są moje.   7. To nie (jest) jego brat. *CZYJ*
   4. To nie (jest) nasz chleb. *ARMCHAIR*

* 7.13 *Put into the plural.*

1. Noc jest tu długa.   5. Gdzie jest lekarz?
2. Ta gruba rzecz to mój reportaż.   6. Oto nasz gość.
3. To słaba powieść.   7. Ten fotel jest niewygodny.
4. Nasz nauczyciel jest stary.

* 7.14 *Answer in the negative with a verb in the 1st person singular.*

Example: A. Co widzisz? B. **Nic nie widzę.**

3 A. 1. Co sprzedajesz? *SPRZEDAJĘ* 3. Co kupujesz? *KUPUJĘ* 5. Co myślisz? *MYŚLĘ*
2   2. Co mówisz? *MÓWIĘ* 4. Co masz? *MAM*   6. Co czytasz? *CZYTAM*

124

*7.15 *Change all singulars into plurals.*

Example: Znasz to miasto?   **Znacie te miasta?**

1. Ten uniwersytet jest bardzo dobry. TE UNIWERSYTETY SĄ BARDZO DOBRE.
2. Jaki jestem głodny! *(Note the gender!)* JACY JESTEŚMY GŁODNI
3. Nie pamiętam, jak on się nazywa. NIE PAMIĘTAMY, JAK ONI SIĘ NAZYWAJĄ.
4. Widzisz ten mały domek? WIDZICIE TE MAŁE DOMKI?
5. Wiem, że jestem niecierpliwa. WIEMY ŻE JESTEŚMY NIECIERLIWE.
6. To zwierzę jest bardzo złe. TE ZWIERZĘTA SĄ BARDZO ZŁE.

ŻE AAT

7.16 *Answer in the negative with a verb in the 1st person plural.*

Example: A. Co widzicie?   B. **Nic nie widzimy.**

SELL
BUY

A. 1. Co sprzedajecie? JEMY   3. Co mówicie? MÓWIMY SAYING   5. Co powtarzacie? POWTARZAMY REPEATING
   2. Co kupujecie? KUPUJEMY   4. Co macie? MAMY HAVE   6. Co zamawiacie? ZAMAWIAMY ORDERING

7.17 *Answer these questions with correctly inflected verbs.*

Example: A. Co robisz? DOING   B. **Uczę się.** (uczyć się) STUDYING

A. 1. Co robicie?   B. MYJEMY SIĘ (myć się) WASHING
   2. Co robią?   ŚPIĄ . (spać)
   3. Co robisz?   MYJĘ SIĘ . (myć się)
   4. Co (ona) robi?   ŚPI . (spać)   —MIASTO
   5. Co robicie?   ZWIEDAMY . (zwiedzać miasto)
   6. Co pan robi?   OGLĄDAM (oglądać Dziennik telewizyjny)
   7. Co (on) robi?   KUPUJE . (kupować owoce) BUY

7.18 *Divide the following nouns into two groups:*

(a) *containing words that stand for concrete / tangible objects,*
(b) *containing words that denote abstractions or things you can perceive
    but not touch.*

głowa, pociąg, przyjazd, dzień, dom, krzesło, szczęście, kawiarnia, portfel, noga,
historia, cukier, mąka, program, kultura, wieczór, imię, cholera, hałas, napój,
zwierzę, wiadomość.

7.19 *Ask as many questions as you can on the first text of L. 7.*

7.20 *Act out three dialogues similar to these:*

A. Po ile są te jabłka?   *or*   A. Ile kosztują te jabłka?
B. Po 2 złote.   B. Dwa złote kilo(gram).
A. Proszę dwa kilo.   A. Proszę dwa kilo(gramy).
B. Proszę bardzo.   B. Już ważę / daję.

Use the following nouns and numerals:

gruszki, śliwki, kapusta, trzy, cztery

7.21 *What can you buy at a Polish open market?*

1. KWIAT   4. KAPUSTA   7. JABŁKO   10. KAWA
2. KOŃ   5. CHLEB   8. OWOC   11. MLEKO
3. CIELĘTA   6. MASŁO   9. GĘŚ   12. SER

7.22 *Ask questions requiring the following answers.*

Example: **Gdzie siadamy?** — Tu (siadamy).

1. _____ ?   Zamawiamy piwo.
2. _____ ?   Staszek jest zły, bo jest głodny.
3. _____ ?   Ta torba jest moja. *BAL*
4. _____ ?   Kobiety sprzedają owoce.
5. _____ ?   Jabłka kosztują dwa złote.

7.23 *You are setting the table. What do you need?*

1. _____   4. _____   7. _____
2. _____   5. _____   8. _____
3. _____   6. _____   9. _____

You are making a cake. What do you need?

1. _____   3. _____   5. _____
2. _____   4. _____   6. _____

7.24 *Topics for oral presentation*

1. You want to buy a horse, but the horse that is up for sale is old. So you argue about the price.
2. You are Staszek Górski and you are buying fruit and vegetables at an open market. Ask about the price and quality of the merchandise.
3. Now y o u are selling all sorts of vegetables to a lady who seems to be in a buying mood. You use various tricks to make her buy more.

Szybciej panowie!

HURRY UP, GENTLEMAN

I. KTO PIJE, TEN ŻYJE! *He who DRINKS — LIVES*

cooks

Kuchnia. Pani Górska gotuje, Staszek myje naczynia, *washing dishes*
a profesor Górski, jak zwykle, żartuje.
like always is joking

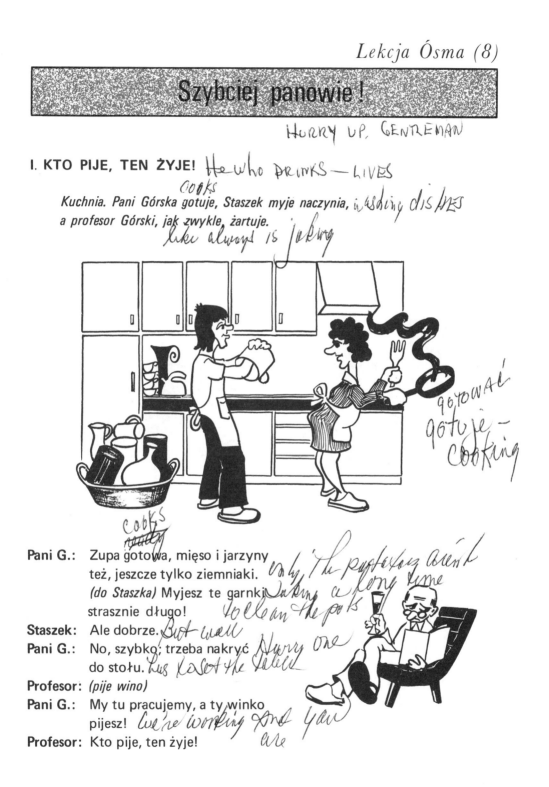

gotować gotuję — cooking

cooks

Pani G.: Zupa gotowa, mięso i jarzyny *only the potatoes aren't*
też, jeszcze tylko ziemniaki. *taking a long time*
(do Staszka) Myjesz te garnki *to clean the pots*
strasznie długo!

Staszek: Ale dobrze. *But well*

Pani G.: No, szybko, trzeba nakryć *Hurry one*
do stołu. *Lus Rosol the table*

Profesor: *(pije wino)*

Pani G.: My tu pracujemy, a ty winko *we're working and you*
pijesz! *are*

Profesor: Kto pije, ten żyje!

127

Pani G.: Ach, daj spokój! Gdzie jest sól?

Profesor: Tu. Już podaję.

Pani G.: *(do Staszka)* Dokąd niesiesz te filiżanki?

Staszek: Przecież mam nakryć do stołu...

Pani G.: Ale filiżanki są na razie niepotrzebne.

Staszek: Jak mama chce...

Pani G.: *(niesie ciężki garnek)* Możesz tu pomóc?

Staszek: Już idę.

II. KAŻDY ORZE, JAK MOŻE!

Jadalnia. Pani Górska kraje ciasto i kładzie je na duży talerz.

Staszek: *(wyjmuje widelce, noże i łyżki)* Łyżeczki też są potrzebne?

Pani G.: Oczywiście.

Staszek: Gdzie są?

Pani G.: Przecież tam leżą. Ale mnie dzisiaj denerwujecie!

Profesor: A pomagamy od samego rana.

Pani G.: Szczególnie ty!

Profesor: Cóż, każdy orze, jak może! *(próbuje ciasta)* Dobre. *(bierze drugi kawałek)* Wspaniale pieczesz!

Pani G.: *(wesoło)* Wy, mężczyźni, zawsze...
[handwritten: Happily you men always]
Dzwonek *[handwritten: A RING]*
Staszek: Państwo Rupikowie!

GLOSSES

1. **ciasto** cake *[handwritten: Dough]*
   ciasta *G* of **ciasto**
   dzwonek (door-) bell
   filiżanka cup
   garnek pot; saucepan
   jadalnia dining room
   kawałek piece; slice
   kuchnia kitchen
   łyżeczka teaspoon
   łyżka spoon
   mięso meat

   naczynie utensil; dish
   naczynia dishes; pots and pans
   nóż *m.* knife
   sól *f.* salt
   stół, stoły *pl.* table
   talerz *m.* plate
   widelec *m.* fork
   winko *dim.* of **wino**
   wino wine
   ziemniak potato
   zupa soup

2. **gotowy** ready

3. **chcieć** to want
   brać to take
   daj! give! *(imperative, 2nd pers. sing.)*
   denerwować to make sb. nervous; to
       irritate; to get on sb's nerves
   gotować to cook
   kłaść to put (down); to place
   krajać to cut; to slice
   leżeć to lie
   móc to be able; may; can

   nieść to carry
   orać to plow
   piec to bake
   podawać to give; to hand; to pass
   pomagać to help
   pomóc to help *(perf.; cf. L. 16)*
   pracować to work
   próbować to taste
   wyjmować to take out
   żartować to joke

4. **cóż** well...
   dokąd where to? where?
   drugi second
   dzisiaj today
   jak as
   je *A*, it
   każdy *m.* every (one) / (man); each
   (one) / (man); everybody; everyone

   mnie *A*, me
   na on
   na razie as yet; for the time being
   strasznie awfully
   szczególnie especially; in particular
   szybciej quicker; faster
   zwykle as a rule; usually

5. **Szybciej panowie!** Hurry up, gentlemen!
   Kto pije, ten żyje! He who drinks — lives!
   zmywać naczynia to wash the dishes
   jak zwykle as usual
   nakryć do stołu to set the table
   Daj spokój! Stop it!
   Jak mama chce. Just as you please, mom.
   Każdy orze, jak może! You try to do your best. (lit.: One plows as best he can. / One
   ploughs as best one can.)
   od samego rana ever since this morning; all day (lit.: from the very morning)
   Dzwonek. A ring.

7. **brzydki** ugly
   gruby thick
   ciągnąć to pull
   jechać to travel; to go in a car, bus, train, or other vehicle
   pisać to write
   wieźć to transport

GRAMMAR

I. PRESENT TENSE

The *-ę* / *-esz* **Conjugation** (continued)   ⎡ pisać ⎤
                                                ⎢ ciągnąć ⎥
                                                ⎣ nieść ⎦

pisać *To WRITE*

pisz-	ę	1	sing.
	esz	2	
	e	3	
	emy	1	pl.
	ecie	2	
	ą	3	

brać *To TAKE*

bior-	ę	1	sing.
bierz-	esz	2	
	e	3	
	emy	1	pl.
	ecie	2	
bior-	ą	3	

dawać *To GIVE*

daj-	ę	1	sing.
	esz	2	
	e	3	
	emy	1	pl.
	ecie	2	
	ą	3	

The -ę / -esz conjugation also includes verbs whose infinitives end in -ać (pisać, dawać, sprzedawać, brać).

They differ from the -a-m / -a-sz verbs (of the **czytać**-type) in that they undergo consonant and vowel changes. (For further illustrations of the changes, see Intro., II 2. 3., Tables A and F.)

N.B. In **dawać** and **sprzedawać**, -wa- is replaced with -j- in all forms of the present tense.

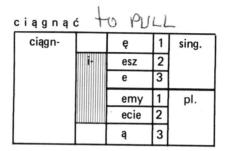

ciągnąć to PULL

ciągn-		ę	1	sing.
	i-	esz	2	
		e	3	
		emy	1	pl.
		ecie	2	
		ą	3	

Another subgroup consists of verbs whose infinitives end in -ać or -nąć.
Notice the 'softening' of **n** before **e**.

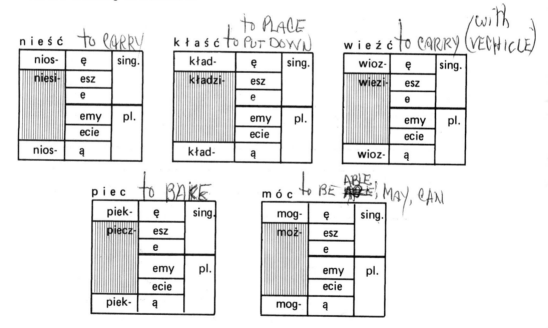

nieść to CARRY

nios-	ę	sing.
niesi-	esz	
	e	
	emy	pl.
	ecie	
nios-	ą	

kłaść to PLACE (to PUT DOWN)

kład-	ę	sing.
kładzi-	esz	
	e	
	emy	pl.
	ecie	
kład-	ą	

wieźć to CARRY (with) (VEHICLE)

wioz-	ę	sing.
wiezi-	esz	
	e	
	emy	pl.
	ecie	
wioz-	ą	

piec to BAKE

piek-	ę	sing.
piecz-	esz	
	e	
	emy	pl.
	ecie	
piek-	ą	

móc to BE ABLE, MAY, CAN

mog-	ę	sing.
moż-	esz	
	e	
	emy	pl.
	ecie	
mog-	ą	

The -ę / -esz verbs whose infinitives end in -ść, -źć and -c display the most complicated consonant and vowel changes. It is therefore advisable that you regularly consult Table A (see Intro.) where the principles of consonantal exchange are illustrated.

As for changes in root vowels, just remember that **a** and **o** always change into **e** before soft consonants.

131

Irregular Verbs

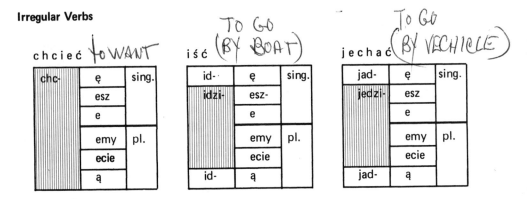

chcieć *to WANT*

chc-	ę	sing.
	esz	
	e	
	emy	pl.
	ecie	
	ą	

iść *(BY BOAT) TO GO*

id-·	ę	sing.
idzi-	esz-	
	e	
	emy	pl.
	ecie	
id-	ą	

jechać *(BY VEHICLE) TO GO*

jad-	ę	sing.
jedzi-	esz	
	e	
	emy	pl.
	ecie	
jad-	ą	

The following table summarizes the most important characteristics of the conjugations discussed.

		-a-m / -a-sz **Conjug.** inf. in **-ać** *-e-m / -e-sz* **Conjug.** inf. in **-eć**	*-ę / -isz* **Conjug.** inf. in **-ić** **-yć** **-eć**	*-ę / -esz* **Conjug.** inf. in **-ować** **-iwać** **-ywać** **-ać, -ąć, -eć** **-ić, -yć, -uć** **-ść, -źć, -c**
sing.	1	-m	-ę	-ę
	2	-sz	-isz / -ysz	-esz
	3	∅	-i / -y	-e
pl.	1	-my	-imy / -ymy	-emy
	2	-cie	-icie / -ycie	-ecie
	3	-ą	-ą	-ą

II. VERBAL COMPLEMENTS

The infinitive can often function as a complement to another verb. Among the verbs that take such infinitival complements are **chcieć, mieć, móc, musieć, woleć** and **umieć**.

> **Nie umiesz mówić cicho?**
> **Wolę nic nie mówić.**
> **Muszę już iść.**
> **Chcesz kupić te jabłka?**
> **Możesz pomóc?**

Notice that **mieć + infinitive** often carries the meaning of 'obligation'.

Mam nakryć do stołu.

Masz pracować, a nie żartować.

III. NUMBERS

Cardinal Numbers

1 jeden	11 jedenaście
2 dwa	12 dwanaście
3 trzy	13 trzynaście
4 cztery	14 czternaście
5 pięć	15 piętnaście
6 sześć	16 szesnaście
7 siedem	17 siedemnaście
8 osiem	18 osiemnaście
9 dziewięć	19 dziewiętnaście
10 dziesięć	20 dwadzieścia

[handwritten notes:]
Sto - 100
Sto - 200 DWIEŚCIE
Sto → 300 trzysta
400 CZTERYSTO

Observe that with 14, 15, 16 and 19, **-naście** is added to a slightly modified form of the original number.

[handwritten:] 146 + 158

EXERCISES

*8.1 *Repeat after your teacher.*

trzask, czysty, trzysta, często, trzech, Czech, strzelić, szczelina, rejestrze, jeszcze, wstrzymać, dżem, drzewo, drzeć, drżeć

8.2 *Read the following numbers aloud, then write them out.*

3, 10, 9, 7, 6, 8, 4, 5

8.3 *Fill in the missing letters.*

Staszek —artuje.	Gdzie jest s—l?
Mi—so i ja—yny są gotowe.	Dokąd —siesz te fili—anki?
Kto pi—e, ten —yje.	Ka—dy o—e, jak mo—e.
Daj spok—j.	

8.4 *Do the following sums and write them out.*

2 + 4 =	9 + 10 =	2 + 13 =
7 + 8 =	7 + 6 =	8 + 9 =
5 + 8 =	3 + 9 =	6 + 14 =

8.5 *What is the nominative plural of:*

   nóż, stół, widelec, sól, garnek, poniedziałek

   What vowel changes have you noticed?

8.6 *Conjugate the following verbs in the present tense. (For consonant and vowel changes see Intro., II 2. 3., Tables A and F)*

   pisać, nieść, prać, brać, tłuc, móc

*8.7 *Answer in the affirmative, putting the verb in the 1st person singular.*

   Example: A. Nie pracujesz dzisiaj?   B. **Pracuję.** ~~I am~~

   A. 1. Nic nie pijesz? *Piję*   5. Bierzesz to ciasto?
      2. Pani tu już nie pracuje? *Pracuję*   6. Wyjmujesz talerze? *Tak wyjmuję*
      3. Nie gotujesz dzisiaj? *Gotuję*   7. Nie rozumiesz?
      4. Już nie możesz jeść?
         You are able to eat (możę) any more

*8.8 *Express surprise and / or discontent the way the example does.* *Why don't you men work*

   Example: A. Dlaczego panowie nie pracują / pracujecie?
      B. **Ależ pracujemy.** 2

   A. 1. Dlaczego państwo nie jecie?
      2. Dlaczego panie nic nie biorą? *Ależ weźEMY*
      3. Dlaczego państwo nie chcecie pomóc? *why do you not want to help*
      4. Dlaczego panowie nic nie pijecie? *Ależ ~~chcet~~ chcemy*
      5. Dlaczego panie nie piszecie? *why are men not drinking — pijemy*
         WRITING   Ależ piszemy

8.9 *Fill in the blanks with correctly inflected nouns.*

   1. Te _____ są brudne. (widelec)
   2. Pani Górska gotuje dobre _____ . (zupa)
   3. Czy _____ są już gotowe? (ziemniaki)
   4. Staszek często myje _____ . (garnek)
   5. Nie wiem, gdzie są _____ . (nóż i widelec)
   6. Czemu te _____ są takie duże? (kawałek)

8.10 *In each of the following sentences the first letter of an appropriate verb is provided. Complete the spelling of its correctly inflected form.*

   1. Pani Górska *gotuje* dobre zupy i p*iecze* wspaniałe ciastka.
   2. Pani Górska d*enerwuje* się, bo jej mąż nic nie r*obi* , tylko ż*artuje* *joke*
   3. Staszek musi *nakryć* do stołu.
   4. D*zwoni* dzwonek. W*chodzą* państwo Rupikowie.

134

8.11 *Divide the following words into two groups:*
(a) words with a negative connotation
(b) words with a positive connotation

zdrowy, nudny, tragiczny, słaby, straszny, interesujący, głodny, zły, wspaniały, nerwowy, miły, niecierpliwy, uroczy, brzydki, brudny

8.12 *Give the 1st, 2nd and 3rd person singular of:*

jechać — iść — jeść JEM
JADĘ IDĘ

*8.13 *Express surprise and / or indignation the way the example does.*

Example: A. Panie nic nie robicie. B. **My nic nie robimy?**

A. Panowie nie pomagacie. POMAGAMY Wy nic nie wiecie.
Panie tu nie sprzątacie. Państwo nie uczycie się.
Wy nie gotujecie dobrze. Wy nic nie rozumiecie.
Panowie nic nie czytacie.

8.14 *In each of the following sentences the first letter of an appropriate word is provided. Complete the spelling of its correctly inflected form.*

1. Basia s_____ pokój.
2. Mary Brown to K_____ .
3. Ewa lubi czytać p_____.
4. Studenci z_____ Pałac Kultury.
5. Pan Górski o_____, jak ——— .
6. Chcemy pić. Gdzie są f_____ ?

8.15 *Use* **czyj? , czyja? , czyje?** *or* **czyi?**

Example: _____ to (są) torby?
Czyje to (są) torby?

1. _____ to (jest) ojciec?
2. _____ to (są) kuzyni?
3. _____ to (jest) żona?
4. _____ (jest) ten akademik?
5. _____ (jest) to biurko?
6. _____ (są) te książki?
7. _____ (jest) ten ołówek?

*8.16 *Give the infinitive for each of the following verbs.*

(ja) piszę, (oni) żartują, (on) wie, (ona) je, (ty) idziesz, (oni) kładą, (my) widzimy, (oni) umieją, (ja) kraję, (on) lubi, (ona) chce.

8.17 *Fill in the missing verbs, and change their form when necessary.*

jechać — jeść — iść

1. Możesz ISĆ pieszo *(on foot)* albo JECHAĆ autem *(by car)*.
2. Czy Mary je mięso?

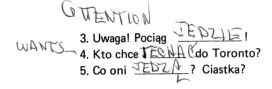
ATTENTION

WANTS

3. Uwaga! Pociąg JEDZIE !
4. Kto chce JECHAĆ do Toronto?
5. Co oni JEDZĄ ? Ciastka?

8.18 *Supply the correctly derived adverbs.*

1. Pan Górski _____ opowiada. (wesoły, interesujący)
2. Ci studenci uczą się _____ . (dobry)
3. Ten robotnik pracuje _____ . (szybki)
4. Kobiety obsługują _____ . (grzeczny)
5. Jak _____ sprzątasz! (długo)
6. One gotują _____ . (wspaniały)
7. Dziecko rozgląda się _____ . (nerwowy)

*8.19 *Put into the plural.*

1. Nasz lekarz jest dobry.
2. Twój nauczyciel jest nudny.
3. Czytam jego powieści.
4. Gdzie jest twój ołówek?
5. Jej ser jest niedobry.
6. Wasze mieszkanie jest piękne.
7. Ta rzecz jest moja.
8. Dlaczego wasz gość nie wchodzi?

8.20 *Put the following verbs into the 1st person singular.*
(For consonantal alternations see Intro., Tables A and F.)

pisać, skakać, pleść, kłaść, wieźć, piec, brać, kazać

8.21 *What can you serve for dinner?*
1. _____ 3. _____ 5. _____ 7. _____
2. _____ 4. _____ 6. _____ 8. _____

8.22 *Solve the puzzle:*

Nie je, nie pije, a żyje.
Co to jest?

8.23 *Supply the polite expressions normally used in the following situations.*

1. Somebody knocks at your door.
   You say: _____ .
2. Somebody says: ,,Dzień dobry, Kowalski jestem''.
   You say: _____ .
3. Somebody passes you the salt and says: ,,Proszę''.
   You say: _____ .
4. You hand somebody a book and you say: _____ .
5. You want to know if the gentleman who has just entered is Mr Frycz.
   You approach him and you say: _____ .

1. You are attending Mrs. Górska's dinner party.
   Make up a short conversation that you could have with Mrs. Górska or any of her guests.
2. You are Mrs. Górska and you are scolding your husband and son for not working fast enough.
3. You are planning a dinner party. Ask your friends what you should serve and whom you should, or should not, invite.

Jedziemy na wieś

I. CIESZĘ SIĘ, ŻE JADĘ

Piątek. Basia Jasińska i Mary Brown pakują się.
W sobotę rano jadą na wieś.

Mary: *(otwiera szafę)* Którą sukienkę mam wziąć?
Basia: Bardzo lubię tę zieloną.
Mary: Dobrze, już ją pakuję. Co jeszcze wziąć?
Basia: Koniecznie spodnie i ciepły sweter.
Mary: Ale jakąś lekką rzecz też trzeba mieć.
Basia: Raczej tak... Ja biorę tę cienką bluzkę i tę spódnicę.
Mary: A jaki płaszcz bierzesz?
Basia: Płaszcz? Płaszcz jest chyba niepotrzebny.
Mary: *(zamyka walizkę)* Wiesz, cieszę się, że jadę.
Basia: Ja też. Mama na pewno już piecze ciasto...
Mary: *(uśmiecha się)* ,,Home, sweet home...'' Duże gospodarstwo mają twoi rodzice?
Basia: Nieduże, ale mają krowę, ładnego konia...
Mary: Przepraszam cię, że przerywam...
Basia: Tak?
Mary: Wiesz, że Ewa zaprasza cię na niedzielę?
Basia: Mnie? Racja, a my wyjeżdżamy! Muszę ją natychmiast zawiadomić.

139

II. NUMER NIE ODPOWIADA

Basia idzie na pocztę, bo domowy telefon nie działa.

Basia:	*(nakręca numer 07-09-14)*
Mężczyzna:	Halo!
Basia:	Czy dom akademicki?
Mężczyzna:	Jaki dom?
Basia:	Akademicki. Numer zero siedem, zero dziewięć, czternaście.
Mężczyzna:	Nie, tu dom towarowy, dwadzieścia, zero sześć, jedenaście *(20-06-11).*

Basia:	O, to pomyłka, przepraszam pana. *(próbuje jeszcze raz)*
	try once more
Kobieta:	Dom akademicki. Słucham.
Basia:	Czy mogę prosić panią Kowalską?
Kobieta:	Którą, bo są trzy Kowalskie.
Basia:	Ewę. Wewnętrzny szesnaście *(16)*.
Kobieta:	Już łączę.
Basia:	Co, zajęty?
Kobieta:	Nie, numer się nie zgłasza.
Basia:	Numer nie odpowiada? Mogę więc prosić jej kuzyna, pana Andrzeja Rawicza?
Kobieta:	Już go proszę.

GLOSSES

1. **bluzka** blouse
   dom towarowy department store
   gospodarstwo farm
   krowa cow
   niedziela Sunday
   piątek Friday
   płaszcz *m.* coat
   poczta post-office
   pomyłka error; mistake; here: wrong number

   racja reason (see § 5)
   sobota Saturday
   spodnie *pl.* trousers; slacks; pants
   spódnica skirt
   sukienka dress
   sweter sweater; jumper; pull-over
   walizka suitcase

2. **cienki** thin
   ciepły warm
   domowy home _____
   lekki light

   wewnętrzny internal; inner
   zajęty engaged; busy
   zielony green

3. **cieszyć się** to be glad; to be happy
   działać to work; to function
   nie działać here: to be out of order
   lubić to like
   nakręcać to dial
   odpowiadać to respond; to answer
   pakować się to pack up; to pack one's
     things
   prosić to ask (for)
   próbować to try

   przerywać to interrupt; to cut in; to
     break in
   uśmiechać się to smile
   wyjeżdżać to leave; to set out; to go
     (always by means of a vehicle)
   wziąć to take (*perf.;* cf. L. 17)
   zapraszać to invite
   zawiadomić to let sb. know; to notify
     (*perf.;* cf. L. 16)
   zgłaszać się to answer (see § 5)

4. **cię** you
   go him
   jakąś *f. A,* any; some
   ją her
   jeszcze raz again; once more
   konlecznie necessarily
   na to; for

   na pewno certainly; for sure; undoubtedly
   natychmiast at once; immediately
   raczej rather
   raczej tak I should say yes
   rano morning; in the morning
   tę this (one)
   więc consequently; therefore; so

5. **Jedziemy na wieś.** We are going to the country.
   w sobotę on Saturday
   Ewa zaprasza cię na niedzielę. Ewa invites you over for Sunday.
   Racja! (Quite) right! (Quite) correct!
   iść na pocztę to go to the post-office

   Przepraszam { **cię** / **pana** / **panią** } Excuse me/Pardon me { ... / (sir) / (madam) }

   wewnętrzny 16 extension 16
   Numer nie zgłasza się. / **Numer nie odpowiada.** } No one answers. / There's no reply.

7. **córka** daughter

I. ACCUSATIVE SINGULAR

1. Nouns

Masculine

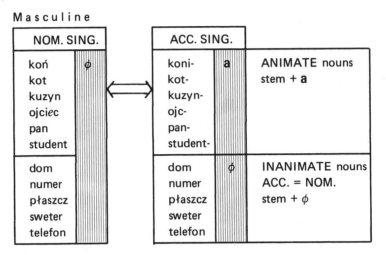

Masculine animate nouns (both personal and non-personal) take the -a ending in the accusative singular.

The accusative of inanimate nouns is the same as the nominative.

Feminine

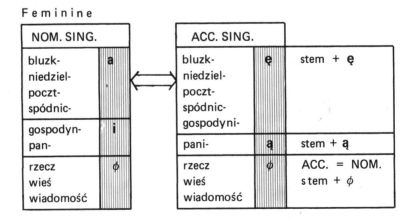

Feminine nouns whose nominative ends in a vowel take the -ę ending in the accusative singular. The noun **pani** is an exception to the rule.

The accusative of feminine nouns ending in a consonant is the same as the nominative.

Neuter

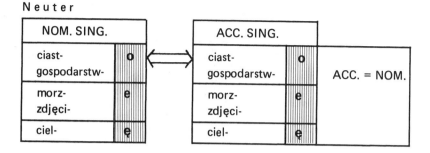

The accusative singular of neuter nouns is the same as the nominative singular.

2. Pronouns

Interrogative Pronouns: kto? , co?

WHO WHAT

Acc. Sing.:   kogo? , co?

WHOM WHAT

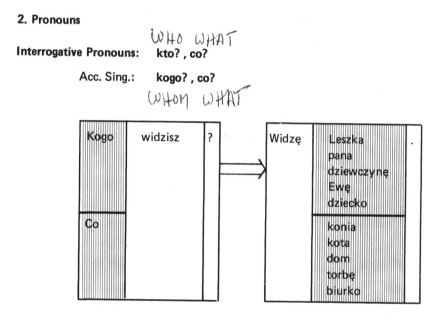

Kogo? and **co?** introduce questions requiring an answer in the accusative.
Kogo? requires personal nouns (singular or plural); **co?** requires non-personal nouns.
Note that the accusative is often used as the direct object of a sentence.

Personal Pronouns

Nom. Sing.:   ja, ty, on, ona, ono
Acc. Sing.:   mię / mnie, cię / ciebie,
go / jego / niego, ją / nią, je / nie

		ACC.	NOM.
Leszek	zna	mię / mnie .	(ja)
		cię	(ty)
		go	(on)
		ją	(ona)
		je	(ono)

In a non-stressed position, the shorter accusative forms of the personal pronouns must be used. The only exception to this rule is the first person where both **mię** and **mnie** can be used.

					ACC.	NOM.
Pani Górska	zaprasza	Ewę	,	nie	mnie .	(ja)
					ciebie	(ty)
					jego	(on)

In a stressed position (i.e., when contrast or emphasis is intended), the longer accusative forms **mnie, ciebie** and **jego** must be used.

Na	kogo	Ewa	czeka	?		(Czeka)	na	ACC.	NOM.
					→			mnie .	(ja)
								ciebie	(ty)
								niego	(on)
								nią	(ona)
								nie	(ono)

The longer forms must also be used after prepositions. In such instances, the pronouns beginning with **j** (or **i**) are replaced by forms starting with **ni**.

3. Adjectives

4. Pronouns

Interrogative Pronouns: jaki? , jaka? , jakie?

   Acc. Sing.:   jakiego? , jaki? , jaką? , jakie?

Jakiego	masz	chłopca / konia	?		Wysoki- / Dobr-	ego	.	masc. animate stem + ego
Jaki		stół		→	Wysok- / Dobr-	i / y		masc. inanimate ACC. = NOM. stem + i or + y
Jaką		dziewczynę			Wysok- / Dobr-	ą		fem. stem + ą
Jakie		krzesło			Wysoki- / Dobr-	e		neut. ACC. = NOM. stem + e

In the accusative singular, adjectives modifying masculine animate nouns take the -ego ending, and those modifying feminine nouns take -ą.

Adjectives modifying masculine inanimate or neuter nouns have the same endings as in the nominative singular.

The pronoun **jaki? , -a? , -e?** follows the same rule.

Interrogative Pronouns: **który? , która? , które?**

   Acc. Sing.:   **którego? , który? , którą? , które?**

Demonstrative Pronouns: ten, ta, to

   Acc. Sing.:   **tego, ten, tę / tą, to**

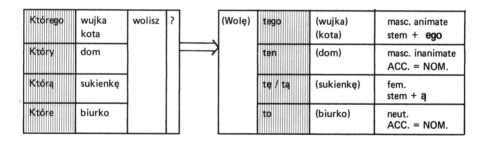

Którego	wujka kota	wolisz	?	(Wolę)	tego	(wujka) (kota)	masc. animate stem + ego
Który	dom				ten	(dom)	masc. inanimate ACC. = NOM.
Którą	sukienkę				tę / tą	(sukienkę)	fem. stem + ą
Które	biurko				to	(biurko)	neut. ACC. = NOM.

The accusative singular and nominative singular are the same for masculine inanimate and neuter pronouns, but different for masculine animate and feminine pronouns.

The pronoun **ta** has two forms in the accusative: **tę** and **tą**..**Tą** is becoming increasingly common in colloquial Polish.

II. NUMBERS

Cardinal Numbers

20	dwadzieścia	21	dwadzieścia jeden
30	trzydzieści	22	dwadzieścia dwa
40	czterdzieści	23	dwadzieścia trzy
50	pięćdziesiąt		etc.
60	sześćdziesiąt		
70	siedemdziesiąt		
80	osiemdziesiąt		
90	dziewięćdziesiąt		
100	sto		

Notice the change with 30 and 40. Also note that the numbers making up a complex cardinal number are written separately.

EXERCISES

9.1 *Fill in the blanks with* **ś, si, ć, ci, ź, zi, dź,** *or* **dzi.**

głupia gę—, szczę—cie, go—, stare jak —wiat, matka i oj—ec, noc i —eń, dzi— i jutro, Polacy i cudzo—emcy, miasto i wie—, kobiety i mężczy—ni, centrum i przedmie—cia

Now read these expressions aloud.

9.2 *Try to pronounce* ę *and* ą *correctly.*

mięso, język, gęś, ciężki, kęs, mąż, waż. wąski, sąsiad

9.3 *Do the following sums. Write them out, then read them aloud.*

Example: 40 + 25 = 65

czterdzieści plus dwadzieścia pięć równa się / jest sześćdziesiąt pięć

1.	5 + 7 =	3. 37 + 48 =	5. 79 + 15 =
2.	21 + 12 =	4. 81 + 14 =	6. 41 + 59 =

9.4 *Put the following verbs into the 3rd person plural.*

wiedzieć, umieć, jeść, nieść, pisać, kłaść, widzieć, słyszeć, brać, jechać

*9.5 *Use* jakie? *or* jaką?

   Examples: A. Proszę kawę. B. **Jaką?**
                A. Proszę wino. B. **Jakie?**

   A. Proszę piwo. / zupę. / ciasto. / herbatę. / mięso.

9.6 *Form adverbs from the following adjectives.*

   dobry, biały, zły, sympatyczny, wspaniały, szybki, ciepły,
   lekki, gruby, piękny, nudny, słaby, poważny

*9.7 *Ask questions with* na którą? *or* na którego? *for which student*

   Examples: A. Czekam na studenta. B. **Na którego?**
                A. Czekam na studentkę.   B. **Na którą?**

   A. Czekam na kuzyna. / siostrę. / Anglika. / dziewczynę. / profesora. /
   kierowniczkę. / syna.

*9.8 *Answer in the affirmative with a correctly inflected verb.*

   Example: A. Możecie pomóc?   B. **Owszem, możemy.**

   A. 1. Możesz wziąć tę książkę?   4. Chcecie poznać Basię?
       2. Musicie tu stać?   5. Możesz pomóc?
       3. Chcesz się uczyć?   6. Musisz tam jechać?

*9.9 *Use* który? *or* które? *as in the examples.*

   Examples: A. Biorę ołówek. B. **Który?**
                A. Biorę wino. B. **Które?**

   A. Biorę ser. / jabłko. / ciastko. / cukier. / masło.

9.10 *Ask about the features of the given object by using* jaką? *or* jakiego?

   Examples: A. Kupuję sukienkę. B. **Jaką?**
                A. Kupuję konia. B. **Jakiego?**

   A. Kupuję torbę. / kota. / bluzkę. / książkę.

*9.11 *The following questions imply a request or an order.*
       Express your willingness to comply.
       Use a correctly inflected personal pronoun.

   Example: A. Prosisz tego Anglika? B. **Już go proszę.**

   A. 1. Prosisz tego studenta?   4. Bierzesz tego kota?
       2. Prosisz tę studentkę?   5. Bierzesz tę owcę?
       3. Bierzesz tę gęś?   6. Bierzesz ten ser?

9.12 *Answer in the negative using an appropriate possessive pronoun.*

Example: A. To twoja książka?   B. **Nie, jej.** (ona)

A. 1. To wasze torby?   B. _____ . (one)
   2. To wasz kot?   _____ . (on)
   3. To twój wujek?   _____ . (oni)
   4. To jej ojciec?   _____ . (on)
   5. To twój talerz?   _____ . (ty)
   6. To jego mieszkanie?   _____ . (ja)

*9.13 *You are a very polite waiter, so when you use interrogative pronouns, you also use* **proszę uprzejmie.**

Example: A. Proszę zupę.
             You: **Proszę uprzejmie, jaką?**

A. 1. Proszę mięso.   5. Proszę kawę.
   2. Proszę jarzynę.   6. Proszę ciastko.
   3. Proszę herbatę.   7. Proszę ser.
   4. Proszę piwo.   8. Proszę sok.

9.14 *Although the following* -ę / -esz *verbs are unfamiliar to you, you should be able to conjugate them.*
skakać, płynąć, płakać, prać

9.15 *Ask questions with adjectives in the accusative singular.*

Example: A. Mam książkę.   B. **Ciekawą?** (ciekawy)

A. 1. Mam mieszkanie.   B. _____ ? (nowy)
   2. Mam kuchnię.   _____ ? (jasny)
   3. Mam pokój.   _____ ? (duży)
   4. Mam kota.   _____ ? (ładny)
   5. Mam płaszcz.   _____ ? (ciepły)
   6. Mam bluzkę.   _____ ? (nowy)

9.16 *Somebody is getting impatient and you are trying to calm him down by using* **chwileczkę** *and the appropriate form of the verb* **iść.**

Example: He: Gdzie jest Ewa?
             You: **Chwileczkę, już idzie.**

He: 1. Gdzie są chłopcy?   4. Gdzie są studentki?
    2. Gdzie jesteś?   5. Gdzie jesteście?
    3. Gdzie jest Leszek?   6. Gdzie są państwo Górscy?

9.17 *You are a very polite salesperson, so when you use interrogative pronouns, you also use* **proszę bardzo.**

    Example: Customer: Poproszę masło.

                 You: **Proszę bardzo, jakie?**

    Customer: 1. Poproszę ser.   5. Poproszę herbatę.

                     2. Poproszę chleb.   6. Poproszę sok.

                     3. Poproszę ciasto.   7. Poproszę wino.

                     4. Poproszę mąkę.   8. Poproszę kawę.

9.18 *Use the correct form of* **jechać, iść** *or* **jeść** *to complete the following sentences.*

    1. Czemu (wy) nie <u>JEDIE</u> ? Niedobra zupa?
    2. Jean i Michel <u>JADĄ</u> jutro do Toronto.
    3. A. Co oni <u>JEDZĄ</u> ? B. Ciastka.
    4. Muszę już <u>IŚĆ</u> , bo Basia czeka na dole *(downstairs)*.
    5. *(D w o r z e c)*
       Staszek: Cześć Mary. Gdzie <u>JEDZIESZ</u>?
       Mary: <u>JADĘ</u> na wieś.
    6. *(U n i w e r s y t e t)*
       Leszek: Mary, gdzie _____?
       Mary: _____ do dziekanatu *(to the dean's office)*.

9.19 *Repeat the pattern provided in the example, putting the interrogative pronoun and the adjective in the accusative case.*

    Example: A. Muszę kupić sukienkę.

                B. **Jaką?**

                A. Przede wszystkim **lekką. (lekki)**

A.	B.	A.	
1. Muszę kupić sweter.	_____ ?	_____ .	(ciepły)
2. Chcę kupić fotel.	_____ ?	_____ .	(wygodny)
3. Muszę wziąć torbę.	_____ ?	_____ .	(duży)
4. Chcę mieć mieszkanie.	_____ ?	_____ .	(duży)
5. Chcę mieć żonę.	_____ ?	_____ .	(dobry)
6. Chcę mieć męża.	_____ ?	_____ .	(dobry)

9.20 *Choose five adjectives from the list, and, when necessary, change their forms to fit the given sentences.*

biały, dobry, gruby, stary, ciepły, lekki, polski, elegancki

    1. Bardzo lubię tę _____ wieś.
    2. Muszę kupić _____ spódnicę, bo jest zimno *(cold)*.

3. Mam _____ syna. Zawsze pomaga.

4. Znasz język _____?

5. A. Czy mogę pomóc?   B. Nie, dziękuję. Mam bardzo _____ torbę.

9.21 *Use a demonstrative pronoun in the accusative case to point to the object you want.*

   Example: A. Który pani chce zegarek?

      B. **Ten.**

   A. 1. Którego pani chce kota?   5. Które pani chce masło?

      2. Który pani chce słowhik?   6. Którą pani chce mąkę?

      3. Którą pani chce książkę?   7. Które pani chce ciasto?

      4. Który pani chce garnek?   8. Którego pani chce konia?

9.22 *Repeat the pattern provided in the example, using the correct form of the interrogative.*

   Example: A. Widzę Janka.   B. **Przepraszam,** *kogo* **widzisz?**

   A. 1. Czytam *Noce i dnie.*   4. Odwiedzam dziś ciotki.

      2. Mam nowy słownik.   5. Kupuję dziś nową suknię.

      3. Zapraszam pana Frycza.   6. Sprzedaję jabłka.

9.23 *Topic for conversation*

You are in a department store and you want to buy a dress (or a sweater, blouse, coat, etc.). You cannot make up your mind, so you ask the salesperson to help you.

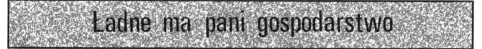

Ładne ma pani gospodarstwo

Chochołów. Bardzo stara wieś. Domy przeważnie drewniane. Tu mieszkają Jasińscy. Niektórzy hodują owce, inni mają też krowy i konie. Basia i Mary odwiedzają po kolei ciotki, wujków i oglądają ich gospodarstwa. Wszyscy przyjmują je serdecznie.

I. CICHO, BUREK!

Mary:	*(rozgląda się)* Ładne ma pani gospodarstwo.
Ciotka Z.:	A jaką ładną mam robotę!
Basia:	Ale ciocia zawsze wesoła.
Ciotka Z.:	*(patrzy na nią zadowolona)* Cóż mam robić!
	(szczeka pies) Cicho Burek!
	Wychodzi mały Janek
Janek:	Burek, idziemy nad rzekę!
Mary:	Każdy prawie ma tu takiego białego psa.
	To jakieś specjalne psy?
Janek:	Oczywiście, owiec pilnują.
Ciotka Z.:	Pilnują? Tak jak ty!
	Janek i Burek biegną przez łąkę
Janek:	*(krzyczy)* Burek, gdzie lecisz?
	Nie w tę stronę, głupi!

II. O, PANNA MARY, WITAMY!

Mary: Na co ta wełna, na swetry?

Ciotka Z.: Nie, głównie na kilimy.

Mary: Kilimy? Co to jest?

Ciotka Z.: A, to musi pani odwiedzić naszą babcię.

Mary: Daleko to stąd?

Ciotka Z.: Niedaleko. Idzie pani tu prosto w górę,
potem kawałek przez las.

Mary: To co? Idziemy?

Basia: Idziemy.

Ciotka Z.: Już? Przecież na obiad was prosimy.
Mam dziś pierogi.

Basia: Jak ciocia ma na obiad pierogi, to zostajemy!
Wracają wujek Józek i Antek. Są bardzo brudni.

Ciotka Z.: Wreszcie idą. Czekam na nich
już godzinę.
(do Mary) Zna pani tych
,,eleganckich'' panów?

Mary: Znam ich już, znam...

Wujek J.: O, panna Mary, witamy!

GLOSSES

1. **ciocia** auntie
   godzina hour
   góra hill; mountain
   kawałek a short distance / stretch
   kilim rug; (woollen) tapestry
   las woods; forest

   łąka meadow
   owca sheep
   owiec *G pl.* of **owca**
   panna unmarried woman; Miss
   pieróg, pierogi *pl.* dumpling with
      filling

pies, psy *pl.* dog
robota work; labor
rzeka river

2. **brudny** dirty
   drewniany wooden; made of logs
   elegancki elegant

3. **czekać** (na) to wait (for)
   hodować to raise; to breed; to keep
   krzyczeć to shout
   lecieć to fly; coll.: to run, to rush
   odwiedzać to visit
   odwiedzić to visit (*perf.;* cf. L. 16)
   pilnować to guard; to watch

4. **głównie** chiefly; mainly; mostly
   je them
   nad to (e.g., to the riverside, to the seaside)
   nią her
   niektórzy *m. p. pl.* some
   nich them
   po kolei by turns; in succession
   potem then; after that; later (on)

strona way; direction
wełna wool
wujek uncle

głupi stupid
specjalny special
zadowolony pleased

przyjmować to receive
szczekać to bark
witać to greet; to welcome
wracać to return; to come back
wychodzić to go / come out
zostawać to stay

prawie almost
prosto straight
przez across; through
serdecznie cordially
stąd from here
takiego *A m. sing.* such a
tych those
wreszcie finally; at last
wszystko all; everything

5. **Cóż mam robić!** What should I do!
   Tak jak ty. Like you.
   Nie w tę stronę. Not this way.
   Witamy! Welcome!
   Daleko to stąd? Is it far from here?
   w górę uphill; up
   prosić kogoś na obiad to invite sb. to dinner

6. **Chochołów** a village in the Tatra mountains
   Janek Johnny, familiar form of **Jan**
   Józek Joe, familiar form of **Józef**
   Antek Tony, familiar form of **Antoni**

7. **czwartek** Thursday
   środa Wednesday
   wtorek Tuesday

I. ACCUSATIVE PLURAL

1. Nouns

Masculine Personal

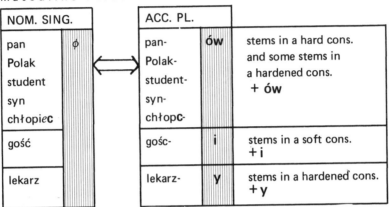

NOM. SING.		ACC. PL.		
pan	∅	pan-	ów	stems in a hard cons. and some stems in a hardened cons. **+ ów**
Polak		Polak-		
student		student-		
syn		syn-		
chłopiec		chłopc-		
gość		gośc-	i	stems in a soft cons. **+ i**
lekarz		lekarz-	y	stems in a hardened cons. **+ y**

All masculine personal nouns whose stems end in a hard consonant and some whose stems end in a hardened consonant take the **-ów** ending in the accusative plural.

When the final consonant of the stem is soft, masculine nouns take the **-i** ending; and when it is hardened, they usually take the **-y** ending.

Masculine Non-personal, Feminine and Neuter

	NOM. PL.						ACC. PL.		
Nasze	konie	są	dobre	.	Mamy	dobre	konie	.	masc. non-pers.
	psy						psy		
	pierogi						pierogi		ACC. = NOM.
	studentki						studentki		fem.
	krowy						krowy		
	wiadomości						wiadomości		
	gospodarstwa						gospodarstwa		neut.
	cielęta						cielęta		

The accusative plural of masculine non-personal, feminine and neuter nouns is the same as their nominative plural.

2. Adjectives

3. Pronouns

Interrogative Pronouns: jaki? , jaka? , jakie?

Acc. Pl.:   jakich? , jakie?

Jakich	macie	kolegów	?	(Mamy)	eleganck- głup-	ich	(kolegów)	.	masc. PERS. stem in a soft cons. **+ ich** stem in a hard or har- dened cons. **+ ych**
					młod- urocz-	ych			
Jakie		konie płaszcze książki mieszkania			star- dobr- drog-	e	(konie) (płaszcze) (książki) (mieszkania)		all other genders ACC.=NOM. stem + e

In the accusative plural, masculine p e r s o n a l adjectives whose stems end in a hard consonant take the **-ych** ending; those whose stems end in a soft consonant take the **-ich** ending.

The accusative plural of all other adjectives (i.e., masculine non-personal, feminine and neuter) is the same as the nominative plural.

Interrogative Pronouns: który? , która? , które?

Acc. Pl.:   którzy? , które?

Demonstrative Pronouns: ten, ta, to

Acc. Pl.:   tych, te

Których	panów	prosimy	?	Tych	panów		.	masc. PERS. **+ ych**
Które	płaszcze sukienki ubrania (L. 15)	oglądamy		Te	(płaszcze) (sukienki) (ubrania)			every other gender ACC. = NOM.

The accusative plural and nominative plural are the same for masculine non-personal, feminine and neuter pronouns, but different for masculine personal pronouns.

Personal Pronouns

Nom. Sing.:   **my, wy, oni, one**

Acc. Pl.:   **nas, was, ich / nich, je / nie**

(a)

		ACC.		NOM.
Leszek	zna	nas	.	(my)
		was		(wy)
		ich		(oni)
		je		(one)

Kogo	pani	Górska	zaprasza	?

(b)

ACC.	
Nas	.
Was	
Ich	
Je	

In the accusative plural, the same forms of the personal pronouns can occupy a stressed (b) as well as a non-stressed (a) position.

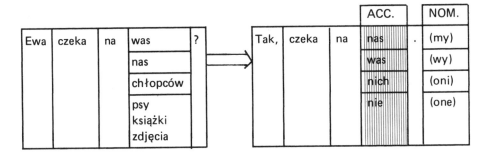

Ewa	czeka	na	was	?
			nas	
			chłopców	
			psy ksiązki zdjęcia	

Tak,	czeka	na	ACC.		NOM.
			nas	.	(my)
			was		(wy)
			nich		(oni)
			nie		(one)

After prepositions requiring the accusative, **ich** and **je** are replaced by **nich** and **nie**.

4. Uses of the Accusative

The Accusative as Direct Object

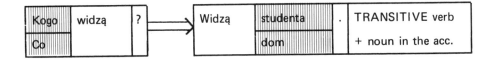

Kogo	widzą	?
Co		

Widzą	studenta	.	TRANSITIVE verb
	dom		+ noun in the acc.

The Accusative in Prepositional Phrases

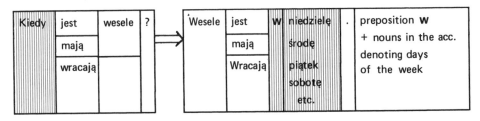

Kiedy	jest	wesele	?
	mają		
	wracają		

Wesele	jest	w niedzielę	.	preposition **w**
	mają	środę		+ nouns in the acc.
Wracają		piątek		denoting days
		sobotę		of the week
		etc.		

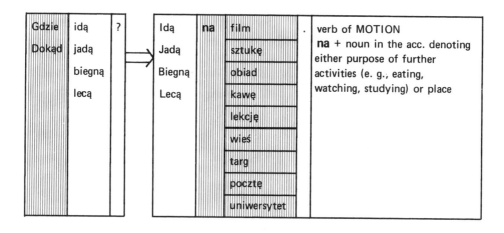

Gdzie	idą		?	→	Idą		**w**	górę		.	verb of MOTION
Dokąd	jadą				Jadą						preposition **w**
	wiozą	nas			Wiozą	nas		tę stronę			+ noun in the acc.
											specifying direction / place

Gdzie	idą	?	→	Idą	**na**	film		.	verb of MOTION
Dokąd	jadą			Jadą		sztukę			**na** + noun in the acc. denoting
	biegną			Biegną		obiad			either purpose of further
	lecą			Lecą		kawę			activities (e. g., eating,
						lekcję			watching, studying) or place
						wieś			
						targ			
						pocztę			
						uniwersytet			

Gdzie	kładą	książki	?	→	Książki	kładą	**na**	stół		.	verbs indicating
Na co								szafę			CHANGE OF POSITION
								krzesło			**na** + noun in the acc.
											indicating place
											(usually a surface)

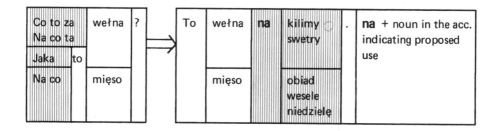

Co to za	wełna	?	→	To	wełna	**na**	kilimy	.	**na** + noun in the acc.
Na co ta							swetry		indicating proposed
Jaka	to								use
Na co	mięso				mięso		obiad		
							wesele		
							niedzielę		

Na	kogo	czekają	?	→	Czekają	**na**	Leszka	.	verbs: **czekać, patrzeć,**
		patrzą			Patrzą		Basię		**krzyczeć**
		krzyczą			Krzyczą		studentów		**na** + noun in the acc.
	co				Czekają		obiad		indicating objects
					Patrzą		psa		towards which attention
					Krzyczą		konie		is directed

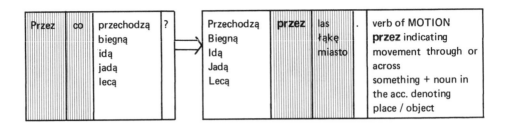

Przez	co	przechodzą	?	Przechodzą	**przez**	las	.	verb of MOTION
		biegną		Biegną		łąkę		**przez** indicating
		idą		Idą		miasto		movement through or
		jadą		Jadą				across
		lecą		Lecą				something + noun in
								the acc. denoting
								place / object

II. NUMBERS

Cardinal Numbers

101	sto jeden		200	dwieście
102	sto dwa		300	trzysta
103	sto trzy		400	czterysta
123	sto dwadzieścia trzy		500	pięćset
	etc.		600	sześćset
245	dwieście czterdzieści pięć		700	siedemset
957	dziewięćset pięćdziesiąt siedem		800	osiemset
	etc.		900	dziewięćset
			1000	tysiąc

Note that 200, 300 and 400 do not have the same forms as the remaining numbers.
All polysyllabic numbers with **-set** or **-sta** are stressed on the antepenultimate syllable
(For details see Intro., I 4.)

EXERCISES

*10.1 *Read these words aloud.*

siadam, siedem, osiem, jesień, prosi, środek, o wiośnie, myślałaś, byłeś
zielony, późno, zima, wozi, o wozie, ciemno, kwiecień, dwieście,
ciągnąć, chcieć, bogaci, ćwierć, ćma
dział, dzień, jedzie, kładzie, nigdzie, grudzień, październik,
chodzi, młodzi

10.2 *Fill in the missing letters.*

1. Janek i Burek id— nad rzek—.
2. (Oni) biegn— przez łąk—.
3. Basia i Mary odwiedzaj— w—jk—w i ciotki.
4. Domy tu są p—ewa—nie drewniane.
5. Babcia sp—edaje wełn—.
6. Znacie tych eleganckich pan—w?

10.3 *Do the following subtraction problems, write them out, then read them aloud.*

    Example: 90 − 25 = 65

               dziewięćdziesiąt mniej (minus) dwadzieścia pięć jest sześćdziesiąt pięć

    1. 65 − 17 =   3. 99 − 45 =   5. 66 − 18 =
    2. 28 − 13 =   4. 87 − 39 =   6. 73 − 28 =

10.4 *Give the accusative singular for each of the following.*

    kretonowa bluzka, ta miła dziewczyna, ta dobra zupa, srebrna łyżka,
    porcelanowa filiżanka

10.5 *Supply the accusative plural.*

    Example: Mamy dobre _____ (jabłko).
             Mamy dobre *jabłka.*

    1. Mamy ładne _____ .   (imię)
    2. Mamy duże _____ .   (mieszkanie)
    3. Mamy nowe _____ .   (biurko)
    4. Mamy wygodne _____ .   (łóżko)
    5. Hodujemy dziwne _____ .   (zwierzę)

10.6 *Express surprise the way the example does.*

    Example: A. To moja córka.
             B. **Pan ma córkę?**

    A. 1. To mój syn.   4. To mój dom.
       2. To moja siostra.   5. To mój pies.
       3. To moje pole.   6. To moje konie.

10.7 *Name the following objects.*

10.8 *Supply the accusative plural.*

    Example: Hodujemy _____ (owca).
                Hodujemy *owce.*

    1. Hodujemy _____ . (krowa)
    2. Hodujemy _____ . (jarzyny)
    3. Czekamy na _____ . (pani)
    4. Czekamy na _____ . (dziewczyna)
    5. Czekamy na _____ . (studentka)
    6. Czekamy na _____ . (Polka)

* 10.9 *Use the appropriate forms of* **musieć** *and* **móc.**

    Example: A. Muszę już iść?
               B. **Nie** musisz, **ale** możesz.

    A. 1. Musimy już wracać?   4. Musisz ciągle czytać?
       2. Musicie też tam być?   5. Muszą tak długo spać?
       3. Ewa musi to robić?   6. Musisz tu mieszkać?

10.10 *Supply the accusative plural.*

    Examples: Czekamy na _____ . (gość) / Kupujemy ____ . (płaszcz)
               Czekamy na *gości.* / **Kupujemy** *płaszcze.*

    1. Czekamy na _____ . (pan)   2. Kupujemy _____ . (stół)
                  _____ . (wujek)   _____ . (fotel)
                  _____ . (syn)   _____ . (kwiat)
                  _____ . (lekarz)   _____ . (kot)
                  _____ . (fryzjer)   _____ . (pies)
                  _____ . (aktor)   _____ . (sweter)

10.11 *Complete the sentences with accusative nouns from the list below.*

imię — torba — mleko — pies — mieszkanie
krowa — gość — miasto — dom — wujek

1. Ciotki już są. Jeszcze czekamy na _____ .
2. Widzisz te nowe _____?
   Właśnie tam mamy dostać *(get)* _____ .
3. Ona ma dwa _____ : Hanna i Barbara.
4. Hodujemy _____ , bo chcemy mieć _____ .
5. A. Jakie znasz _____ ? B. Znam Warszawę i Kraków.
6. A. Pani Górska przyjęcie urządza?
   B. Tak. Właśnie czeka na _____ .

*10.12 *The following questions imply a request or an order.*
Express your willingness to comply or act promptly.
Use personal pronouns in the accusative case.

Example: A. Bierzesz tę torbę?
           B. **Już** *ją* **biorę.**

A. 1. Bierzesz tego kota?   5. Bierzesz te talerze?
   2. Bierzesz tę walizkę?   6. Bierzesz tę mąkę?
   3. Bierzesz ten garnek?   7. Bierzesz te spodnie?
   4. Bierzesz to mleko?   8. Bierzesz to jajko?

10.13 *Supply an appropriate preposition from the list below.*

na — nad — w — przez

1. Muszę iść — pocztę, bo chcę telefonować.
2. Co jest dzisiaj — obiad?
3. Wesele jest — sobotę.
4. Muszę iść — uniwersytet.
5. Nie — tę stronę. Musisz iść prosto.
6. To ciasto jest — niedzielę.
7. Ktoś biegnie — pole.
8. Możemy iść — rzekę?
9. Czemu zawsze kładziesz książki — łóżko?

*10.14 *You have two object. Use the interrogative pronoun* **który?** *to offter one of them.*

Example: Mam dwa ołówki. *Który* **chcesz?**

1. Mam dwa psy.
2. Mam dwa ołówki.
3. Mam dwa ciastka.
4. Mam dwie owce. (N.B. **dwie** *is the feminine form of* **dwa**)

5. Mam dwa konie.
6. Mam dwie walizki.
7. Mam dwa jabłka.

10.15 *Ask questions requiring the words in italics as answers.*

1. _____ ? Na obiad jest *zupa*.
2. _____ ? Czekamy *na ciotki*.
3. _____ ? Mary idzie *na pocztę*.
4. _____ ? To jest wełna *na kilimy*.
5. _____ ? Przyjęcie jest *w piątek*.

*10.16 *Use a demonstrative pronoun in the accusative case to point to the object(s) you want.*

Example: A. Który pan chce stół? B. **Ten.**

A. 1. Którą pan chce torbę?   5. Które pan chce swetry?
    2. Które pan chce spodnie?   6. Który pan chce słownik?
    3. Które pan chce biurko?   7. Które pan chce łóżko?
    4. Którą pan chce książkę?   8. Które pan chce pokoje?

10.17 *Complete the sentences, using the correct form of* umieć, znać *or* wiedzieć.

1. Mała Ewa już _____ czytać i pisać.
2. Czy (wy) _____ Leszka Frycza?
3. Nie _____ , gdzie jest Basia.
4. Pani _____ ,,Noce i dnie''?
5. Kto tu _____ dobrze gotować?
6. (Ty) _____ , jak ona się nazywa?

10.18 *Answer in the negative. Use an appropriate possessive pronoun.*

Examples: A. Czyja to jest książka, twoja?
            B. **Nie, nie moja.**
            A. Czyje to są książki, wasze?
            B. **Nie, nie nasze.**

A. 1. Czyi to są goście, twoi?   4. Czyja to jest matka, twoja?
    2. Czyje to są zwierzęta, wasze?   5. Czyi to są ojcowie, wasi?
    3. Czyj to jest pokój, twój?   6. Czyje to jest zwierzę, twoje?

10.19 *Repeat the pattern provided in the example, using the appropriate form of the interrogative and demonstrative pronouns.*

Example: A. Trzeba wziąć książki. B. **Które? Te?**

A. Trzeba wziąć sukienkę. / swetry. / zdjęcie. / płaszcz. / walizkę. /
spódnice. / torbę.

164

Answer in the negative, using the appropriate form of the verb.

    Examples: A. Boisz się? B. **Nie, nie boję się.**
                  A. Pani się boi? B. **Nie, nie boję się.**
                  A. Państwo się boicie? B. **Nie, nie boimy się.**

A. 1. Uczycie się?
    2. Płacisz?
    3. Państwo chyba żartujecie?
    4. Pani żartuje?
    5. Chcesz pomóc?

    6. Cieszy się pani?
    7. Myślisz, że jesteś taki głupi?
    8. Państwo muszą tam jechać?
    9. Lubisz teatr?
    10. Wychodzicie?

10.21 *Ask your friend to be more specific. Use the accusative of the interrogative pronoun* **który? , -a? , -e?**

    Example: Your friend: Musimy zaprosić Janka.
               You: **Którego Janka?**

Your friend: Musimy zaprosić Teresę. / Leszka. / państwa Nowaków. / panią Hanię. / pana profesora. / studentów. / Angielki. / Francuzów.

10. 22 *Topics for conversation*

    1. You are ringing up your friend. You dial his number several times. First you get **Szkoła Letnia,** then **dom akademicki,** and finally you get through to him.
    2. When you have him on the phone, you exchange greetings and ask him when you could come over. He makes a number of suggestions.

Babcia robi się nowoczesna

I. JAKIEGO KOLORU JEST TEN KILIM?

Mary i Basia nie mają już dużo czasu, ale jeszcze odwiedzają babcię i oglądają jej kilimy.

Mary: *(pełna podziwu)* Te krokusy są jak żywe!

Babcia: Takie tu rosną. Na wiosnę widzi pani całe pola żółte, białe, liliowe...

Mary: Pani robi głównie kwiaty?

Babcia: Nie tylko... *(otwiera szafę)* właśnie szukam mojego ostatniego kilimu... Gdzie on może być?

Basia: *(pomaga szukać)* Jakiego koloru jest ten kilim?

Babcia: Jest trochę czarny, trochę czerwony... a brzegi są koloru brązowego.

Basia: *(kładzie na stół duży kilim)* Ten?

Babcia: Tak. Jak widzicie, jest zupełnie inny.

Mary: Ale też ciekawy. Piękne kolory.

Basia: Tylko wzór jakiś dziwny...

Mary: Rzecz gustu.

Basia: Jakieś plamy, kwadraty...

Babcia: Bo to abstrakcja, jak to teraz modne.

Basia: Ale się babcia robi nowoczesna!

II. NIE CHCĘ TU TEGO BRUDNEGO PSA!

Babcia pracuje. Wchodzi mały Janek.

Janek: Idę do sklepu. Nie potrzebuje babcia czegoś?

Babcia: Chleba nie mam, cukru też potrzebuję...

    (wchodzi Burek) Nie chcę tu tego brudnego psa!

Janek: Wcale nie brudny!

Babcia: Cicho! Ja tu rządzę.

Janek: *(do psa)* Nie wsadzaj tu nosa, bo babka zła.

    (po chwili) Może babcia chce też miodu, dżemu?

Babcia: Nie, miód jeszcze mam, a dżemu nie lubię.

Janek: *(rozgląda się)*

Babcia: Czego szukasz?

Janek: Mama pyta, czy nie ma tu naszego garnka.

Babcia: Jakiego garnka?

Janek: Tego dużego', niebieskiego.

Babcia: Nie, niebieskiego garnka tu nie ma.

Janek: No to już idę.

Babcia: A cukierka nie chcesz?

1. **abstrakcja** abstraction
   babka grandmother; grandma
   brzeg edge
   chwila moment; while
   cukierek (a) sweet; (a) candy
   dżem jam
   gust taste
   kolor color

   krokus crocus
   kwadrat square
   miód honey
   nos nose
   podziw admiration
   pole field
   sklep shop; store
   wzór, wzory *pl.* design; pattern

2. **brązowy** brown
   czarny black
   czerwony red
   inny different
   liliowy purple
   modny fashionable

   niebieski blue
   nowoczesny modern; up-to-date
   ostatni latest; last
   pełny full
   żółty yellow
   żywy alive

3. **robić się** to become
   rosnąć to grow; to vegetate
   rządzić to rule; to govern; to control
   szukać to look for

   wsadzać to poke
   nie wsadzaj don't poke! *(imperative, 2nd person sing.)*

4. **czego** what
   czegoś *G sing.* anything; something
   jeszcze still
   po after

   takie *pl.* such (here: such crocuses)
   trochę somewhat; a bit
   wcale nie not at all
   zupełnie quite

5. **Babcia robi się nowoczesna.** Grandma is catching up with the times.
   Jakiego koloru jest ten kilim? What color is this rug?
   pełna podziwu full of admiration
   na wiosnę in spring
   rzecz gustu a matter of taste
   jak to teraz modne as is the fashion now
   Ja tu rządzę. I am the boss here.

I. GENITIVE SINGULAR

1. Masculine Nouns

NOM. SING.		GEN. SING.		
pan	ø	pan-	a	stem + **a**
ojciec		ojc-		1. animate nouns
student		student-		(GEN. = ACC.)
kot		kot-		
pies		ps-		2. inanimate nouns
garnek		garnk-		denoting:
talerz		talerz-		(a) containers,
nóż		nóż-		tableware, tools
widelec		widelc-		
chleb		chleb-		(b) some articles of
ser		ser-		food
nos		nos-		(c) parts of the body
ząb		zęb-		
czas		czas-	u	stem + **u**
podziw		podziw-		
miód		miod-		1. abstract nouns
dżem		dżem-		2. mass nouns
cukier		cukr-		
kolor		kolor-		3. loanwords
gust		gust-		
wtorek		wtork-		4. days of the week
piątek		piątk-		

The genitive singular of masculine nouns can be indicated by the -a or the -u ending. The choice of the ending depends, to a certain extent, on the meaning of the noun.
In many cases, the genitive is also marked by the $ó \rightarrow o$, $e \rightarrow \phi$, or $ą \rightarrow ę$ vowel change.
Notice that the genitive of animate nouns is the same as the accusative.

2. Interrogative Pronouns: kto? , co?

Gen. Sing.:   **kogo? , czego?**

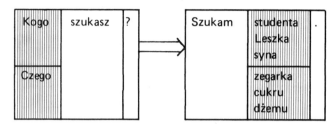

The pronouns **kogo?** and **czego?** introduce questions which must be answered by a noun in the genitive case.

Kogo? requires personal nouns, whereas **czego?** requires non-personal nouns.

3. Masculine Adjectives

4. Interrogative Pronoun: jaki?

Gen. Sing.: **jakiego?**

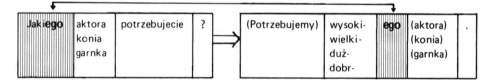

Adjectives modifying (animate or inanimate) masculine nouns take the **-ego** ending in the genitive singular.

The pronoun **jaki?** follows the same pattern.

5. Uses of the Genitive

The Genitive as Direct Object

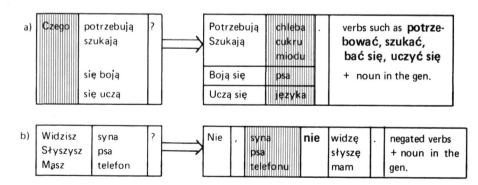

The genitive is always used to form the direct object of:
(a) **potrzebować, szukać, bać się, uczyć się,** and
(b) all negated verbs.

The Genitive with *nie + ma*

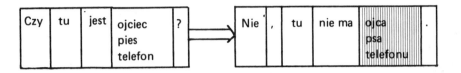

N.B. The negative form of the impersonal expression **jest (są)** + **nouns** is formed by using the verb **mieć.**

The Genitive in Prepositional Phrases

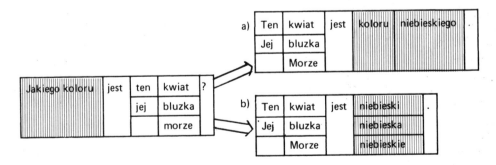

N.B. The **do + gen.** construction can also be used to answer questions introduced by **do kogo?** *(to whom?)*. For example, **Do kogo idą? → Idą do ojca.**

The Genitive with the Expression *jakiego koloru*

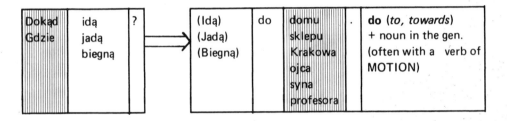

(a) When the genitive noun **koloru** is repeated in the answer to the above question, the adjective must also be put into the genitive case.
(b) When the noun is n o t repeated, the adjective is put into the nominative case.

II. NUMBERS

Ordinal Numbers

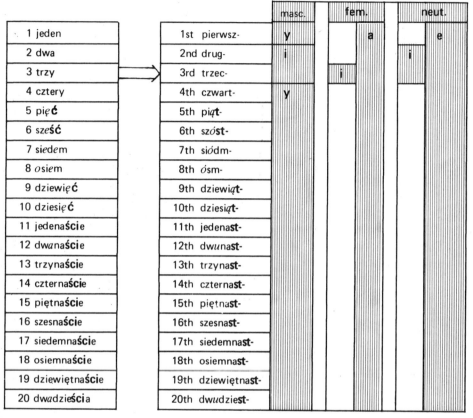

Cardinal	Ordinal	masc.	fem.	neut.
1 jeden	1st pierwsz-	y	a	e
2 dwa	2nd drug-	i		i
3 trzy	3rd trzec-		i	
4 cztery	4th czwart-	y		
5 pięć	5th piąt-			
6 sześć	6th szóst-			
7 siedem	7th siódm-			
8 osiem	8th ósm-			
9 dziewięć	9th dziewiąt-			
10 dziesięć	10th dziesiąt-			
11 jedenaście	11th jedenast-			
12 dwanaście	12th dwunast-			
13 trzynaście	13th trzynast-			
14 czternaście	14th czternast-			
15 piętnaście	15th piętnast-			
16 szesnaście	16th szesnast-			
17 siedemnaście	17th siedemnast-			
18 osiemnaście	18th osiemnast-			
19 dziewiętnaście	19th dziewiętnast-			
20 dwadzieścia	20th dwudziest-			

Ordinal numbers are formed by adding appropriate endings to the stems of the corresponding cardinal numbers. (The cardinals have been repeated here to show how systematic ordinal formation is.) Only the ordinals for 1, 2, 3 and 4 do not follow the pattern.

Note that some stems undergo vowel and consonant exchange. Ordinal numbers for 5, 9 and 10 undergo the ęć →ąt exchange, 6th and 7th undergo the e →ó exchange, and 7th and 8th undergo the e →φ exchange. 12th and 20th change a into u, and, finally, ordinals from 11 to 20 change ść into st.

To	nasz	pierwszy	zły	pies	.	masc.
	moja	pierwsza	nowa	sukienka		fem.
	jej	pierwsze	dobre	ciasto		neut.

Ordinal numbers are inflected like adjectives. They agree in gender, number and case with the nouns they modify.

EXERCISES

*11.1 *Read these words aloud, paying special attention to* **c, dz, cz** *and* **ż / rz.**

cały, robotnica, ulica, cel, cukier, córka, cytryna, cudzoziemiec, noc
sadza, pieniądze, o drodze, koledzy, drodzy, bardzo, siedzą, radzą, dzban, dzwonek
czas, czarny, czasopismo, człowiek, czysty, czerwony, czują, często, rzecz, klucz,
szafa, szeroki, szatnia, szynka, zeszyt, szklanka, szkoła, sztuka, kosztuje
żart, żaden, żeby, żelazo, żywy, życie, żona, żółty, każdy, ważny, Rzym, rzucam,
burza

11.2 *Fill in the blanks with* **sz, rz,** *or* **ż.**

1. Lubię —ółte kwiaty.
2. Pot—ebuję je—cze d—emu.
3. Jutro wyje—d—amy na wieś.
4. Państwo Jagiełłowie mają nieg—ecznych synów.
5. Pan Górski często —artuje.
6. Basia jest b—ydka, ale sympatyczna.
7. Ci mę—czyźni czekają na —ony.
8. Pojut—e jest niedziela.

11.3 *Do the following sums and write them out.*

1. 25 + 17 =	3. 18 + 39 =	5. 92 + 8 =
2. 15 + 17 =	4. 81 + 11 =	6. 44 + 13 =

11.4 *Give the accusative plural of the following nouns.*

wujek, ojciec, pokój, numer, kuzyn, syn, dom, Norweg

*11.5 *Answer in the affirmative with a verb in the 1st person singular or plural.*

Examples: A. Jesz mięso? B. **Jem.**
A. Jecie mięso? B. **Jemy.**

A. 1. Idziesz do brata?   5. Bierzecie te psy?
2. Jedziecie na wieś?   6. Żyjesz?
3. Bierzesz tego psa?   7. Piszesz te listy?
4. Możesz tam iść?   8. Czekacie?

11.6 *Complete the following questions with the appropriate form of the pronoun* **czyj? , -a? , -e?**

Example: _____ to książka?
Czyja to książka?

174

1. _____ to zegarek?   4. _____ to córka?
2. _____ to książki?   5. _____ to dziecko?
3. _____ to goście?   6. _____ to córki?

11.7 *Translate the words in parentheses, and, when necessary, change their forms to fit the given sentences.*

1. Jedziemy na wieś we _____ . *(Tuesday)*
2. Wesele jest w _____ . *(Friday)*
3. Pani Górska urządza przyjęcie w _____ . *(Thursday)*
4. Ewa zaprasza nas na _____ . *(Sunday)*
5. Co robisz w _____ ? *((Saturday)*
6. To mięso jest na _____ . *(Monday)*
7. W _____ idziemy do ojca. *(Wednesday)*

11.8 *Identify these colors.*

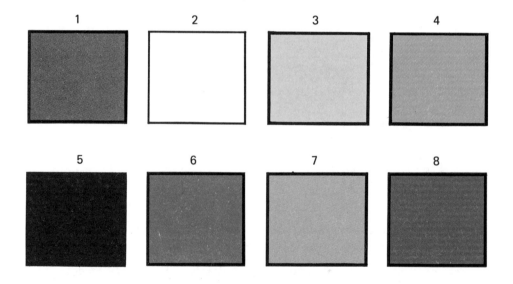

11.9 *Use an appropriate demonstrative pronoun to point to the object(s) you want.*

Example: A. Którą sukienkę bierzesz?   B. **Tę.**

A. 1. Którego psa
   2. Którą bluzkę
   3. Który płaszcz   } bierzesz?
   4. Którą wełnę
   5. Które ciastko

   6. Który chleb
   7. Które cukierki
   8. Którą książkę   } bierzesz?
   9. Które kwiaty

11.10 *Use an appropriate personal pronoun to answer the following.*
Note the emphatic context.

Example: A. Kogo zna Mary?   B. **Tylko** *nas.* (my)

A. Kogo zna Mary?

B. 1. _____ . (ja)   4. _____ . (wy)
   2. _____ . (ty)   5. _____ . (oni)
   3. _____ . (on)   6. _____ . (ona)

*11.11 *Give the infinitive of each of the following verbs.*

Example: (ty) pracujesz **pracować**

(ja) jem   _____   (my) pomagamy _____
(on) pisze   _____   (wy) chcecie   _____
(oni) znają   _____   (oni) widzą   _____
(on) wiezie   _____   (one) kładą   _____
(ona) stoi   _____   (wy) śpicie   _____

11.12 *Answer these questions with correctly inflected possessive pronouns.*

Example: A. Czyja to (jest) sukienka?   B. **Moja.** (ja)

A. 1. Czyj to (jest) słownik?   B. _____ . (my)
   2. Czyje są te spodnie?   _____ . (ja)
   3. Czyj (jest) ten sweter?   _____ . (ty)
   4. Czyje (jest) to dziecko?   _____ . (ona)
   5. Czyja (jest) ta książka?   _____ . (wy)
   6. Czyje są te psy?   _____ . (on)

11.13 *Match words from the adjective list with words from the noun list. Make sure that*
your combinations are correct in both form and meaning.

elegancka, nudna, gruby, brzydkie, ciepła, miejscowy, akademicki, brudny,
nowoczesna, narodowa, mały, modny, czarna, wewnętrzny, zdrowe, telewizyjny,
trudne, straszny, dziwne, pracowita, wysoki, wolny

kobieta, dom, historia, szkoła, poczta, brzeg, domek, dziennik, kolor,
abstrakcja, wieś, pałac, hałas, budynek, babcia, plama, afisz, sukienka,
słówko, zwierzę

*11.14 *Give a negative answer, using the **nie ma** + **genitive** construction.*

Example: A. Jest chleb?   B. **Nie, nie ma chleba.**

A. Jest miód? / cukier? / dżem? / ser? / sok? / obiad?

11.15 *Repeat the pattern provided in the example, using an appropriate ordinal number.*

Example: A. Proszę pokój numer 5.
Telephone operator: **Numer** *piąty* **nie zgłasza się.**

A. Proszę pokój numer 3. / numer 6. / numer 9. / numer 11. / numer 19. / numer 15. / numer 13. / numer 20. / numer 1. / numer 12.

11.16 *Answer these questions with correctly inflected masculine nouns.*

Examples: A. Czego szukasz?   B. **Chleba.** (chleb)
A. Kogo szukasz?   B. **Janka.** (Janek)

A. Czego szukasz?
B. 1. _____ . (talerz)
2. _____ . (zegarek)
3. _____ . (słownik)
4. _____ . (kwiat)
5. _____ . (ołówek)

A. Kogo szukasz?
B. 1. _____ . (profesor)
2. _____ . (ojciec)
3. _____ . (brat)
4. _____ (wujek)
5. _____ . (Leszek)

11.17 *Supply the correctly inflected noun.*

Example: A. Dokąd idziesz?   B. **Do** *brata.* (brat)
Na *targ.* (targ)

A. Dokąd idziesz?
B. 1. Do _____ . (ojciec)
2. Na _____ . (poczta)
3. Do _____ . (wujek)
4. Na _____ . (uniwersytet)
5. Do _____ . (dom)

6. Na _____ . (dworzec)
7. Do _____ . (akademik)
8. Do _____ . (sklep)
9. Do _____ . (lekarz)

11.18 *Ask questions requiring the words in italics as answers.*

1. _____? To jest *Janek.*
2. _____? Szukają *talerza.*
3. _____? Potrzebują *cukru.*
4. _____? Kupuję *miód.*
5. _____? Proszą *Janka.*
6. _____? Nie lubią *Janka.*
7. _____? Nie chcą *tego płaszcza.*

11.19 *Use a correctly inflected possessive pronoun to answer the following.*

Examples: A. Czyj jest ten pokój?   B. **Jego.** (on)
A. Czyja jest ta torba?   B. **Moja.** (ja)

A. 1. Czyja (jest) ta książka?   B. _____ . (ona)
   2. Czyje (jest) to dziecko?   _____ . (on)
   3. Czyi są ci chłopcy?   _____ . (my)
   4. Czyje to (są) córki?   _____ . (one)
   5. Czyja to (jest) matka?   _____ . (oni)
   6. Czyj to (jest) ojciec?   _____ . (ja)
   7. Czyje to (jest) mieszkanie?   _____ . (my)
   8. Czyj to (jest) słownik?   _____ . (ty)

11.20 *Use the correct form of the following verbs.*

   1. Mary i Basia (odwiedzać) babcię.
   2. Babcia (pokazywać) kilimy.
   3. Janek (mieć) ładnego białego psa.
   4. Ciotka i wujek (jeść) pierogi.
   5. Czy pani (znać) wujka Józka?
   6. Czy pan (wiedzieć), co to za miasto?
   7. My (iść) na wesele, a wy co (robić)?
   8. Leszek i Staszek (jechać) do ojca.

*11.21 *Follow the example, supplying the genitive of the given noun.*

   Example: A. Jaki piękny pies!
               B. **Gdzie? Nie widzę żadnego** *(any)* **psa.**

   A. 1. Uroczy chłopiec!   4. Jeszcze jeden brudny garnek!
      2. Piękny kwiat!   5. Idzie Janek!
      3. Oryginalny kilim!   6. Nasz student!

11.22 *Fill in the blanks with appropriate prepositions.*

   A. 1. Co jest — obiad?   B. Ziemniaki i mięso.
      2. Kiedy jedziemy — domu?   — niedzielę.
      3. Uff, jak gorąco!   Czemu nie idziesz — rzekę?
      4. Mogę wziąć trochę ciasta?   Nie. To ciasto jest — wesele.
      5. — co jest ta mąka?   — ciasto.
      6. Idziemy — pocztę?   Nie. Najpierw idziemy — targ.

*11.23 *Answer in the negative, putting the noun in the genitive case. Attenuate the negation somewhat with* **niestety.**
   (w ogóle — *at all)*

   Example: A. Masz jakiś dobry ołówek?
               B. **Niestety, w ogóle nie mam** *ołówka.*

   A. 1. Masz jakiś dobry słownik?   4. Masz jakiś ostry *(sharp)* nóż?
      2. Masz jakiś wygodny fotel?   5. Masz tu jakiś ładny pokój?
      3. Masz tu jakiś duży stół?   6. Masz jakiś ciepły sweter?

Change all plurals into singulars.

1. Moje sąsiadki dobrze gotują i pieką.
2. Te panie często urządzają przyjęcia.
3. Ci Arabowie są bardzo eleganccy.
4. Na których studentów czekacie?
5. Jakie książki chcecie?

11.25 *Topics for conversation*

1. You are a journalist preparing a report on folk artists living in the Tatra mountains. You go there and interview a few of them.
2. You are an artist currently working on a painting or a *kilim.* You are being interviewed by a few journalists. Tell them about your project (the pattern, colors, sources of inspiration, etc.).

I. ROZTARGNIONY PROFESOR

Pokój pana profesora Górskiego. Duża biblioteka.
Biurko. Obok niego głęboki fotel. Bałagan. Wszędzie leżą
książki i papiery. Profesor szuka czegoś.

Pani G.: Czego szukasz?

Profesor: Ołówka. Do licha! Jak go potrzebuję, to nigdy go nie mogę znaleźć.

Pani G.: Bo nigdy go nie kładziesz na to samo miejsce.

Profesor: Jak to nie! Zawsze kładę go tutaj, obok tej dużej popielniczki.

Pani G.: Leży obok niej jakaś książka. Może trzeba do niej zajrzeć?

Staszek: Lubisz przecież podkreślać, jak czytasz.

Profesor: Ależ skąd! Teraz zresztą jej nie czytam.

Staszek: Jak chcesz, mogę ci pożyczyć mojego pióra... Ale co ty właściwie trzymasz?

Pani G.: Oczywiście ołówek! Jak zwykle — roztargniony profesor!

II. NIEDALEKO PADA JABŁKO OD JABŁONI

Staszek: Za chwilę wychodzę. Mam zebranie.

Pani G.: Jakie znowu zebranie?

Staszek: Naszego koła matematyków.

Pani G.: Chcesz tam iść taki zarośnięty? Broda i wąsy jak las!

Staszek: Teraz taka moda.

Pani G.: Moda może być, ale nie u nas. Musisz się ogolić!

Staszek: Już dobrze... *(idzie do łazienki, po chwili woła)* Nie ma ani jednej żyletki!

Pani G.: Teraz ty nie możesz niczego znaleźć. Charakter ojca!

Staszek: Cóż, niedaleko pada jabłko od jabłoni. *(woła do ojca)* Tatuś nie wie, gdzie są żyletki?

Pani G.: Masz jeszcze elektryczną maszynkę do golenia!

Staszek: Niestety, zepsuta. Nie ma rady, trzeba iść do fryzjera.

Pani G.: Bardzo dobrze. Przy okazji możesz się ostrzyc, bo wyglądasz jak strach na wróble!

GLOSSES

1. **bałagan** disorder; mess
   biblioteka bookcase; library
   broda beard
   charakter character
   elektryczna maszynka do golenia (electric) shaver
   golenie shaving
   jabłoń *f.* **jabłonie** *pl.* apple tree
   koło circle
   licho the devil
   łazienka bathroom
   maszynka machine; device
   matematyk mathematician
   miejsce place

   moda fashion
   okazja chance; occasion
   papier paper
   papiery *pl.* papers; records; documents
   pióro pen
   popielniczka ash tray
   rada advice; help
   strach fear; fright
   strach na wróble scarecrow
   tatuś daddy
   wąs moustache
   wróbel sparrow
   zebranie meeting
   żyletka (razor-)blade

2. **elektryczny** electric
   głęboki deep
   roztargniony absent-minded

   zarośnięty unshaved; unshaven
   zepsuty out of order

3. **ogolić się** to shave
   ostrzyc się to get / have one's hair cut; to
      have a haircut
   padać to fall
   podkreślać to underline

   trzymać to hold
   wyglądać to look (e.g., nice, pretty, ugly)
   zajrzeć to look into
   znaleźć to find

4. **ani** not a; not a single
   ani jednej *f.* not a single
   jak when; if
   jego, niego him
   jej, niej her
   niczego *G sing.* nothing
   nigdy never
   samo *n. sing.* (the) same

   tej this
   teraz now
   tutaj here
   u with; among; at + _____ 's
   wszędzie everywhere; all over the place
   znowu again (here used to indicate
      impatience, disapproval)
   zresztą anyway; besides

5. **U pana profesora.** At the professor's (house, place).

   Do licha! Hang it!
   kłaść coś na to samo miejsce to put something in the same place
   Jak to nie! How so? What do you mean, no?
   Ależ skąd! Why no! Nothing of the kind!
   Już dobrze... All right, all right...
   Niedaleko pada jabłko od jabłoni. An apple does not fall far from the tree.
      A chip off the old block.
   Nie ma rady. There is nothing to be done.
   przy okazji at the same time; while you're at it
   za chwilę in a while
   za godzinę in an hour

I. GENITIVE SINGULAR

1. Nouns

Feminine

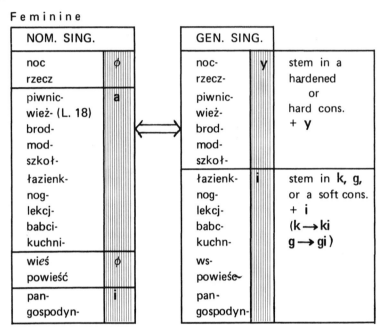

NOM. SING.			GEN. SING.		
noc rzecz	∅		noc- rzecz-	y	stem in a hardened or hard cons. + **y**
piwnic- wież- (L. 18) brod- mod- szkoł-	a	⟷	piwnic- wież- brod- mod- szkoł-		
łazienk- nog- lekcj- babci- kuchni-			łazienk- nog- lekcj- babc- kuchn-	i	stem in **k, g,** or a soft cons. + **i** (k → ki g → gi)
wieś powieść	∅		ws- powieśc-		
pan- gospodyn-	i		pan- gospodyn-		

Feminine nouns whose stems end in a hardened or hard consonant (except **k, g**) take the -**y** ending in the genitive singular. All other feminine nouns take the -**i** ending.

Neuter

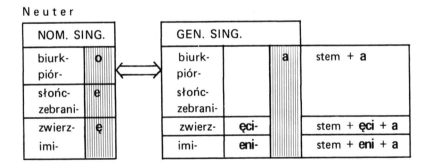

NOM. SING.			GEN. SING.			
biurk- piór-	o	⟷	biurk- piór-		a	stem + **a**
słońc- zebrani-	e		słońc- zebrani-			
zwierz-	ę		zwierz-	ęci-		stem + **ęci** + **a**
imi-			imi-	eni-		stem + **eni** + **a**

All neuter nouns have the -**a** ending in the genitive singular. The -**ęt**- suffix of nouns such as **zwierzę** (cf. **zwierzę ⟶ zwierz-ęt-a**) is replaced by -**ęci**-, and the -**on**- suffix of **imię** (cf. **imię ⟶ imi-*on*-a**) is replaced by -**eni**-.

2. Personal Pronouns

Nom. Sing.:   **ja, ty, on, ona, ono**
Gen. Sing.:   **mię / mnie, cię / ciebie**
            go / jego / niego, jej / niej, go / jego / niego

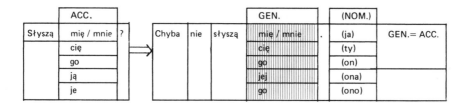

	ACC.					GEN.	(NOM.)	
Słyszą	mię / mnie	?	Chyba	nie	słyszą	mię / mnie	.	(ja)	GEN.= ACC.
	cię					cię		(ty)	
	go					go		(on)	
	ją					jej		(ona)	
	je					go		(ono)	

In a non-stressed position, the shorter genitive forms of the personal pronouns must be used. The only exception to this rule seems to be the 1st person where either **mię** or **mnie** can be used. Note that the genitive forms of **ja, ty** and **on** are the same as those of the accusative.

				ACC.								GEN.	(NOM.)
Proszą	Ewę	,	nie	mnie	.		Nie	proszą	**ani**	Ewy	,	**ani**	mnie	.	(ja)
				ciebie									ciebie		(ty)
				jego									jego		(on)

In a stressed position (i.e., when contrast or emphasis is intended), the longer genitive forms **mnie, ciebie** and **jego** must be used. Notice once more the similarities between the genitive and the accusative.

		ACC.					GEN.	(NOM.)
Czekają	**na**	mnie			Idą	**do**	mnie	(ja)
		ciebie					ciebie	(ty)
		niego					niego	(on)
		nią					niej	(ona)
		nie					niego	(ono)

The longer genitive forms must also be used after prepositions. In such instances, the pronouns beginning with **j** are replaced by forms starting with **ni**.

3. Adjectives

4. Pronouns

Interrogative Pronouns:	**jaki? , jakie? , jaka?**	
Gen. Sing.:	**jakiego? , jakiej?**	
Interrogative Pronouns:	**który? , które? , która?**	
Gen. Sing.:	**którego? , której?**	
Demonstrative Pronouns:	**ten, to, ta**	
Gen. Sing.:	**tego, tej**	

Jakiego	swetra	jeszcze	nie	masz	?	→	(Nie)	(mam)	cienkiego	(swetra)	.	masc.	stem
	ubrania									(ubrania)		neut.	+ ego
Jakiej	bluzki								cienkiej	(bluzki)		fem.	stem + ej

Którego	ołówka	nie	chcesz	?	→	(Nie)	(chcę)	tego	(ołówka)	.	masc.	stem + ego
	pióra								(pióra)		neut .	
Której	książki							tej	(książki)		fem.	stem + ej

The genitive singular of masculine and neuter adjectives and adjective-like pronouns ends in **-ego**, while that of feminine adjectives and adjective-like pronouns ends in **-ej**.

5. Uses of the Genitive

The Genitive as Modifier

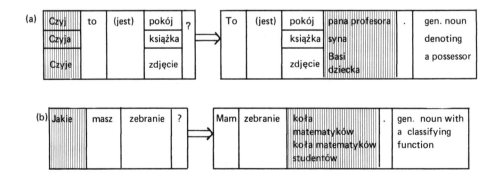

(a)	Czyj	to	(jest)	pokój	?	→	To	(jest)	pokój	pana profesora	.	gen. noun
	Czyja			książka					książka	syna		denoting
	Czyje			zdjęcie					zdjęcie	Basi dziecka		a possessor

(b)	Jakie	masz	zebranie	?	→	Mam	zebranie	koła matematyków koła matematyków studentów	.	gen. noun with a classifying function

186

The Polish genitive is commonly used in constructions corresponding to the English **of-** or **'s / s'-genitive** (e.g., **history of art, mother's house**). Like its English equivalent, it can express a number of different semantic relationships. In (a) above it denotes the possessor; in (b), however, it only classifies something and thus answers questions introduced by **jaki? , -a? , -e?** and not by **czyj? , -a? , -e?**

The Genitive in Prepositional / Adverbial Phrases

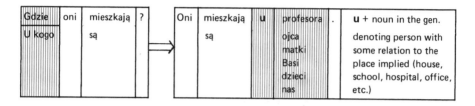

The **u + genitive** construction is very similar to the English genitive in *I stayed at my father's, We'll meet at the Browns'.*

II. NUMBERS

Ordinal Numbers

				NOM. SING.		
				masc.	fem.	neut.
20	dwadzieścia	20th	dwudziest-	**y**	**a**	**e**
30	trzydzieści	30th	trzydziest-			
40	czterdzieści	40th	czterdziest-			
50	pięćdziesiąt	50th	pięćdziesiąt-			
60	sześćdziesiąt	60th	sześćdziesiąt-			
70	siedemdziesiąt	70th	siedemdziesiąt-			
80	osiemdziesiąt	80th	osiemdziesiąt-			
90	dziewięćdziesiąt	90th	dziewięćdziesiąt-			
100	**sto**	100th	**setn-**			

Note that ordinal numbers from 50 to 90 are formed simply by adding the -y, -a or -e ending to the corresponding cardinal numbers.

		NOM.				
Gdzie	jest	dwudziesty	pierwszy	numer	?	masc.
		dwudziesta	pierwsza	lekcja		fem.
		dwudzieste	pierwsze	okienko (L. 13)		neut.

		GEN.				
Nie	ma	dwudziestego	pierwszego	numeru	.	masc.
		dwudziestej	pierwszej	lekcji		fem.
		dwudziestego	pierwszego	okienka		neut.

		ACC.				
Gdzie	masz	dwudziesty	pierwszy	numer	?	masc.
		dwudziestą	pierwszą	lekcję		fem.
		dwudzieste	pierwsze	okienko		neut.

The numbers making up a complex ordinal number are written separately; each member is inflected for gender, number and case.

EXERCISES

*12.1 *Read the following words aloud. Substitute voiceless consonants for voiced ones, where necessary.*

trawka, babka, dziadka, wódz, wróżka, staw, chleb, sad, wózka, przepaść, krzesło

12.2 *Fill in the blanks with* **rz, ż, ch, h, u,** *or* **ó.**

1. B—ydki wz—r.
2. To —ecz g—stu.
3. Wyglądasz jak strach na wr—ble.
4. Ten —łopiec ma —arakter ojca.
5. Tu jest c—kier a tam mi—d.

6. Kto k—pi owoce i ja—yny?
7. Znasz j—ż tę —istorię.
8. Jedziemy do —o—ołowa, bo nasza c—rka bardzo lubi g—ry.
9. To in—ynier Gałązka i jego —ona.
10. Jaki ten pies jest gł—pi!

12.3 *Do the following sums and write them out.*

1. 20 + 51 =	4. 89 + 100 =	7. 452 + 81 =
2. 4 + 91 =	5. 245 + 368 =	8. 678 + 254 =
3. 70 + 32 =	6. 77 + 45 =	9. 55 + 96 =

12.4 *Supply the correctly inflected nouns, pronouns and / or adjectives.*

Example: To jest miła dziewczyna.　Mam _____ .

Mam *miłą dziewczynę.*

1. To jest interesująca książka.　Czytam _____ .
2. To jest wysoki chłopiec.　Widzę _____ .
3. To jest ten duży pies.　Mam _____ .
4. To jest niebieska sukienka.　Kupuję _____ .
5. To jest ciepły sweter.　Robię _____ .
6. To jest wielki aktor.　Znam _____ .

*12.5 *Give the genitive singular of the following nouns and adjectives.*

jasny pokój _____	długi numer _____
duży dworzec _____	roztargniony profesor _____
wysoki dom _____	dobry lekarz _____
nowy telefon _____	młody inżynier _____

12.6 *Repeat the pattern provided in the example, using the appropriate form of the ordinal number.*

Example:　A. Jaka jest lekcja dwunasta?　Trudna?

B. **Nie wiem. Nie znam jeszcze lekcji** *dwunastej.*

A. Jaka jest lekcja trzecia? / druga? / jedenasta? / dziewiętnasta? / dwudziesta? / siódma?

12.7 *Give the genitive singular of the following nouns and adjectives.*

(a)		
	duża szafa _____	ciekawa powieść _____
	wielka rodzina _____	nowa droga _____
	jasna kuchnia _____	głupia gęś _____
	dobra gospodyni _____	wesoła babcia _____

189

(b) zepsute pióro _____ dobre piwo _____
     zdrowe cielę _____ ładne zdjęcie _____
     polskie imię _____ miękkie łóżko _____

12.8 *Use an appropriate color term to answer the following.*

Example: A. Jakiego koloru jest ta bluzka?
            B. **Ta bluzka jest** *biała*.

A. Jakiego koloru jest:

1. ten sweter?

2. ten płaszcz?

3. ta sukienka?

4. ten kwiat?

5. ta spódnica?

6. ta torba?

7. ten stół?

12.9 *Use the correct form of the noun to answer the following.*

Example : A. Gdzie mieszkasz?   B. **U siostry.** (siostra)

A. Gdzie mieszkasz?

B. 1. _____ . (brat)   4. _____ . (ojciec)
   2. _____ . (ciotka)   5. _____ . (córka)
   3. _____ . (babcia)   6. _____ . (wujek)

12.10 *Supply the correct form of the adjective.*

Example: Nie mam _____ płaszcza. (letni)
Nie mam *letniego* **płaszcza.**

Nie mam _____ sukienki. (cienki)
_____ swetra. (ciepły)
_____ pióra. (dobry)
_____ bluzki. (ładny)
_____ pokoju. (wygodny)
_____ mieszkania. (duży)

12.11 *Supply the correctly inflected ordinal number.*

Example: Nie mogę znaleźć numeru **dwudziestego trzeciego.** (23)

Nie mogę znaleźć _____ wzoru. (2)
pokoju _____ . (13)
szkoły _____ . (3)
_____ afisza. (4)
_____ jajka. (12)
_____ kawałka. (6)
_____ popielniczki. (2)
_____ pióra. (2)

12.12 *Repeat the pattern provided in the example, putting the noun in the genitive case.*

Example: Salesperson: Taki jest miód.
You: **Innego** *miodu* **pan nie ma?**

Salesperson: Taki jest słownik. / wzór. / dżem. / chleb. / cukier. / ser. / sok.

12.13 *Use the correct form of the noun to answer the following.*

Example: A. Gdzie tu jest męski akademik?
B. **O tu, obok** *dworca.* (dworzec)

A.   Gdzie tu jest poczta?   B. 1. _____ . (dom towarowy)
                    uniwersytet?   2. _____ . (poczta)

dom towarowy?	3. _____ . (Pałac Kultury)
Zamek?	4. _____ . (katedra)
Kolumna Zygmunta?	5. _____ . (Zamek)
Szkoła Letnia?	6. _____ . (uniwersytet)
targ?	7. _____ . (szkoła)
kawiarnia?	8. _____ . (ten budynek)

12.14 Complete these questions.

Example: A. **Którego** garnka szukasz?   B. Niebieskiego.

1.	_____	sukienki szukasz?	B. Zielonej.
2.	_____	swetra szukasz?	Tego cienkiego.
3.	_____	płaszcza szukasz?	Letniego.
4.	_____	spódnicy szukasz?	Czerwonej.
5.	_____	walizki szukasz?	Tej lekkiej.
6.	_____	bluzki szukasz?	Białej.

12.15 Use an appropriate possessive pronoun to answer the following.

Example: A. Czyja to (jest) wełna?   B. **Nasza.** (my)

A. 1. Czyj to (jest) miód?	B. ____ . (ja)/	____ . (on)/	____ . (wy)
2. Czyje to (są) chleby?	____ . (ona)/	____ . (oni)/	____ . (my)
3. Czyja to (jest) mąka?	____ . (ja)/	____ . (wy)/	____ . (my)
4. Czyi to (są) studenci?	____ . (ty)/	____ . (on)/	____ . (my)
5. Czyje to (jest) dziecko?	____ . (my)/	____ . (on)/	____ . (ona)
6. Czyj to (jest) kolega?	____ . (ja)/	____ . (ona)/	____ . (one)

*12.16 Express surprise the way the example does. Substitute pronouns for nouns.

Example: A. Czekam na Janka.
   B. **Jeszcze** *go* **tu nie ma?**

A. Czekam na Ewę. / na dziecko. / na studentki. / na siostrę. / na Ewę i Mary. / na brata. / na Leszka i Staszka. / na państwa Jagiełłów.

*12.17 Ask your friend to be more specific. Use the genitive of the interrogative pronoun który? , -a? , -e?

Example: Your friend: szukam ołówka.
   You: *Którego* **ołówka?**

Your friend: Szukam płaszcza. / popielniczki. / pióra. / kilimu. / walizki. / wina.

12.18 Repeat the pattern provided in the example, putting the verb into the 3rd person plural.

Example: A. Co oni tam robią?

B. **Pewno** *urządzają* **przyjęcie.** (urządzać przyjęcie)

A. Co oni tam robią?

B. 1. _____ . (kłócić się)   4. _____ . (jeść)
   2. _____ . (myć się)   5. _____ . (pić piwo)
   3. _____ . (pakować się) 6. _____ . (golić się)

*12.19 *Use the appropriate form of the pronoun* **jaki? , -a? , -e?**

Example: A. Potrzebuję sukienki.

B. *Jakiej* **sukienki?**

A. 1. Potrzebujemy mieszkania.   4. Uczymy się języka.
   2. Szukam słownika.   5. Potrzebuję wina.
   3. Szukam torby.   6. Potrzebuję pokoju.

12.20 *Ask questions requiring the words in italics as answers.*

1. _____ ?   Ten sweter jest *czerwony.*
2. _____ ?   Staszek *goli się.*
3. _____ ?   Staszek szuka *żyletki.*
4. _____ ?   Kilim babci jest *niebieski.*
5. _____ ?   Basia nie lubi *Andrzeja.*
6. _____ ?   Ta książka jest *moja.*
7. _____ ?   Te jabłka kosztują *dwa złote.*
8. _____ ?   Nazywam się *Ewa.*

12.21 *Although the following nouns and adjectives are unfamiliar to you, you should be able to deduce their gender, number and case from their endings.*

ogromne jezioro   utalentowanych pisarzy
dzikiej puszczy   biednego kaleki
łagodnego żubra   krzykliwe pisklęta
obfitej kolacji   wystawną ucztę
mądrzy sędziowie   skomplikowanego planu

12.22 *Use the appropriate form of* **który? , -a? , -e? , jaki? , -a? , -e?** *or* **czyj? , -a? , -e?**

Examples: A. **Którą** sukienkę bierzesz?   B. Tę zieloną.
            A. **Jakich** masz studentów?   B. Dobrych.
            A. **Czyja** jest ta kawa?   B. Moja.

A. 1. _____ film oglądamy?   B. Jakiś wesoły.
   2. _____ są te pióra?   Ich.
   3. _____ sweter kupujesz?   Chyba ten cienki.
   4. _____ masz córki?   Bardzo pracowite.

5. _____ to są synowie?　　Pani Lipińskiej.

6. Mam dwa ołówki.　　_____ chcesz?

7. Mam dwie walizki.　　_____ bierzesz?

8. Mam dwa pióra.　　_____ chcesz?

*12.23 *In each case, use the appropriate form of the demonstrative to refuse the object that is being offered to you.*

Examples:　A. Chcesz tego psa?　B. **Nie,** *tego* **nie chcę.**

Chcesz tę sukienkę?　**Nie,** *tej* **nie chcę.**

A. Chcesz tego kota? / to krzesło? / ten pokój? / tę torbę? / to biurko? /
ten zegarek? / tę bluzkę?

12.24 *Choose five nouns from the list, and, when necessary, change their forms to fit the given sentences.*

łyżka — mąka — telefon — kwiat — rzeka — nóż — widelec — film —
książka — czas

1. Nie pomagam, bo nie mam _____ .

2. Nie kroję chleba, bo nie mam _____ .

3. Nie jem zupy, bo nie mam _____ .

4. Nie czytam, bo nie mam ciekawej _____ .

5. Nie piekę ciasta, bo nie mam _____ .

6. Nie telefonuję, bo nie mam _____ .

12.25 *Make up a story based on the following illustration.*

194

Zaproszenie na „Barbórkę"

I. TRZEBA DO NICH NAPISAĆ

U Leszka. Mary ma kilka problemów gramatycznych i prosi Leszka o pomoc.
Leszek zawsze chętny do pomocy (szczególnie gdy prosi Mary!),
ale gramatyki już dobrze nie pamięta.

Mary: Nie rozumiem rzeczowników.

Leszek: Jakich rzeczowników?

Mary: Męskich. Profesor Górski mówi, że genitive od *gości* jest *gości*. Dlaczego?

Leszek: Zaraz, muszę pomyśleć...

Mary: Albo dlaczego genitive od *listonosze*, *lekarze* jest *listonoszy, lekarzy* ?

Leszek: Hm... właśnie... *(ktoś puka)*
Kto to może być? *(Leszek wychodzi na korytarz)*
Listonosz! Co dobrego ma pan dla mnie?

Listonosz: Mam dla pana list. Ekspres.

Leszek: Dziękuję.

Listonosz: Widzę, że ostatnio otrzymuje pan dużo listów. Ekspresy, polecone... Chyba narzeczona się niecierpliwi.

Leszek: Proszę nie mówić tak głośno, bo kobiety są zazdrosne... *(wchodzi do pokoju i czyta na głos koniec listu)*
„Zapraszamy was serdecznie — wujek Bolek i ciocia Hanka".
(do Mary) Mary, mamy od nich zaproszenie na „Barbórkę"!

Mary: Na „Barbórkę"? A racja, u was jest kilku górników.

Leszek: Wiesz, ilu ich u nas jest? Aż czterech: dwóch wujków
i dwóch kuzynów.

Mary: No, to dla rodziny wielkie święto...

Leszek: Bardzo wielkie. Trzeba do nich szybko napisać,
kiedy przyjeżdżamy.

II. PRZYJEŻDŻAMY W SOBOTĘ

Poczta. Leszek i Mary podchodzą do okienka. Chcą nadać telegram.

Leszek: Proszę druczek na telegram. (*Pisze:* ,,Przyjeżdżamy
w sobotę rano — Mary i Leszek''.) Proszę jeszcze jedną
kopertę, trzy pocztówki i kilka nowych znaczków
dla tej pani.

Urzędniczka: Jakich znaczków?

Leszek: Jakichś ładnych. Czy możemy je najpierw zobaczyć,
a potem wybrać?

Urzędniczka:	Proszę bardzo.
Leszek:	Mary, które wybierasz?
Mary:	Te cztery znaczki po sześćdziesiąt groszy, tamte dwa po złoty pięćdziesiąt, pięć znaczków po trzy złote i jeden znaczek za siedem złotych.
Urzędniczka:	Ile znaczków po trzy złote?
Leszek:	Pięć.
Urzędniczka:	Proszę bardzo. Razem płaci pan osiemdziesiąt dwa złote.
Leszek:	*(podaje sto złotych)*
Urzędniczka:	Proszę osiemnaście złotych reszty.
Leszek:	Dziękujemy. Do widzenia pani.

GLOSSES

1. **druczek** slip; form
   ekspres special delivery letter
   głos voice
   górnik miner; coalminer
   gramatyka grammar
   grosz *m.* grosz; one-hundredth of a złoty
   koniec *m.* end
   koperta envelope
   korytarz *m.* lobby; corridor; hall
   list letter
   listonosz postman; mailman
   narzeczona fiancée

   okienko counter
   pocztówka postcard
   pomoc *f.* help
   problem problem
   reszta change
   rzeczownik noun
   święto holiday; feast
   telegram telegram
   urzędniczka clerk
   zaproszenie invitation
   znaczek stamp

2. **chętny** willing; ready
   gramatyczny grammatical
   męski male; man's; masculine

   polecony registered
   zazdrosny jealous

3. **nadać** to post; to send
   napisać to write
   niecierpliwić się to become / get impatient, restless
   otrzymywać to receive

   pomyśleć to think
   przyjeżdżać to arrive (by means of a vehicle)
   wybierać to choose
   wybrać to choose *(perf.)*

4. **czterech** *G m. p.* four
   dla for; to
   dwóch *G m. p.* two
   ich, nich them
   ile, ilu how many
   jakichś *G. m. pl.* any, some

   kilka a few
   po for; at; apiece
   potem then, afterwards; later on
   tamte those
   za for; at
   zaraz right away; here: just a minute

5. **chętny do pomocy** willing / ready to help
   czytać na głos to read aloud
   nadać telegram to send a telegram
   nadać list to post / mail a letter

6. **Barbórka** dialectal form of **Barbarka** (familiar form of **Barbara**) here: miners' annual
      festival on St Barbara's day (Dec. 4th)
   Bolek familiar form of **Bolesław** (Boleslaus)
   Hanka familiar form of **Hanna** (Ann)

7. **butelka** bottle

GRAMMAR

I. GENITIVE PLURAL

1. Masculine Nouns

Masculine nouns with stems ending in a hard consonant always take the **-ów** ending in the genitive plural.
As a rule, other masculine nouns take the **-y** ending (after hardened consonants) or the **-i** ending (after soft consonants); however, there are many deviations from the rule. As the table illustrates, p e r s o n a l nouns in **-ec** take the **-ów** ending, whereas some n o n - p e r s o n a l nouns of the same group (e.g., **widelec**) can take either **-ów** or **-y**. Masculine nouns with stems ending in a soft consonant show similar variation. (For other examples, see Brajerski's grammar.)
Notice the $ó \rightarrow o$, $ą \rightarrow ę$ and $e \rightarrow \phi$ vowel change, and the omission of **j** between a vowel and the high-front **i** (e.g., **pokój** $\rightarrow$ **pokoi**).

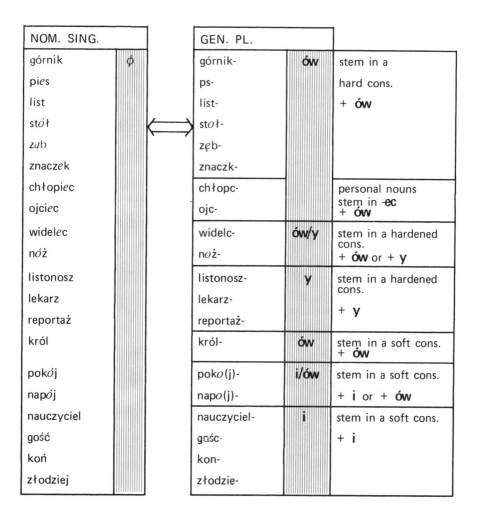

NOM. SING.		GEN. PL.		
górnik	∅	górnik-	ów	stem in a hard cons. + **ów**
pies		ps-		
list		list-		
stół		stoł-		
ząb		zęb-		
znaczek		znaczk-		
chłopiec		chłopc-		personal nouns stem in **-ec** + **ów**
ojciec		ojc-		
widelec		widelc-	**ów/y**	stem in a hardened cons. + **ów** or + **y**
nóż		noż-		
listonosz		listonosz-	**y**	stem in a hardened cons. + **y**
lekarz		lekarz-		
reportaż		reportaż-		
król		król-	**ów**	stem in a soft cons. + **ów**
pokój		poko(j)-	**i/ów**	stem in a soft cons. + **i** or + **ów**
napój		napo(j)-		
nauczyciel		nauczyciel-	**i**	stem in a soft cons. + **i**
gość		gaść-		
koń		kon-		
złodziej		złodzie-		

2. Personal Pronouns

Nom. Pl.: **my, wy, oni, one**
Gen. Pl.: **nas, was, ich**

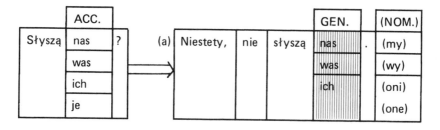

	ACC.							GEN.	(NOM.)
Słyszą	nas	?	(a)	Niestety,	nie	słyszą	nas	.	(my)
	was						was		(wy)
	ich						ich		(oni)
	je								(one)

199

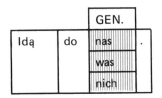

					GEN.	
Kogo	nie	słyszą	?	(b)	Nas	.
					Was	
					Ich	

In the genitive plural, the same forms of the personal pronouns can occupy a stressed (b) as well as a non-stressed (a) position. Note that the pronouns **my** and **wy** have the same forms (**nas** and **was**) in the genitive and accusative.

		GEN.	
Idą	do	nas	.
		was	
		nich	

After prepositions, **ich** is replaced by **nich**.

3. Masculine Adjectives

4. Masculine Pronouns

Interrogative Pronoun:	**jaki?**
Gen. Pl.:	**jakich?**
Interrogative Pronoun:	**który?**
Gen. Pl.:	**których?**
Demonstrative Pronoun:	**ten**
Gen. Pl.:	**tych**

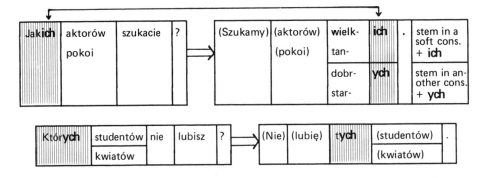

Masculine adjectives with stems in soft consonants take the **-ich** ending in the genitive plural, whereas those with stems in other consonants (i.e., hard or hardened) take the **-ych** ending.

The genitive plural of **jaki?** , **który?** and **ten** follows the same pattern.

5. Uses of the Genitive

The Genitive with Indefinite Numerals / Adverbs of Quantity

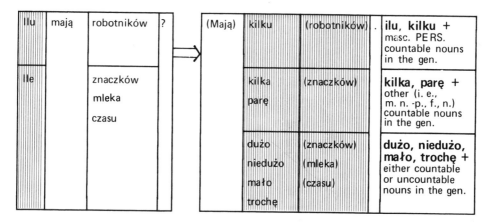

Ilu	mają	robotników	?		(Mają)	kilku	(robotników)	.	**ilu, kilku** + masc. PERS. countable nouns in the gen.
Ile		znaczków mleka czasu				kilka parę	(znaczków)		**kilka, parę** + other (i. e., m. n. -p., f., n.) countable nouns in the gen.
						dużo niedużo mało trochę	(znaczków) (mleka) (czasu)		**dużo, niedużo, mało, trochę** + either countable or uncountable nouns in the gen.

The Genitive with Prepositions

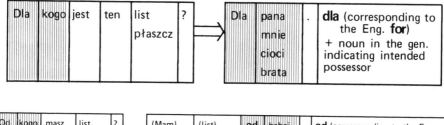

| Dla | kogo | jest | ten | list płaszcz | ? | | Dla | pana mnie cioci brata | . | **dla** (corresponding to the Eng. **for**) + noun in the gen. indicating intended possessor |

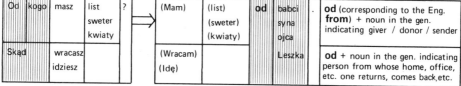

| Od | kogo | masz | list sweter kwiaty | ? | | (Mam) | (list) (sweter) (kwiaty) | od | babci syna ojca | . | **od** (corresponding to the Eng. **from**) + noun in the gen. indicating giver / donor / sender |
| Skąd | | wracasz idziesz | | | | (Wracam) (Idę) | | | Leszka | | **od** + noun in the gen. indicating person from whose home, office, etc. one returns, comes back, etc. |

The Genitive with Adjectival Expressions

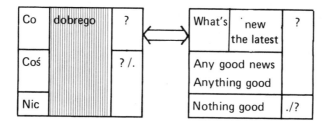

Co	dobrego	?		What's	new the latest	?
Coś		? /.		Any good news Anything good		
Nic				Nothing good		./?

Masz	coś	ciepłego	?		Do you have	anything	warm	?
		zimnego		⟺		something	cold	
		dobrego					good	
		miękkiego					soft	
		ładnego					nice	

II. NUMBERS

Nominative, Genitive and Accusative

1. Cardinal Numbers: jeden, dwa, trzy, cztery

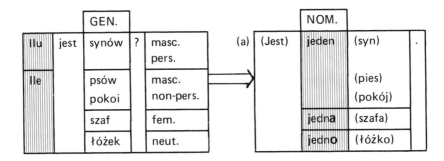

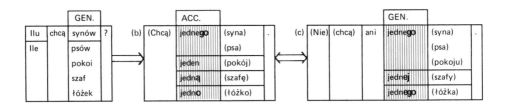

dwa trzy cztery

NOM.				OR		GEN.		
(d) Są	**dwaj** **trzej** **czterej**	synowie	.		(e) Jest	**dwóch / dwu** **trzech** **czterech**	**synów**	only masculine PERSONAL
	dwa trzy cztery	psy pokoje						
	dwie trzy cztery	szafy						
	dwa trzy cztery	łóżka						

ACC.					GEN.		
(f) Chcą	**dwóch / dwu** **trzech** **czterech**	synów	.	(g) Wcale	nie	chcą	**dwóch / dwu** **trzech** **czterech**	synów
	dwa trzy cztery	psy pokoje						psów pokoi
	dwie trzy cztery	szafy						szaf
	dwa trzy cztery	łóżka						łóżek

(a, b, c) The cardinal number **jeden** is inflected like an adjective.

(d, e, f, g) Note that the question **Ilu jest synów?** may be answered in either the singular or the plural. If the singular **jest** is used, then **dwa**, **trzy**, and **cztery** must be in the g e n i t i v e case.

In the nominative and accusative, **dwa** has distinct forms for the masculine personal and the feminine; **trzy** and **cztery** have distinct forms only for the masculine personal.

2. Cardinal Numbers from Five Onwards

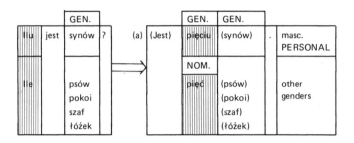

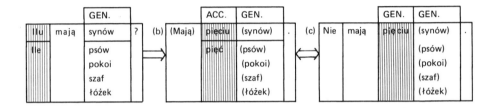

(a, b, c, d) Most Polish cardinal numbers from 5 onwards follow the patterns illustrated above. Unlike 1, 2, 3 and 4, they always require a noun in the g e n i t i v e case. When qualifying subjects [as in (d)] or nominal predicates [as in (a)], they require a verb in the 3rd person singular.

The last requirement also applies to constructions with 2, 3 and 4 plus a genitive which is either a subject or a nominal predicate.

On the basis of these observations the following generalizations can be made:

IF A CARDINAL NUMBER MODIFIES A SUBJECT OR NOMINAL PREDICATE IN THE G E N I T I V E CASE, IT ALWAYS REQUIRES A VERB IN THE 3rd PERSON SINGULAR.

13.1 *Pronounce the following word pairs correctly.*

bak bąk	właz właź	zebrany żebrany
lek lęk	ton toń	synka szynka
nic nić	nos noś	koce kocie

(reprinted from W. G a w d z i k, *Gramatyka na wesoło,* Warszawa 1973)

13.2 *Count backwards from 20, omitting every other number. Now count backwards from 19, omitting every other number.*

*13.3 *Give the genitive plural of the following nouns.*

sweter, płaszcz, telefon, złodziej, pan, Polak, owoc
pociąg, lekarz, akademik, dom, gość, Francuz, cudzoziemiec
reportaż, kwiat, nauczyciel, ojciec, górnik, aktor, chłopiec

13.4 *Give a negative answer, using the correct form of the noun in parentheses.*

Example: Janek: To wasz pies?
Jurek: **Nie**, *wujka.* (wujek)

Janek: 1. To twój kot?   Jurek: _____ . (siostra)
2. To wasze owce? _____ . (ciotka)
3. To wasz koń?   _____ . (kuzyni)
4. To wasze pole? _____ . (wujkowie)
5. To wasz dom?   _____ . (babcia)
6. To wasze gęsi? _____ . (sąsiadka)

13.5 *Use* **ile?** *or* **ilu?**

1. _____ macie kotów?
2. _____ macie robotników?
3. _____ macie chleba?
4. _____ macie chłopców?
5. _____ macie koni?
6. _____ macie jeszcze mąki?
7. _____ macie jeszcze mleka?
8. _____ macie jeszcze czasu?

*13.6 *Change all singulars into plurals.*

1. Nie ma tu jeszcze tego starszego pana?
2. Szukam tego wysokiego studenta.
3. Nie mamy dobrego lekarza.
4. Szukam taniego pokoju.
5. Nie chcę tego znaczka.
6. Nie mam cienkiego swetra.
7. Uczę się trudnego języka.
8. Profesora już nie ma.
9. Czemu nie słuchasz nauczyciela?
10. Nie lubię jasnego koloru.

13.7 *Use the appropriate form of the ordinal number.*

Example: Mam **dwóch** profesorów. (2)

Mam 1. _____ ołówków. (5)
2. _____ znaczki. (4)
3. _____ kotów. (7)
4. _____ studentów. (2)
5. _____ psy. (2)
6. _____ studentki. (3)
7. _____ kuzynów. (8)

13.8 *Give the masculine and neuter of each of the following.*

biała, miła, wesoła, brzydka, duża, nowa, uboga, stara, głucha, elegancka

masc. sing.	*neut. sing.*	*masc. pers. pl.*	*masc. non-pers. pl.*	*neut. pl.*

13.9 *Which of these nouns will pair with* **do,** *which with* **na?**
Use your pairs in a sentence starting with **idę** *(e.g.,* **Idę do miasta.***)*

biblioteka, teatr, poczta, babcia, dom, uniwersytet, herbata, film,
las, targ

Idę _____ .

13.10 *In each case, use the appropriate form of the noun and pronoun to refuse the object that is being offered to you.*

Example: A. Proszę ciastko.
B. **Nie chcę** *tego ciastka.*

A. Proszę piwo. / mleko. / chleb. / ciasto. / ser. / miód. / dżem.

13.11 *Make up questions requiring the italicized words as answers.*

1. _____ ? Jest godzina *3.20.*
2. _____ ? Mary waży *55 kilogramów.*
3. _____ ? Te swetry kosztują *500 zł.*
4. _____ ? Mary nie ma *drugiego tomu* tej książki.
5. _____ ? Basia szuka *lekkiego* płaszcza.
6. _____ ? Leszek idzie *do wujka.*

13.12 *Change the form of the adjective in parentheses to make it agree with the noun it modifies.*

Example: (wysoki) studenci — *wysocy* **studenci**

(stary) wujka, (mały) chłopcy, (czarny) psy, (leniwy) studenci, (duży) studenci, (duży) domy, (smutny) dziewczynę, (duży) chłopcy, (wesoły) panowie, (biały) psa, (stara) babci, (sympatyczna) dziewczyny

*13.13 Use the appropriate form of the pronoun **który? , -a? , -e?**

Example: A. Nie widzę profesora.
  B. *Którego* **profesora?**

A. 1. Nie widzę Janka.   4. Mam list od siostry.
  2. Nie mam wiadomości od brata.   5. Mam list od kuzyna.
  3. Nie mam nic dla wujka.   6. Mam list od ciotki.

*13.14 Express your doubt and / or surprise as in the example.

Example: A.   Trzeba }
                Mam   } kupić sweter dla Staszka.

  B.   **Dla** *niego?* **Po co?**

A. 1. Trzeba wziąć książki dla Ewy i Basi.   4. Trzeba coś kupić dla chłopców.
  2. Trzeba iść do państwa Rupików.   5. Mam czekać u ciebie.
  3. Trzeba wysłać te kwiaty do Marysi.   6. Mam telefonować do was.

13.15 Use the appropriate form of the pronoun **jaki? , -a? , -e?**

Example: A. Potrzebuję talerzy.
  B. **Tak?** *Jakich?*

A. 1. Potrzebuję mąki.   4. Potrzebuję mięsa.
  2. Szukam pokoju.   5. Szukam mieszkania.
  3. Uczę się języka.   6. Uczę się gramatyki.

*13.16 Repeat the pattern provided in the example, using an appropriate interrogative pronoun.

Example: A. Szukam Teresy.
  B. **Przepraszam,** *kogo* **szukasz?**

A. 1. To jest pan Górski.   5. Nie lubię piwa.
  2. Nie mam słownika.   6. To jest kilim.
  3. Czytam ciekawą książkę.   7. Nie widzę pani Górskiej.
  4. Kupuję nową sukienkę.   8. Nie chcę zupy.

13.17 Give a negative answer, using an appropriate personal pronoun.

Example: A. Jest już Mary?

B. **Nie, jeszcze** *jej* **nie ma.**

A. 1. Są już państwo Rupikowie?   4. Pani kierowniczka już jest?
   2. Jest już Janek?   5. Jest już nasz nowy student?
   3. Są już nasi studenci?   6. Basia i Ewa już są?

13.18 *Pair* **na** *and* **do** *with the nouns below, modifying their forms when necessary.*

1. Idę **do** _____ .
2. Idę **na** _____ .

targ, profesor, kawa, ciastko, siostra, obiad, lody, kawiarnia, piwo,
szkoła, uniwersytet, dworzec, dom, wesele, teatr, doktor, sztuka,
sąsiadka, sklep, biblioteka

13.19 *Repeat the pattern provided in the example, using the correct form of the noun and pronoun.*

Example: Customer: Za duża ta torba.

Salesperson: **Więc nie bierze pani** *tej torby?*

Customer: 1. Za ciemna ta bluzka.   4. Za jasny ten płaszcz.
          2. Za mały ten sweter.   5. Za długa ta spódnica.
          3. Za drogie to biurko.   6. Za ciężki ten fotel.

*13.20 *Use an appropriate personal pronoun to answer the following.*

Example: A. Dla kogo te kwiaty? Dla mnie?

B. **Owszem, dla** *ciebie.*

A. 1. Dla kogo ta książka? Dla Janka?
   2. Dla kogo ten zegarek? Dla Teresy?
   3. Dla kogo te piwa? Dla nas?
   4. Dla kogo te jajka? Dla mnie?
   5. Dla kogo ten kilim? Dla Ewy?
   6. Dla kogo ten pokój? Dla ciebie?
   7. Dla kogo to ciasto? Dla was?
   8. Dla kogo te zdjęcia? Dla naszych studentek?

13.21 *Use the correct form of* **który? , -a? , -e?**

Example: A. To sukienka Marysi.

B. *Której* **Marysi?**

A. 1. To powieść mojej studentki.   4. To książka dziecka.
   2. To torba mojej córki.   5. To zegarek siostry.
   3. To ołówek profesora.   6. To mieszkanie brata.

13.22 *Choose six nouns from the list, and, where necessary, change their forms to fit the given sentences.*

zegarek − kobieta − robotnik − poczta − ojciec − wieczór − koń − telegram − praca − aktor

1. Nie znam jego matki, ale znam jego _____ .
2. Idę na _____ , bo chcę nadać _____ .
3. Ten teatr ma wielu dobrych _____ .
4. Tyle mam _____ , że nie mogę iść dzisiaj do kina.
5. A. Która godzina?   B. Nie wiem, bo nie mam _____ .

13.23 *Use an appropriate personal pronoun.*

Example: A. Szukam Janka.
            B. **Niestety, nie ma** *go* **tu.**

A. 1. Szukamy Małgosi i Ewy.   4. Szukam wujka Adama.
   2. Szukam siostry.   5. Szukam Staszka i Leszka.
   3. Szukam cioci Zosi.   6. Szukam dziecka Ewy.

13.24 *Complete the sentences with words from the list below.*

fryzjer − zarośnięty − ogolić się − maszynka do golenia − żyletka − zepsuty − ostrzyc się

Staszek ma wielką brodę i wąsy. Jest bardzo _____. Ma też bardzo długie włosy i chce _____. Szuka elektrycznej _____ i _____. Maszynka jest _____. Staszek musi więc iść do _____.

13.25 *Match the verbs and prepositions with correctly inflected nouns.*

nie rozumieć _____   pisać do _____
nie pamiętać _____   przyjeżdżać w _____
otrzymywać _____ od _____ podchodzić do _____
prosić _____ o _____   wybrać _____
wchodzić na _____   zobaczyć _____
wchodzić do _____

rodzina, poczta, pokój, wujek, niedziela, okienko, gramatyka, rzeczownik, list, film, znaczek, narzeczona, krzesło, sklep, babcia

13.26 *Topics for conversation*

1. You are out shopping. You have a rather lengthy shopping list which includes

5 kg. of flour	1 kg. of butter
7 kg. of sugar	1 kg. of cheese
2 l. of milk	2 kg. of honey
3 loaves of bread	2 bottles of wine
3 kg. of meat	12 bottles of beer.

The grocer doesn't have some of the items you want. The baker doesn't have fresh bread yet and wants you to wait a couple of minutes. You are not in too good a mood, and you get very agitated.

2. You go to the post-office to send a telegram, two registered letters and three postcards. While there, you also buy a few postcards and a number of stamps at different prices.

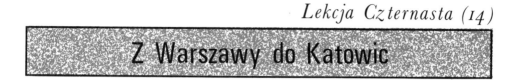

Z Warszawy do Katowic

I. PROSZĘ WSIADAĆ, DRZWI ZAMYKAĆ!

Mary i Leszek biegną na dworzec kolejowy. Pociąg pośpieszny odjeżdża
dwie minuty po pierwszej.
„Mamy jeszcze tylko trzy minuty" – myśli Mary. Zegar wskazuje za minutę
pierwszą. Następny pociąg osobowy jest dopiero o wpół do trzeciej.
Ze wszystkich poczekalni wychodzą ludzie.

Leszek:	*(podchodzi do okienka)* Proszę dwa bilety do Katowic i dwie miejscówki.
Kasjer:	Niestety, nie ma już miejscówek.
Głos z megafonu:	„Uwaga, uwaga, pociąg pośpieszny z Warszawy do Katowic odjeżdża z peronu szóstego".

Mary i Leszek biegną na peron.

Konduktor: Proszę wsiadać, drzwi zamykać!

Leszek: Proszę pana, dokąd jedzie ten pociąg?

Konduktor: Do Katowic. Proszę się pośpieszyć!

Leszek: O której przyjeżdżamy na miejsce?

Konduktor: Za kwadrans osiemnasta.

Mary: Już chyba nie ma wolnych miejsc. Musimy iść do drugiego wagonu.

Leszek: Drugi wagon to pierwsza klasa.

Mary: O, tu są wolne miejsca, obok tych dwu pań.

II. PROSZĘ BILETY DO KONTROLI!

Leszek: Gdzie siadasz?

Mary: Obok okna.

Leszek: To ja naprzeciw ciebie.

Mary: Czy mogę tu zapalić?

Leszek: Nie. To jest przedział dla niepalących.

Mary: Szkoda...

(pociąg rusza)

Leszek: No, to jedziemy do Katowic.

Mary: Lubisz to miasto?

Leszek: W ogóle cały Śląsk lubię. Jest taki dynamiczny. Polacy mówią: Czarny Śląsk, bo pełno tam kopalń, hut, fabryk...

(wchodzi konduktor)

Konduktor: Proszę bilety do kontroli!

Mary: Gdzie ja mam bilet?

Leszek: Nie denerwuj się. Musisz przede wszystkim zajrzeć do kieszeni.

Mary: Ale do której? ! Za dużo mam tych kieszeni... *(zagląda do torebki)* Jest!

GLOSSES

1. **bilet** ticket
   fabryka (industrial) plant; factory
   huta smelting works; steelworks
   kasjer cashier; booking clerk
   kieszeń *f.* **kieszenie** *pl.* pocket
   klasa class
   konduktor guard; conductor
   kontrola checking; control
   kopalnia mine
   kwadrans quarter of an hour
   ludzie people
   megafon loud-speaker

   miejsce seat; place; destination
   miejscówka reserved seat ticket
   minuta minute
   niepalący *m.* non-smoker
   okienko booking office; ticket-office
   okno window
   peron platform
   poczekalnia waiting room
   przedział compartment
   torebka handbag; purse
   wagon carriage; coach; car
   zegar clock

2. **dynamiczny** dynamic
   kolejowy railway / railroad _____
   następny (the) next
   niepalący non-smoking

   osobowy passenger _____ (e.g., train)
      (here: a passenger train that stops at
      every station)
   pośpieszny fast; express

3. **denerwować się** to get nervous; to get
      excited
   nie denerwuj się *(imperative, 2nd person
      sing.)* don't get excited!; keep
      calm!; take it easy!
   odjeżdżać to leave; to start
   pośpieszyć się to hurry up

   ruszać to get / start moving
   siadać to sit down; to take a seat
   wsiadać to get into; to board
   wskazywać to point; to indicate
   zaglądać (do) to look (into)
   zapalić to have a smoke

4. **dwie** two
   dwu two
   naprzeciw opposite; vis-à-vis
   niestety I am sorry
   o at
   przede wszystkim first of all
   pełno plenty of

   szkoda pity!; too bad!
   tych *G pl.* (of) these
   uwaga attention
   w ogóle altogether; in general; for the
      most part
   wszystkich *G pl.* (of) all
   za dużo too much; too many

5. **z Warszawy do Katowic** from Warsaw to Katowice
   Proszę wsiadać, drzwi zamykać! All aboard! (lit.: Please, take your seats and close
      the doors!)

dwie minuty po pierwszej two minutes after one

o wpół do trzeciej at half past two

O której przyjeżdżamy na miejsce? What time will we get there? When will we arrive?

za kwadrans osiemnasta a quarter to six / eighteen

Proszę bilety do kontroli! Tickets, please!

To ja naprzeciw ciebie. Then I will (sit down) opposite you.

przedział dla niepalących non-smoking compartment

pełno tam kopalń there are plenty of mines there

6. **Katowice** an important city in Silesia

   Śląsk Silesia (a mining and industrial region in southern Poland)

7. **skąd** where from? from where?

   wręcz przeciwnie on the contrary

GRAMMAR

I. GENITIVE PLURAL

1. Nouns

Neuter

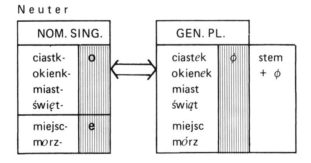

NOM. SING.		GEN. PL.		
ciastk- okienk- miast- święt-	o	ciastek okienek miast świąt	⌀	stem + ⌀
miejsc- morz-	e	miejsc mórz		

Neuter nouns have no ending in the genitive plural*. This lack of ending often leads to vowel exchange.

---

*For the few exceptions, see Brajerski's grammar.

Feminine

NOM. SING.		GEN. PL.		
pan- gospodyn-	i	pań gospodyń	∅	nom. sing.: stem + i OR stem in hard, hardened or some soft cons. + a gen. pl.: stem + ∅
fabryk- hut- kobiet- minut- miejscówk- nog- spódnic- cioci- chwil-	a	fabryk hut kobiet minut miejscówek nóg spódnic cioć chwil		
kawiarni- kuchni- poczekalni-		kawiarn- kuchn- poczekaln-	i	nom. sing.: stem in ni + a gen. pl.: stem + i
histori- komedi-		histori- komedi-		**loanwords** nom. sing.: stem in i (preceded by a cons. other than c, s, z) + a OR stem in cj, sj, zj + a gen. pl.: stem + i
abstrakcj- lekcj- okazj-		abstrakcj- lekcj- okazj-		
gęś kieszeń	∅	gęs- kieszen-		nom. sing.: stem in a soft cons. + ∅ gen. pl.: stem + i
noc rzecz		noc- rzecz-	y	nom. sing.: stem in a hardened cons. + ∅ gen. pl.: stem + y

Feminine nouns with an -i or an -a ending (preceded by a hard or hardened consonant) in the nominative singular take no ending in the genitive plural. Some soft-stemmed nouns in -a also follow this rule.

Exceptions include nouns in **nia** and loanwords in a consonant + **ia / ja**. All these take the -i ending in the genitive plural. Note that loanwords like **historia** and **komedia** are spelled with a double **ii** in the genitive plural.

Feminine nouns with nominative forms in a soft consonant take the -i ending in the genitive plural; those with nominative forms in a hardened consonant take the -y ending.

2. Adjectives

3. Pronouns

Interrogative Pronouns:	**jaki? , jaka? , jakie?**
Gen. Pl.:	**jakich?**
Interrogative Pronouns:	**który? , która? , które?**
Gen. Pl.	**których?**
Demonstrative Pronouns:	**ten, ta, to**
Gen. Pl.:	**tych**

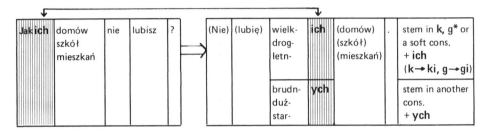

| Jak**ich** | domów
szkół
mieszkań | nie | lubisz | ? | → | (Nie) | (lubię) | wielk-
drog-
letn- | **ich** | (domów)
(szkół)
(mieszkań) | . | stem in **k, g*** or
a soft cons.
+ **ich**
(k→ki, g→gi) |
| | | | | | | | | brudn-
duż-
star- | **ych** | | | stem in another
cons.
+ **ych** |

Któr**ych**	płaszczy	nie	biorą	?	→	(Nie)	(biorą)	**tych**	(płaszczy)	.	masc.
	sukienek								(sukienek)		fem.
	ubrań								(ubrań)		neut.

In the genitive plural, all adjectives and adjective-like pronouns take the **-ich** ending after soft consonants or **k, g** (see footnote) and the **-ych** ending after hard or hardened consonants.

4. Uses of the Genitive

The Genitive in Prepositional / Adverbial Phrases

Skąd	jedzie	ten	pociąg	?	→	Ten	pociąg	jedzie	**z** Warszawy	.	**z** (corresponding to
	jadą idą wracają							Jadą Idą Wracają	Krakowa Katowic miasta teatru lasu domu		the Eng. **from**) + noun in the gen. denoting starting point

---

* Note that the stem-final **k** and **g** are hard (and thus change into **ki** and **gi**) ONLY in feminine adjectives and pronouns (cf. the nom. sing. **jak-a?** , **wielk-a** and **drog-a**).

In equivalent masculine and neuter adjectives and pronouns, **k** and **g** are always soft (cf. **jak-i?** , **jaki-e?** ; **drog-i, drogi-e**, etc.).

Dokąd	jedzie	ten	pociąg	?		Ten	pociąg	jedzie	do	Warszawy	.	do (corresponding to the Eng. **to**) + noun in the gen. denoting destination
	jadą				→			Jadą		Krakowa		
	idą							Idą		Katowic		
	spieszą się							Spieszą się		miasta		
										teatru		
										lasu		
										domu		

Gdzie	mieszkasz	?		Mieszkam	**naprzeciw**	Pałacu Kultury	.	**naprzeciw** (corresponding to the Eng. **opposite, vis-à-vis**) + noun in the gen. denoting place
			→			szkoły		
						kościoła		
						domu towarowego		

The Genitive with Adverbs of Quantity

Tam	jest	pełno	fabryk	.
		mało	kopalń	
		dużo	pokoi	
			dzieci	

II. TELLING TIME

Która (jest) godzina?   **What time is it?**   **What's the time?**

(a)

Jest (godzina) dziesiąta.
Jest (godzina) dwudziesta druga.

Jest (godzina) trzecia.
Jest (godzina) piętnasta.

Jest (godzina) ósma.
Jest (godzina) dwudziesta.

(b)

Jest pięć (minut)
po dwunas**tej.**

Jest piętnaście (minut)
po trzeciej.
Jest kwadrans **po** trzeciej.

Jest dwadzieścia pięć
(minut) **po** dziewią**tej.**

(c)

Jest **wpół do** siódmej.

Jest **wpół do** jedenastej.

Jest **wpół do** drugiej.

(d)

Jest **za** dwadzieścia pięć
(minut) szósta.

Jest **za** { kwadrans
piętnaście (minut)
jedenasta.

Jest **za** pięć (minut)
piąta.

(a, b, c, d) Note how ordinal numbers, when used in expressions of time, change their case endings.

EXERCISES

14.1 *Fill in the blanks with* **ó, u, h, ch, ż** *or* **rz.**

1. Niestety, miejsc—wek ju— nie ma.
2. Ile tu jest peron—w?

3. To nie kopalnia, to —uta.
4. G—rnicy mają dziś wielkie święto.
5. Chcesz tę poczt—wkę?
6. Moja c—rka nie lubi c—kru.
7. —ona profesora nie lubi —artować.
8. Leszek ma dobry —arakter.
9. Znasz jego na—eczoną?
10. Kiedy p—yje—d—a pan in—ynier?

14.2 *For each of the following, give the case forms which differ from the nominative singular in vowel and / or consonant change.*

Example: dworzec $\begin{cases} \textit{nom. pl.: } \text{dworce} \\ \textit{gen. sing.: } \text{dworca} \\ \textit{gen. pl.: } \text{dworców} \end{cases}$

pokój, wzór, kuzyn, wieczór, Francuz, minister, budynek, cielę, student, ząb, sąsiad, aktor, święto, wieś, pies, nóż, stół, cukier

14.3 *Give the genitive plural of the following feminine nouns.*

bogini, tragedia, komedia, historia, praca, okazja, lekcja
pralnia, kopalnia, wiadomość, gęś, ciotka, siostra, paczka
rzecz, łódź, torebka, róża, kobieta, żona, matka

* 14.4 *Put the following verbs into*
(a) the 3rd person singular
(b) the 2nd person plural.

robić, mówić, pisać, jechać, jeść, prać, brać, iść, kłaść, pić,
starzeć się, sprzedawać, czuć, kupować, mieć, chcieć

14.5 *Identify the gender, number and case of the following nouns.*

starej **wsi**, wesołą **kobietę**, starego **konia**, długich **nocy**, dobrych **synów**,
tego **płaszcza**, tę **wiadomość**, tych **talerzy**

* 14.6 *Use the appropriate form of the noun and pronoun to refuse the object that is being offered to you.*

Example: A. Chcesz tę sukienkę?   B. **Nie,** *tej sukienki* **nie chcę.**

A. Chcesz tego psa? / ten płaszcz? / to pióro? / tę torbę? / to zdjęcie? /
tego konia? / tę bluzkę? / ten ołówek?

* 14.7 *Give a negative answer, putting the noun in the genitive case.*

Examples: A. Jest jeszcze jakieś ciasto?
B. **Nie ma już** *ciasta.*

A. Są jeszcze miejscówki?

B. **Nie ma już** *miejscówek.*

A. 1. Są jeszcze bilety?
   2. Jest jeszcze jakiś film?
   3. Są jeszcze lody?
   4. Jest jeszcze mięso?

5. Są jeszcze pierogi?
6. Jest jeszcze jakaś zupa?
7. Jest jeszcze mleko?
8. Jest jeszcze sok?

*14.8 *Use an appropriate personal pronoun.*

   Example: A. Nie lubię Basi.

             B. **Dlaczego** *jej* **nie lubisz?**

A. 1. Nie chcę tej powieści.
   2. Nie lubię profesora Górskiego.
   3. Nie lubię cię.

4. Nie chcę tego mieszkania.
5. Nie lubię was.
6. Nie lubię Ewy i Hanki.

*14.9 *Answer in the negative.*

   Examples: A. Jest list?   B. **Nie, nie ma listu.**

             A. Są listy?   B. **Nie, nie ma listów.**

A. Jest paczka? / miód? / masło? / cukier? / ser? / mleko? / mąka? / chleb?/ ciasto? / mięso?

   Są owoce? / jabłka? / gruszki? / jarzyny? / cukierki? / jajka? / lody?

*14.10 *Use the appropriate form of the pronoun* **który? , -a? , -e?**

   Example: A. Nie mogę znaleźć spódnicy.

             B. **Której?**

A. Nie mogę znaleźć swetra. / książki. / siostry. / doktora. / listu. / bluzki. / pióra.

14.11 *Make up questions requiring the italicized words as answers.*

   1. _____ .   Te książki są *z biblioteki.*
   2. _____ .   Ojciec idzie *do pracy.*
   3. _____ .   Tę torbę mam *od siostry.*
   4. _____ .   Idę *na pocztę.*
   5. _____ .   Wracam *z teatru.*
   6. _____ .   Te buty są *dla Leszka.*
   7. _____ .   Jutro idziemy *do cioci.*

14.12 *Supply the correct form of the noun.*

   Example: Mamy dużo **mleka.** (mleko)

1. Mamy kilku dobrych _____ . (student)
2. Mamy bardzo mało _____ . (czas)
3. Mamy dużo ładnych _____ . (znaczek)
4. Mamy jeszcze trochę _____ . (masło)
5. Mamy pięć _____ . (chleb)
6. Mamy parę ciekawych _____ . (książka)
7. Mamy niedużo _____ . (kopalnia)
8. Mamy kilka dużych _____ . (fabryka)

14.13 *Pair* od *and* z *with the nouns below, modifying their forms when necessary.*

1. Wracam **od** _____ .
2. Wracam **z** _____ .

dom, Staszek, las, babcia, profesor, teatr, biblioteka, poczta, pan Rupik, praca, Basia

14.14 *Answer the following with an adverb corresponding to the given adjective.*

Example: A. Jak pracuje Basia? B. **Dobrze.** (dobry)

A. 1. Jak wygląda Mary?   B. _____ . (ładny)
   2. Jak uczy się Staszek?   _____ . (słaby)
   3. Jak państwo Górscy przyjmują gości?   _____ . (serdeczny)
   4. Jak gotuje pani Lipińska?   _____ . (zły)
   5. Jak śpi Janek?   _____ . (nerwowy)

*14.15 *Give an affirmative answer, putting the noun in the genitive case.*

Example: A. Masz czas?
         B. **Owszem, mam jeszcze trochę** *czasu.*

A. 1. Masz sól?   5. Macie mięso?
   2. Masz mąkę?   6. Macie jarzyny?
   3. Masz jajka?   7. Macie ciasto?
   4. Masz ser?   8. Macie cukierki?

14.16 *Follow the example, using the expression* **ani... ani** *(neither... nor; either... or)* + *a noun in the genitive case.*

Example: A. Co chcecie, piwo czy wino?
         B. **Nie chcemy ani** *piwa,* **ani** *wina.*

A. Co chcecie, jajka czy ser? / chleb czy ciasto? / mleko czy herbatę?
   mięso czy pierogi? / zupę czy ziemniaki?

14.17 *Repeat the pattern provided in the example, using the appropriate form of the noun and ordinal.*

Salesperson: Słucham panią / pana.
Customer: **Proszę** *pięć kilogramów mąki.* (5, kilogram, mąka)

Customer: 1. _____ . (2, kilogram, cukier)
2. _____ . (1, kilogram, mięso)
3. _____ . (5, kilogram, wełna)
4. _____ . (10, jajko)
5. _____ . (5, litr, mleko)
6. _____ . (4, kawałek, masło)
7. _____ . (8, ciastko)

14.18 *In each case, give the correct time expression.*

Która godzina?

14.19 *Imagine that you are a salesperson and customers ask you for items you don't have at the moment. Answer in the negative, using adjectives in the genitive case.*

Example: Customer: Czy jest sok owocowy?
Salesperson: **Nie,** *owocowego* **nie ma.**

Customer: Czy jest biały ser? / jasne piwo? / biała kapusta?
Czy są młode ziemniaki? / elektryczne maszynki do golenia?
letnie płaszcze? / nowe znaczki?

14.20 *Disagree with each of the following, using the expression* **wręcz przeciwnie** *(lit.: on the contrary) and substituting pronouns for nouns.*

Example: A. Nie lubisz Janka.
B. **Wręcz przeciwnie, bardzo** *go* **lubię.**

A. Nie lubisz Basi. / państwa Rupików. / mnie. / moich sióstr. /
Staszka i Leszka. / nas.

*14.21 *Change all singulars into plurals.*

1. Nie mam ładnej torebki.
2. Dlaczego nie otwierasz okna?
3. Nie ma jeszcze ciotki?
4. Szukam maszynki do golenia.
5. Nie chcę tego jajka.

6. Szukam pocztówki i koperty.
7. Nie lubię tego święta.
8. Nie znam ich córki.
9. Nie widzę nigdzie łyżki.
10. Nie lubię tej powieści.

14.22 *Make up a dialogue, using some of the following words.*

biec, pociąg pośpieszny, pociąg osobowy, ekspres, godzina 15 (18, 9, 14.30),
okienko, bilet, miejscówka, peron 1 (4, 7), wsiadać, jechać, przyjeżdżać,
miejsce, wagon, pierwsza klasa, druga klasa, poczekalnia, konduktor

14.23 *Use the dialogues from Lesson 14 to answer the following.*

1. Dlaczego Leszek i Mary śpieszą się?
2. Co słyszą przez megafon?
3. Do jakiego wagonu wsiadają?

4. Dlaczego Mary nie pali?
5. O co pyta konduktor?
6. Dlaczego Mary się denerwuje?

14.24 *Make up a story based on the following comic strip.*

Urok Mazowsza

Mnich w jesiennym krajobrazie Tatr

Odpoczynek morza

Rozmaitość sercu miła

Warszawska Starówka z daleka...

Kolumna Zygmunta na Placu Zamkowym

i z bliska

Wilanów – pałac
Jana III Sobieskiego

Żelazowa Wola – rodzinny dom Chopina

Jesteśmy w samym centrum Warszawy...

... po przejechaniu Trasy Łazienkowskiej

Tak mieszkają warszawianie

J. Malczewski,
„Autoportret z hiacyntem"

J. Fałat, „Śnieg"

S. Wyspiański, „Macierzyństwo"

O. Boznańska,
„Dziewczynka z chryzantemami"

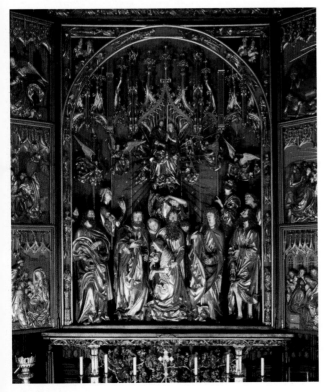

Wit Stwosz,
Ołtarz w krakowskim Kościele Mariackim

.a **POLONIA** *Vi Invita al Campeggio!*

Turysto, Polska cię wita! (plakat M. Urbańca)

Koncert przy pomniku Chopina
w Parku Łazienkowskim

Lublin w grafice Z. Strzałkowskiego

Wyczarowywanie z drewna (W. Hasior)

J. Chełmoński, „Czwórka"

Muzeum X. Dunikowskiego w Królikarni

Chłopcy, do domu !

I. CO TERAZ PAKUJEMY?

*Państwo Jagiełłowie niedługo przeprowadzają się do nowszego
i ładniejszego mieszkania. Już dzisiaj pakują część rzeczy do wielkich
kartonów, koszy i walizek.*

Pan J.: Co teraz pakujemy, ubrania?

Pani J.: Nie, najpierw resztę twoich koszul i krawatów. Ubrania musimy spakować osobno.

Pan J.: Skarpety i pończochy chłopców też mogą iść do tego kosza?

Pani J.: Raczej do tamtej walizki... *(czegoś szuka)* Nie widzę nigdzie ich czapek.

Pan J.: Czyich czapek?

Pani J.:	Oczywiście naszych chłopców. Ciągle coś gubią... łobuzy... Nie ma tam pustego kosza na obrusy i ręczniki?
Pan J.:	*(rozgląda się)* Nie, nie ma. A tego kartonu nie chcesz?
Pani J.:	Którego? Tego wąskiego? Nie, nie chcę. Nie masz szerszego albo wyższego?
Pan J.:	Zaraz, ten karton jest chyba trochę szerszy od tamtego...
Pani J.:	*(bije zegar)* O, już za dwadzieścia piąta, a tu jeszcze trzeba obiad ugotować...
Pan J.:	Nie trzeba. Czy to codziennie musimy jeść obiad? Tyle jest teraz innej roboty...
Pani J.:	My nie musimy, ale chłopcy muszą zjeść coś ciepłego.
Pan J.:	Skoro koniecznie chcesz gotować, możesz mi zrobić jajecznicę z dwóch jajek?
Pani J.:	Mogę zrobić i z czterech, ale musisz skończyć pakować te kartony!
Pan J.:	Już kończę...
Pani J.:	*(z kuchni)* Ależ ta kuchnia brudna! Trzeba tu też posprzątać.
Pan J.:	Powoli... Jutro nie idziemy do pracy, to możemy sprzątać cały dzień.

II. CHCESZ W ZĘBY?

Podwórko. Kilku małych chłopców bawi się i hałasuje. Najgłośniejsi z całej grupy są synowie państwa Jagiełłów: Jurek i Witek. Witek jest trochę spokojniejszy niż Jurek, ale to też łobuz...

Jurek Jagiełło:	Gdzie jest moja piłka?
Mirek Rupik:	Nie mam twojej piłki.
Jurek Jagiełło:	Nie masz mojej piłki! A mojego czerwonego autka też nie masz, co?
Witek Jagiełło:	Zaraz dawaj autko!
Adaś Rupik:	Nie mamy waszych autek.

Jurek Jagiełło:	Złodzieje!
Stefek Adamski⎫ **Krzyś Malewicz**⎭	: Jurek, ogórek, kiełbasa i sznurek...
Jurek Jagiełło:	*(do Stefka)* Chcesz w zęby?
Stefek Adamski:	*(krzyczy)* Jurek mnie bije!
Pani Rupikowa:	*(z drugiego piętra)* Co wy tam robicie?
Pani Jagiełłowa:	*(otwiera okno)* Chłopcy do domu!
Jurek Jagiełło:	Co, już? Czemu?
Pani Jagiełłowa:	Do domu, mówię! Mam dość waszych hałasów!

GLOSSES

1. **autko** toy car
   auto automobile; car
   czapka cap
   część *f.* **części** *pl.* part; some of
   jajecznica scrambled eggs
   karton cardboard box
   kiełbasa sausage
   kosz *m.* basket

   koszula shirt
   krawat tie
   łobuz rascal
   obrus tablecloth
   ogórek cucumber
   piłka ball
   podwórko court; yard; backyard
   pończocha stocking

227

praca work
ręcznik towel
skarpeta sock

sznurek (bit of) string
ubranie clothes; dress; suit

2. pusty empty
   spokojny quiet

szeroki broad; wide
wąski narrow

3. bawić się to have fun; to play
   dawać to give
   dawaj give!
   gotować
   ugotować *perf.* } to cook
   gubić to lose
   hałasować to make noise
   jeść
   zjeść *perf.* } to eat

kończyć
skończyć *perf.* } to finish
pakować
spakować *perf.* } to pack
przeprowadzać się to move house
sprzątać
posprzątać *perf.* } to clean up; to tidy

4. ciągle constantly; continually
   codziennie every day
   czemu why?
   dość enough
   jutro tomorrow

nigdzie nowhere
niż than
osobno separately
skoro as; since

5. **Do domu!** Come home!
   zrobić jajecznicę z dwóch jajek to scramble two eggs
   Chcesz w zęby? You want a punch in the mouth?
   Mam dość waszych hałasów! I have had enough of your / that noise!

6. **(pani) Jagiełłowa** Mrs. Jagiełło
   (pani) Rupikowa Mrs. Rupik
       The suffix -(o)wa is often added to married names which end in o or a consonant.
   Adaś familiar form of **Adam**
   Jurek familiar form of **Jerzy** (George)
   Krzyś familiar form of **Krzysztof** (Christopher)
   Mirek familiar form of **Mirosław**
   Stefek familiar form of **Stefan** (Stephen)
   Witek familiar form of **Witold**

7. **woleć** to prefer

I. ACCUSATIVE AND GENITIVE

1. Interrogative Pronouns

Nom. Sing.:	**czyj? , czyja? , czyje?**	Nom. Pl.:	**czyi? , czyje?**
Acc. Sing.:	**czyjego? , czyj? , czyją? , czyje?**	Acc. Pl.:	**czyich? , czyje?**
Gen. Sing.:	**czyjego? , czyjej? , czyjego?**	Gen. Pl.:	**czyich?**

2. Possessive Pronouns

Nom. Sing.:	*m.*	**mój ...**	**nasz ...**	Nom. Pl.:	*m. pers.*	**moi ...**	**nasi ...**
	f.	**moja ...**	**nasza ...**		*other*	**moje ...**	**nasze ...**
	n.	**moje ...**	**nasze ...**				
Acc. Sing.:	*m. pers.*	**mojego ...**	**naszego**	Acc. Pl.:	*m. pers.*	**moich ...**	**naszych ...**
	m. non-pers.	**mój ...**	**nasz**		*other*	**moje ...**	**nasze ...**
	f.	**moją ...**	**naszą**				
	n.	**moje**	**nasze**				
Gen. Sing.:	*m.* ⎫ *n.* ⎬	**mojego ...**	**naszego**	Gen. Pl.:		**moich ...**	**naszych ...**
	f.	**mojej ...**	**naszej**				

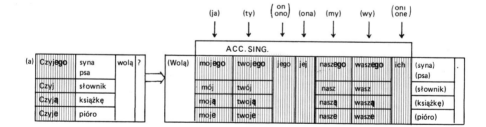

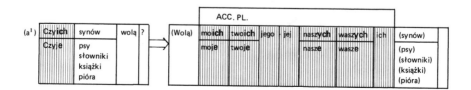

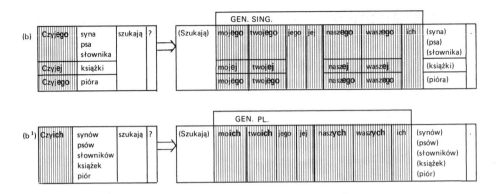

(a, a¹, b, b¹) 1st and 2nd person possessive pronouns and the interrogative pronoun **czyj? , -a? , -e?** are inflected like adjectives.

3rd person possessives are NOT inflected.

II. COMPARISON OF ADJECTIVES

1. Formation of the Comparative and Superlative

Ta szafa jest szeroka. Ta szafa jest sze**rsza**. Ta szafa jest **naj**sze**rsza**.

To łóżko jest wysokie. To łóżko jest wy**ższe**. To łóżko jest **naj**wy**ższe**.

230

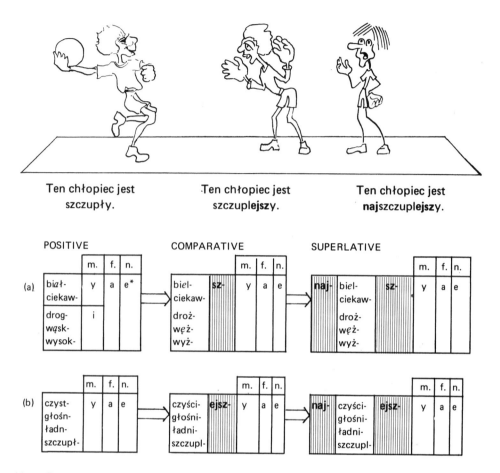

Ten chłopiec jest
szczupły.

Ten chłopiec jest
szczuplejszy.

Ten chłopiec jest
najszczuplejszy.

Most Polish adjectives have three degrees of comparison: p o s i t i v e, c o m p a r a-
t i v e, and s u p e r l a t i v e. The suffix -sz- or -ejsz- is used to form the comparative.
The prefix **naj-** (added to the comparative) is used to form the superlative.

(a) In general, the suffix **-sz-** occurs with adjectives whose stems end in a single consonant
(as in **ciekaw-y, ciekaw-sz-y**).

If the final consonant is **k**, it is eliminated (together with the preceding **e** or **o**), as in
wyso*k*i ⟶ **wyższy**.

If the final consonant is **g, n, ł** or **s**, it is modified according to the following pattern:
g → ż, n → ń, ł → l and **s → ż.** This consonant exchange is sometimes accompanied
by the *a → e, o → e*, or *ą → ę* vowel exchange.

(b) The suffix **-ejsz-** occurs with adjectives whose stems end in two or more consonants,
as in **głoś*ny* ⟶ głośniejszy.**

Note how this suffix 'softens' the preceding consonant(s).

---

*Note that the stem-final **k/g** changes into **ki/gi** before the **-e** ending.

2. *Niż / od* + the Comparative

Staszek	jest	wyższy	niż	Leszek	.	**niż** + noun
Mary		wyższa		Basia		in the nom.
To łóżko		wyższe		tamto (łóżko)		

Staszek	jest	wyższy	od	Leszka	.	**od** + noun
Mary		wyższa		Basi		in the gen.
To łóżko		wyższe		tamtego (łóżka)		

The second part of a comparison can be introduced either by the conjunction **niż** or the preposition **od**. The resulting constructions are equivalent semantically but not grammatically. **Niż** requires a noun in the nominative case; **od** requires a noun in the genitive case.

3. *Z* + the Superlative

Jurek	jest	najwyższy najgłośniejszy	z	chłopców	.	**z** + noun in the gen.

In constructions expressing superiority, the preposition **z** must be followed by a noun in the genitive case.

III. ASPECT

1. Meaning and Form

As many examples have already shown, Polish verbs differ according to aspect: p e r f e c t i v e and i m p e r f e c t i v e. Each of these aspects carries different information about the action denoted by a given verb.

Perfective verbs indicate that attention is being focused on	Imperfective verbs indicate that
1. the RESULT / COMPLETION of an action (or its initial or final stage); examples: **roześmiać się** *burst into laughter*, **zapalić, ugotować, skończyć, spakować.**	1. attention is being focused on the DURATION of an action; whether it has been or will be finished is immaterial; examples: **gotować, pakować, sprzątać.**

232

<table>
<tr><td style="text-align:center">OR</td><td style="text-align:center">OR</td></tr>
</table>

2. the fact that the action was or will be performed only ONCE, or ALL AT ONCE; examples: **kupić, przynieść.**

2. the action is, was or will be REPEATED; examples: **kupować, przynosić.**

Perfective and imperfective verbs also differ in form. One difference depends on the presence or absence of a prefix. When present, this difference is already marked in the infinitive.

IMPERFECTIVE   PERFECTIVE

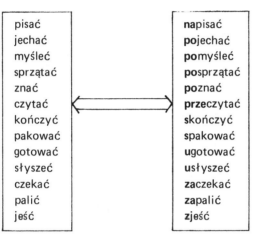

IMPERFECTIVE	PERFECTIVE
pisać	**na**pisać
jechać	**po**jechać
myśleć	**po**myśleć
sprzątać	**po**sprzątać
znać	**po**znać
czytać	**prze**czytać
kończyć	skończyć
pakować	spakować
gotować	ugotować
słyszeć	usłyszeć
czekać	zaczekać
palić	zapalić
jeść	zjeść

As illustrated above, some perfective verbs are formed by simply adding an appropriate prefix to the corresponding i m p e r f e c t i v e verbs.

2. Interaction of Aspect and Tense

Both perfective and imperfective verbs can combine with the inflectional endings of the present tense.

When perfective verbs take the endings of the present tense, they form the so-called SIMPLE FUTURE (or FUTURE PERFECT) which, as the name indicates, refers to actions to be started and / or completed in the future. In other words, even though they can take present tense endings, PERFECTIVE VERBS CANNOT BE USED IN THE PRESENT TENSE. They cannot have the same t i m e reference as the present tense. (The future tense formed with these verbs will be discussed in *Wśród Polaków*, Part II).

But IMPERFECTIVE VERBS **CAN** BE USED IN THE PRESENT TENSE, and can thus express all the time relationships covered by that tense. When combined with present tense endings, imperfective verbs can denote actions

(a) taking place while one is speaking
(b) that are repeated or habitual, or follow from the very nature of things (and are thus timeless)
(c) to be started / completed in the near or fixed future
(d) started in the past and continuing into the present (i.e., the time of speaking).

Note that English uses four different tenses to express all these various time relationships.

(a)	A.: Co robisz? B.: Piszę list.	A.: What are you doing? B.: I am writing a letter.	PRESENT CONTINUOUS
(b)	A.: Gdzie pracujesz? B.: Pracuję na uniwersytecie. Często oglądamy telewizję. Krowy nie jedzą mięsa.	A.: Where do you work? B.: I work at the university. We often watch television. Cows do not eat meat.	SIMPLE PRESENT
(c)	Co robimy jutro? Pociąg z Warszawy przyjeżdża o drugiej.	What are we doing tomorrow? The Warsaw train arrives at 2.00.	PRESENT CONTINUOUS SIMPLE PRESENT
(d)	Czekam od dwóch godzin. Mieszkam tu od 1960.	I have been waiting for two hours. I have been living here since 1960.	PERFECT CONTINUOUS
		I have waited for two hours. I have lived here since 1960.	PRESENT PERFECT

EXERCISES

* **15.1** *Pronounce the following tongue twisters.*

> Przygadywał wątłusz flądrze:
> „Wciąż tkwić na dnie to niemądrze.
> Tutaj zimno, światło gorsze.
> Pływaj wyżej jak my, dorsze".
> Wnet osądził, że to błąd,
> Gdy ciągnięto go na ląd.

(reprinted from W. G a w d z i k, *Ortografia na wesoło*, Warszawa 1971)

15.2 *Put the following expressions into the nominative singular.*

tego ładnego psa	tej zielonej wełny
dobrych lekarzy	tych pierwszych kwiatów
starych kopalń	drugiego pióra
waszej cioci	tę ciekawą wiadomość
moją nową sukienkę	twojego dziecka

*15.3 *Pair* **mój, moja, moje** *or* **moi** *with each of the following.*

Example: dom   *mój* **dom**

dziecko, profesorowie, mieszkanie, sukienki, biurka, książka, pokój, chłopcy, słownik, torba, studenci, wieś, miasto, zegarek

15.4 *Supply the correct form of the pronoun* **wasz.**

Example: A. Lubię wasze ciastka.
       B. **Nie lubię** *waszych* **ciastek.**

A. Lubię   _____ wina.   _____ lody.
       _____ miasta.   _____ profesorów.
       _____ studentów.   _____ filmy.

B. Nie lubię   _____ win.   _____ lodów.
        _____ miast.   _____ filmów.
        _____ studentek.   _____ dziewczyn.

*15.5 *Give the comparative and superlative of the following adjectives.*

spokojny, brudny, gruby, miły, głęboki, brzydki, drogi, jasny, nowoczesny, ciepły, nowy, czysty, głupi, cienki, długi, miękki

15.6 *For each of the following answers choose the appropriate aspect of the infinitive and supply the correctly inflected form.*

Example: A. Co robisz?
       B. *Piszę* **list.** (pisać — napisać)

Co robisz?   B. 1. _____obiad. (gotować — ugotować)
        2. _____ ubrania. (pakować — spakować)
        3. _____ na brata. (czekać — zaczekać)
        4. _____ obiad. (zjeść — jeść)
        5. _____książkę. (przeczytać — czytać)
        6. _____ list. (napisać — pisać)
        7. _____ mieszkanie. (sprzątać — posprzątać)

15.7 *Supply the correct form of the pronoun* **jaki? , -a? , -e?**

Example: _____ miodu szukasz?

Jakiego **miodu szukasz?**

1. _____ masz piłkę?
2. _____ masz auto?
3. _____ chcesz torebkę?
4. _____ ciastka lubisz?
5. _____ ciastek nie lubisz?
6. _____ masz syna?

7. _____ stołu potrzebujesz?
8. _____ pończoch szukasz?
9. _____ ręczniki mamy kupić?
10. _____ obrus chcesz kupić?
11. _____ koszuli szukasz?
12. _____ języka się uczysz?

15.8 *Repeat the pattern provided in the example, putting the verb into the 1st person singular.*

Example: A. Idziesz?   B. **Idę.**

A. Lubisz wino? Jedziesz na wieś? Możesz jutro pomóc? Musisz tam być?
   Wiesz, kto to?

15.9 *Use the correct form of the pronoun* **nasz.**

Example: Znasz **naszą** siostrę?
          Nie znasz **naszej** siostry?

1. a) Znasz   _____ córkę?   _____ wujka? _____ brata?
   b) Nie znasz _____ córki?   _____ wujka? _____ brata?
2. a) Widzisz   _____ psa?   _____ auto? ,_____ dom?
                 _____ szkołę? _____ dziecko? _____ las?
                 _____ konia?   _____ owcę?   _____ gospodarstwo?
   b) Nie widzisz   _____ psa?   _____ szkoły? _____ domu?
                    _____ gospodyni? _____ dziecka? _____ konia?
                    _____ lasu?   _____ owcy?   _____ auta?

15.10 *Ask your friend to be more specific. Use the genitive of the interrogative pronoun* **który?** *,* **-a?** *,* **-e?**

Example: Your friend: Nie mogę znaleźć pióra.
          You: *Którego* **pióra?**

Your friend: Nie mogę znaleźć spodni. / płaszcza. / ubrania. / koszuli. /
              ręcznika. / czapki. / skarpet. / krawatu. / ręczników. / koszul.

15.11 *Follow the pattern provided in the example, putting the noun in the genitive case.*

Example: A. Masz wysłać dwa listy.
          B. **Przepraszam, ile** *listów?*

A. 1. Masz kupić dwa sery.
   2. Masz umyć dwa garnki.
   3. Masz przynieść dwa słowniki.

4. Masz podać dwa talerze.
5. Masz wziąć dwa płaszcze.
6. Masz przynieść dwa kartory.

15.12 *Make up questions requiring the italicized words as answers.*

1. _____? Wracają *z Warszawy.*
2. _____? Ten pociąg jedzie *do Krakowa.*
3. _____? Te kwiaty są *dla ciebie.*
4. _____? Sukienka Basi jest *koloru niebieskiego.*
5. _____? *(Jest godzina) piąta.*
6. _____? Wesele jest *jutro.*
7. _____? (Mam list) *od babci.*
8. _____? Leszek i Mary idą *do kina.*

15.13 *Give the opposites.*

Example: duży ⟵⟶ **mały**

młody, zły, ładny, głośny, wąski, pusty, mądry, brudny, drogi, nudny, ciężki

15.14 *Complete the following questions.*

1. Czyje _____?   4. Na co _____?
2. Kogo _____?   5. Dokąd _____?
3. Skąd _____?   6. Czego _____?

*15.15 *Repeat the pattern provided in the example, putting the verb into the 3rd person plural.*

Example: A. Mary jedzie jutro.   B. **One też** *jadą.*

A. Mary lubi teatr. / idzie do sklepu. / wie już wszystko. / chce pomóc. / może to zrobić. / nie je mięsa.

15.16 *Complete the sentences with words from the list below.*

Kuchnia jest _____ . Pani Jagiełłowa musi tu _____ ,
ale teraz nie ma _____ . Musi _____ obiad. Jest też bardzo
dużo innej _____ . Na szczęście jutro państwo Jagiełłowie
nie idą do pracy i mogą sprzątać _____ .

brudne, czas, sprzątać, gotować, robota, cały dzień, posprzątać

15.17 *Supply appropriate prepositions and / or pronouns.*

Janek: _____ idziesz?
Antek: _____ teatru.
Janek: Masz już bilety?
Antek: Jeszcze nie mam, ale mam dostać _____ Adama.
        A ty _____ idziesz?
Janek: _____ pocztę. Muszę nadać telegram _____ domu.

*15.18 *Put the noun into the genitive case.*

Example: A. Trzeba kupić dwa krzesła.
B. **Ile** *krzeseł?*

1. Trzeba kupić dwa łóżka.
2. Trzeba kupić trzy biurka.
3. Trzeba kupić cztery jajka.

4. Trzeba zamówić trzy wina.
5. Trzeba podać cztery ciastka.
6. Trzeba zrobić dwa zdjęcia.

15.19 *You are talking with someone, and you didn't catch what he said. Use the correct*
form of the pronoun **czyj?** *, -a? , -e?* *to ask him to repeat his statement.*

Example: A. Szukam syna Jagiełłów.
B. **Czyjego** *syna?*

A. Uczę córkę Jasińskiego. / Nie mogę znaleźć numeru Janka. / Nie lubię
rodziny Ewy. / Nie lubię brata Ewy. / Szukam twoich książek. / Boję się
ciotki Ewy.

15.20 *Supply the comparative and superlative.*

Example: Basia jest miła, Ewa (jest) **milsza**, a Mary **najmilsza.**

Jurek jest wysoki, Janek (jest) _____ , a Kazik _____ .
Ta książka jest droga, tamta (jest) _____ , a następna _____ .
Kasia jest niska, Marysia (jest) _____ , a Jadzia _____ .
Ta spódnica jest długa, tamta (jest) _____ , a następna _____ .

15.21 *Use the correct personal pronoun in each of the following.*

Example: Czekam na _____ synów. (ja)
Czekam na *moich* **synów.**

(a) Czekam na _____ córki. (ty)
_____ studentów. (on)
_____ gości. (wy)
_____ kuzynów. (my)
_____ ciotki. (ona)

(b) Masz _____ książki? (ja)
_____ zegarek? (ja)
_____ słowniki? (my)
_____ torbę? (ja, my)

(c) Znasz _____ synów? (my, ja, ona)
_____ filmy? (oni, one)
_____ powieści? (on, ona, oni)

*15.22 *Change all singulars into plurals.*

1. Gdzie jest moja koszula?
2. Nie mogę znaleźć skarpetki.
3. Nie masz ładniejszego krawatu?

4. Czemu ten obrus jest taki brudny?
5. Mam dziś dobrą kiełbasę.
6. Nie ma miejscówki.

15.23 *Fill in the blanks with* **niż, od** *or* **z.**

1. Mary jest milsza _____ Ewy.
2. Leszek jest najpoważniejszy _____ naszych studentów.
3. Janek jest starszy _____ Staszek.
4. Pan Górski jest sympatyczniejszy _____ pani Górska.
5. Ta książka jest ciekawsza _____ tamtej (książki).
6. Ci studenci są wyżsi _____ tamtych (studentów).
7. To jest najładniejsze _____ naszych zdjęć.
8. Ta wełna jest bielsza _____ tamta (wełna).

15.24 *Use an appropriate personal pronoun to answer the following.*

    Example: A. Czyją książkę wybierasz?
                B. **Jego.** (on)

A. 1. Czyją torbę chcesz?   B. _____ . (ona)   _____ . (on)
   2. Czyje pióro wolisz?   _____ . (ty)   _____ . (ja)
   3. Czyjego psa wolisz?   _____ . (oni)   _____ . (ona)
   4. Czyje znaczki wybierasz?   _____ . (ty)   _____ . (oni)
   5. Czyje ciasto wolisz?   _____ . (my)   _____ . (ja)
   6. Czyje rzeczy teraz pakujesz? _____ . (wy)   _____ . (my)

15.25 *Name as many objects as you can in the following pictures.*

15.26 *Topics for conversation*

1. You are out shopping again and want to buy

10 kg. of potatoes	7 cucumbers
5 kg. of apples	12 eggs
6 kg. of plums	1 kg. of butter
2 kg. of pears	1 goose
	3 kg. of cottage cheese

at an open market. You haggle over the prices of some of the products.

2. You are moving to a new apartment. Other members of the class are helping you. Give them instructions where to pack clothes, towels, tablecloths, pots and pans, cups and saucers, silverware, books, etc.

Plotki

I. TERAZ WYGLĄDASZ BARDZO ŁADNIE

Akademik. Pokój Basi i Ewy. Basia ubiera się: wkłada elegancką suknię i modne buty. Wchodzi Małgosia.

Małgosia:	Dziewczyny, mam wam coś opowiedzieć?
Basia:	Wiemy, że lubisz opowiadać — ale nie teraz!
Małgosia:	Śpieszysz się?
Basia:	Tak, wychodzę do kina.
Małgosia:	Właśnie widzę, taka jesteś elegancka... Z kim idziesz?
Basia:	Z Jeanem i z Andrzejem.
Małgosia:	*(z uśmiechem)* Z Jeanem? ... Rozumiem.
Basia:	Co znowu rozumiesz? *(patrzy w lustro)* Okropne włosy! Jak się tu uczesać?
Ewa:	Przecież Małgosia jest doskonałą fryzjerką.
Małgosia:	Już cię czeszę. Gdzie masz grzebień? *(po chwili)* No co, dobra fryzura?
Basia:	Fantastyczna. Idę już.

Małgosia:	Nie malujesz się?
Basia:	A racja! *(Basia maluje szybko brwi ołówkiem, a usta szminką)*
Małgosia:	Teraz wyglądasz bardzo ładnie.
Ewa:	Kiedy masz zamiar wrócić?
Basia:	Chyba koło dziesiątej. Wiesz, że nie lubię późno wracać.
Małgosia:	No to powodzenia!

II. MĘŻCZYŹNI NIE LUBIĄ INTELEKTUALISTEK!

Ewa i Małgosia zostają same i plotkują po wyjściu Basi.

Ewa:	Chcesz się napić herbaty?
Małgosia:	Z przyjemnością.
Ewa:	Z cytryną?
Małgosia:	Bez. Jakoś nie lubię herbaty z cytryną.
Ewa:	Mogę cię także poczęstować ciastkiem z kremem...
Małgosia:	Ciastkiem zawsze!
	...
	Więc mówisz, że Basia jest zakochana?
Ewa:	Jestem prawie pewna, że interesuje się Jeanem.
Małgosia:	Wcale się nie dziwię. Jean jest przystojnym chłopcem...

Ewa:	Wysoki, szczupły, ciemne oczy...
Małgosia:	Jest przy tym towarzyski. A Basia... nie mogę powiedzieć, że jest ładna. Jest zgrabna, chociaż nogi...
Ewa:	Ale musisz przyznać, że to inteligentna i zdolna dziewczyna.
Małgosia:	Moja droga, mężczyźni nie lubią intelektualistek!

GLOSSES

1. **akademik** hall of residence; dormitory
   brew *f.* **brwi** *pl.* eyebrow
   but shoe
   cytryna lemon
   fryzjerka hairdresser
   fryzura hair-do
   grzebień *m.* comb

   intelektualistka (an) intellectual; (a) high-brow
   kino cinema; the pictures; the movies
   kredka colored pencil; eye shadow
   krem cream; custard
   lustro mirror
   oko *n.* **oczy** *pl.* eye

plotka piece of gossip
powodzenie success; good luck
przyjemność *f.* przyjemności *pl.* pleasure
suknia gown; dress
szminka lipstick
usta *pl.* mouth; lips *(no sing.)*

uśmiech smile
włos (one) hair
włosy *pl.* hair
wyjście departure
zamiar intention

2. ciemny dark
doskonały accomplished; excellent
drogi dear
fantastyczny fantastic
inteligentny bright; sharp; intelligent
okropny awful
pewny certain; sure

przystojny handsome; good-looking
szczupły slim
towarzyski sociable
zakochany in love
zdolny gifted; clever
zgrabny well-formed; shapely

3. czesać (się)   } to comb;
uczesać (się) *perf.* } (to do one's hair)
dziwić się to be surprised / astonished
interesować się to be interested in
malować się to make up; to do one's
     face
opowiadać
opowiedzieć *perf.* } to tell

plotkować to gossip
poczęstować *perf.* to treat (sb. to sth.)
przyznać *perf.* to admit
ubierać się to dress
wkładać to put on
wracać   } to return; to come
wrócić *perf.* } back

4. chociaż although; though
jakoś somehow; somewhat
koło about; somewhere round

późno late
same *f. pl.* alone
więc so

5. **Jak się tu uczesać?** How can I fix this hair? What can I do with this hair?
Kiedy masz zamiar wrócić? What time / When do you intend to come back?
No to powodzenia! Well, good luck!
Wcale się nie dziwię. I am not at all surprised.
Moja droga... My dear...

6. **Z Jeanem...** Notice that some foreign proper names are inflected in Polish.

I. INSTRUMENTAL SINGULAR

1. Nouns

Masculine

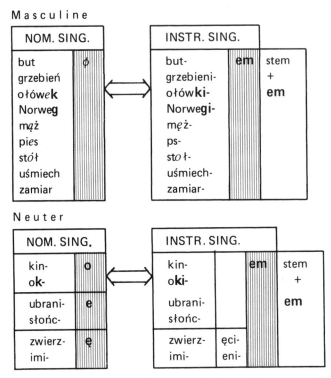

Neuter

Both masculine and neuter nouns take the **-em** ending in the instrumental singular.
Under the influence of this ending, **ki** and **gi** replace **k** and **g**, and *o*, *ę* and *ø* replace *ó*, *ą* and *e*.

Feminine

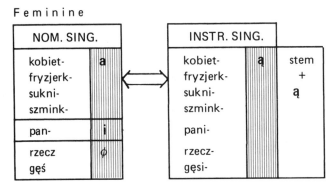

All feminine nouns take the **-ą** ending in the instrumental singular.

2. Interrogative Pronouns: kto?, co?

Instr. Sing.: **kim?, czym?**

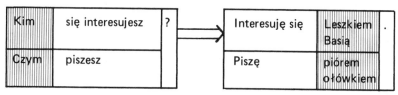

Kim	się interesujesz	?
Czym	piszesz	

Interesuję się	Leszkiem Basią	.
Piszę	piórem ołówkiem	

The pronouns **kim?** and **czym?** introduce questions which must be answered by nouns in the instrumental case. **Kim?** requires personal nouns; **czym?** requires non-personal nouns.

3. Adjectives

4. Pronouns

Interrogative Pronouns: jaki?, jakie?, jaka?

Instr. Sing.: **jakim?, jaką?**

Interrogative Pronouns: który?, które?, która?

Instr. Sing.: **którym?, którą?**

Demonstrative Pronouns: ten, to, ta

Instr. Sing.: **tym, tą**

Masculine and Neuter

Jakim	chłopcem dzieckiem	jest	Witek	?

(Witek)	(jest)	(chłopcem) (dzieckiem)	towarzysk- głup-	im	.	stem in a soft. cons. + im
			dobr- urocz-	ym		stem in another cons. + ym

Masculine and neuter adjectives have identical endings in the instrumental singular. The -im ending occurs with stems terminating in a soft consonant, and the -ym ending occurs with stems terminating in other consonants.

Feminine

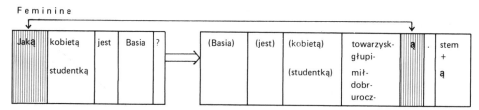

Jaką	kobietą studentką	jest	Basia	?

(Basia)	(jest)	(kobietą) (studentką)	towarzysk- głupi- mił- dobr- urocz-	ą	.	stem + ą

Feminine adjectives take the -ą ending in the instrumental singular.

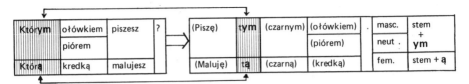

Którym	ołówkiem	piszesz	?	(Piszę)	tym	(czarnym)	(ołówkiem)	.	masc.	stem
	piórem						(piórem)		neut.	+ ym
Którą	kredką	malujesz		(Maluję)	tą	(czarną)	(kredką)		fem.	stem + ą

As was pointed out on several occasions, the pronouns **jaki? , -a? , -e?, który? , -a? , -e?** , and **ten, ta, to** are all inflected like adjectives.

5. Uses of the Instrumental

The Instrumental in Nominal Predicates

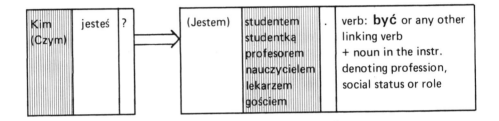

Kim (Czym)	jesteś	?	(Jestem)	studentem	.	verb: **być** or any other linking verb + noun in the instr. denoting profession, social status or role
				studentką		
				profesorem		
				nauczycielem		
				lekarzem		
				gościem		

Some Poles use either **kim?** or **czym?** in the above questions.

Czym	jest	pies	?	(Pies)	(jest)	zwierzęciem	.	verb: **być** or any other linking verb + noun in the instr. denoting class / category to which a given object belongs
		stół		(Stół)		meblem		
		krokus		(Krokus)		kwiatem		
		piwo		(Piwo)		napojem		

Jakim	psem	jest	Burek	?	Burek	jest	złym	psem	.	verb: **być** or any other linking verb followed by an adjective + noun in the instr.
Jaką	kobietą		Mary		Mary		ładną	kobietą		

The **pronoun / adjective + noun** constructions must be put into the instrumental case. Combinations with the nominative, such as **Burek jest zły pies, Jaka kobieta jest Mary?** , **Ewa jest moja siostra**, are u n g r a m m a t i c a l.

250

The Instrumental as Complement

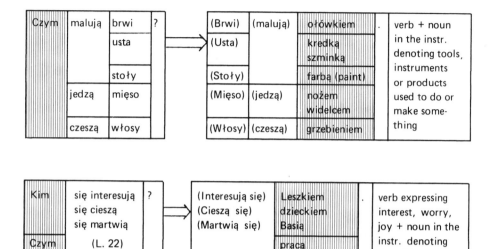

Czym	malują	brwi	?	→	(Brwi)	(malują)	ołówkiem	.	verb + noun in the instr. denoting tools, instruments or products used to do or make some-thing
		usta			(Usta)		kredką szminką		
		stoły			(Stoły)		farbą (paint)		
	jedzą	mięso			(Mięso)	(jedzą)	nożem widelcem		
	czeszą	włosy			(Włosy)	(czeszą)	grzebieniem		

| Kim | się interesują się cieszą się martwią | ? | → | (Interesują się) (Cieszą się) (Martwią się) | Leszkiem dzieckiem Basią | . | verb expressing interest, worry, joy + noun in the instr. denoting the object of interest, worry, joy |
| Czym | (L. 22) | | | | pracą plotkami tą wiadomością | | |

The Instrumental in Prepositional Phrases

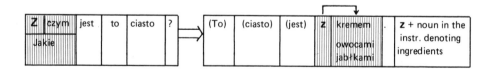

| Z | kim | idziesz | do | kina | ? | → | (Idę) | (do) | (kina) | z | chłopcem | . | z + noun in the instr. denoting companion(s) |
| | | pracujesz | | | | | (Pracuję) | | | | Leszkiem ciocią | | |

| Z | czym | jest | to | ciasto | ? | → | (To) | (ciasto) | (jest) | z | kremem | . | z + noun in the instr. denoting ingredients |
| | Jakie | | | | | | | | | | owocami jabłkami | | |

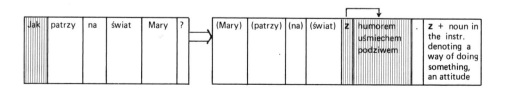

| Jak | patrzy | na | świat | Mary | ? | → | (Mary) | (patrzy) | (na) | (świat) | z | humorem | . | z + noun in the instr. denoting a way of doing something, an attitude |
| | | | | | | | | | | | | uśmiechem podziwem | | |

251

II. ASPECT

Some perfective and imperfective verbs differ not according to the presence or absence of prefix but according to certain stem changes. These changes will be discussed at length in Part III. At this point notice only the $e \rightarrow a$, $ó \rightarrow a$ vowel exchange, the change of soft consonants into hardened consonants, and the correspondence between the imperfective -ać ending and the perfective -eć and -ić endings.

PERFECTIVE	IMPERFECTIVE
kupić	kupować
odwiedzić	odwiedzać
opowiedzieć	opowiadać
pomóc	pomagać
rzucić (L. 22)	rzucać
urządzić (L. 17)	urządzać
wrócić	wracać
zjawić się (L. 22)	zjawiać się

EXERCISES

16.1 *Pronounce these tongue twisters.*

„Straszna powódź w Szczebrzeszynie!"
Brzmi żartowniś chrząszczyk w trzcinie.
Siadł chrząszcz dziadziuś na łodydze:
„Gdzie ta powódź? Nic nie widzę!"
Płacz, brzęczenie, lament w gąszczach!
To chrząszcz różdżką grzmoci chrząszcza.

(W. G a w d z i k, *Gramatyka na wesoło*)

16.2 *Supply the correct form of the words in parentheses. Read the sentences aloud, paying special attention to the pronunciation of ę and ą.*

Example: Basia jest **jasną blondynką.** (jasna blondynka)
Widzę **jasną blondynkę.** (jasna blondynka)

1. Mary jest (dobra dziewczyna).
2. Znam (dobra dziewczyna).
3. Teresa jest (zdolna studentka).
4. Lubię (zdolna studentka).
5. Małgosia jest (ciemna brunetka).
6. Widzę (ciemna brunetka).
7. Ewa jest (elegancka dziewczyna).
8. Widzę (elegancka dziewczyna).

16.3 *Supply the correct time expressions.*

Example: A. która (jest) godzina? B. **Wpół do czwartej.**
                                        Trzecia trzydzieści. (3.30)

A. Która (jest) godzina?

B. _____ . (12.10)   _____ . (7.55)

   _____ . (11.20)   _____ . (5.15)

   _____ . (1.45)   _____ . (6.30)

   _____ . (4.06)   _____ . (9.35)

   _____ . (14.20)   _____ . (22.30)

16.4 *Answer the following questions.*

Czym piszesz list? / kroisz chleb? / czeszesz się? / malujesz usta? / jedziesz do Katowic? / jesz zupę?

16.5 *Give the nominative singular and plural of the italicized words.*

1. Cieszę się, że jedziemy na *wieś*.   6. Nie znam ich *rodzin*. .
2. Szukamy *płaszczy* zimowych.   7. Trzeba kupić dziesięć *jajek*.
3. Chcę odwiedzić *siostrę* Staszka.   8. Ile potrzebujecie *biurek?*
4. Proszę o parę lekkich *butów*.   9. Nie trzeba zamykać tych *okien*.
5. Nie mam *zegarka*.   10. Nie ma tu naszego *garnka?*

16.6 *Supply the correctly inflected form of the ordinal.*

Example: Potrzebuję **pięciu** robotników. (5)

Potrzebuję talerzy. (10) / filiżanek. (6) / lekarzy. (2) / aktorów. (7) / inżynierów. (8) / koni.(6)

16.7 *Use the appropriate form of the verb to answer the following.*

Example: A. Co robisz?
              B. *Kupuję* **buty.** (kupować, kupić)

A. Co robisz?

B. 1. _____ rodzinę. (odwiedzić, odwiedzać)
   2. _____ bajki *(fairytales)*. (opowiadać, opowiedzieć)
   3. _____ sprzątać. (pomóc, pomagać)
   4. _____ wesele. (urządzić, urządzać)
   5. _____ znaczki. (wybierać, wybrać)

16.8 *Answer these questions with correctly inflected nouns.*

Example: A. Kim jest twój ojciec?
             B. **Robotnikiem.** (robotnik)

A. Kim jest Mary? / ten wysoki chłopiec? / twój brat? / twoja matka? / twoja siostra? / twój ojciec?

B. Kanadyjka / student / inżynier / kierowniczka / studentka / lekarz

*16.9 *Repeat the pattern provided in the example, using the comparative of the adjective.*

Example: Salesperson: Ta koszula jest duża.
Customer: **Ma pan może jeszcze *większą?***

Salesperson: 1. Ten płaszcz jest gruby. 4. Te spodnie są ciepłe.
2. To ubranie jest jasne. 5. Te buty są lekkie.
3. Ten krawat jest ciemny. 6. Ta koszula jest cienka.

16.10 *Answer the following questions.*

Z kim lubisz: uczyć się? / plotkować? / pracować? / oglądać telewizję? / zwiedzać muzea?

*16.11 *Change all plurals into singulars.*

1. Nasi lekarze są dobrzy. 4. Oto twoi nauczyciele.
2. Czytamy jego powieści. 5. Dlaczego wasi goście nie wracają?
3. Gdzie są moje ołówki? 6. Czyje są te rzeczy?

*16.12 *Follow the example, putting the noun in the instrumental case.*

Example: A. Czy jest tu lekarz?
B. **Owszem, ja jestem** *lekarzem.* **O co chodzi?**
(o co chodzi — *what's the matter*)

A. 1. Czy jest tu kierowniczka? 4. Czy jest tu jakiś inżynier?
2. Czy jest tu konduktor? 5. Czy jest tu jakaś studentka?
3. Czy jest tu któryś z profesorów? 6. Czy jest tu jakiś górnik?

*16.13 *Substitute pronouns for nouns.*

Example: Książki Ewy ⟷ **jej** książki
Słowniki Leszka / słowniki Basi i Ewy / słownik Staszka / słowniki państwa Rupików / słownik państwa Rupików / słownik Basi

*16.14 *Use the comparative of the adjective as in the example.*

Example: A. Nasz uniwersytet jest bardzo stary.
B. **Nasz jest jeszcze** *starszy.*

A. Nasze miasto jest duże. / Nasze drogi *(roads)* są złe. / Nasze rzeki są brudne. / Nasi aktorzy są dobrzy. / Nasze studentki są zdolne. / Nasze mieszkania są małe. / Nasz dom jest bardzo wysoki.

16.15 *Follow the example, substituting appropriate interrogative pronouns for nouns.*

Example: A. Trzeba poprosić Janka.

B. **Przepraszam,** *kogo* **trzeba poprosić?**

A. 1. Trzeba zaprosić państwa Fryczów. 4. Trzeba podać ciasto.
   2. Trzeba kupić jakiś dobry słownik. 5. Trzeba posprzątać mieszkanie.
   3. Trzeba odwiedzić Marysię. 6. Trzeba kupić bilety.

16.16 *Answer each of the following questions with five prepositional expressions.*

Examples: A. Skąd wracają? B. **Z kina.**

A. Dokąd idą? B. **Na targ.**

Skąd wracają?

1. _____. 2. _____. 3. _____ . 4. _____ . 5. _____ .

Dokąd idą?

1. _____ . 2. _____ . 3. _____ . 4. _____ . 5. _____ .

16.17 *Ask questions requiring the italicized words as answers.*

1. _____? Małgosia szuka *zegarka.*
2. _____? Sweter Janka jest *brązowy.*
3. _____? *Ewa* może też pomóc.
4. _____? Nie ma jeszcze *Ewy, Staszka i Leszka.*
5. _____? Czekam *na obiad.*
6. _____? Ten kilim jest *dla ciebie.*
7. _____? Ojciec Staszka jest *profesorem.*

*16.18 *You are talking with someone, and you didn't catch what he said. Use* **ile?** *or* **ilu?** *to ask him to repeat his statement.*

Example: He: Mam dwóch synów.

You: **Przepraszam,** *ilu* **masz synów?**

He: 1. Górska zaprasza na niedzielę dwudziestu studentów. 2. Moja córka ma
aż cztery psy. 3. Mam pięć córek. 4. Moja żona zna dwa obce języki.
5. Tu mieszkają cztery rodziny. 6. Tu są trzy kierowniczki.

16.19 *Reply in the negative, using the correct form of the noun and verb and changing the aspect.*

Example: A. Trzeba wziąć walizkę.

B. **Nie, nie** *biorę* **dziś** *walizki.*

A. Trzeba upiec ciasto. / ugotować obiad. / zjeść tę kiełbasę. / zrobić zakupy. /
umyć auto. / przeczytać jakąś książkę.

16.20 *Substitute pronouns for nouns as in the examples.*

Examples: A. Czy to państwo Rupikowie?   B. **Chyba** *oni.*
A. Znasz te dzieci?   B. **Chyba** *je* **znam.**

A. 1. Z Ewą i z Teresą tam idziesz? 2. Te listy są dla Anglików? 3. Znasz tych dwóch panów? 4. Czy to Mary i Leszek? 5. Znasz te panie? 6. Z tymi chłopcami chcesz tam jechać? 7. Czy to Mary i Ewa?

16.21 *Use the appropriate form of the pronoun* **ty / twój.**

Example: A. Dokąd idziesz?   B. **Właśnie do** *ciebie.*

A. 1. Kogo szukasz? 2. Od kogo masz tę książkę? 3. Dla kogo kupujesz te kwiaty?
4. Z kim chcesz tam iść? 5. Na kogo czekasz? 6. Czyja to torba?
7. Do kogo piszesz list?

16.22 *Put the nouns and numbers into the instrumental case.*

Na przyjęcie państwa Górskich są zaproszeni: wujek Henryk z (5) (syn), ciotka Ela z (córka), państwo Rupikowie z (dzieci), pani Rawicz z (siostra), pan Frycz z (brat), doktor Nowak z (6) (syn) i pani Rakowa z (ojciec).

16.23 *Describe Jean's (Staszek's or Mr. Górski's) personality, using the following adjectives.*

wesoły, grzeczny, towarzyski, niepoważny, inteligentny, zdolny, sympatyczny, nerwowy, żywy, zazdrosny

16.24 *Describe the appearance of Basia and Jean.*

16.25 *Make up a story based on the following comic strip.*

256

Nowe mieszkanie

I. IDZIE PIĘCIU POMOCNIKÓW

Marysia i Tadek Jagiełłowie urządzają nowe mieszkanie.
Jean, Staszek, Basia i państwo Górscy idą pomagać.

Jean:	Czy to jeszcze daleko?
Basia:	Nie. To ten biały blok za drzewami.
	(Dzwonią. Otwiera pani Marysia)
Pan G.:	Jak widzisz, idzie pięciu pomocników.
Marysia:	Bardzo się cieszę. Zawsze jesteście miłymi gośćmi.
Staszek:	Ale dzisiaj chcemy pracować.
Tadek:	O nie, najpierw musicie obejrzeć mieszkanie.
Marysia:	To jest niewielkie mieszkanko, ale o wiele lepsze od dawnego.
Tadek:	Właściwie najlepsze z naszych mieszkań.

Marysia: Tu jest kuchnia, tu nasza sypialnia, tam łazienka...

Tadek: Całymi dniami myślę tylko, jak to mieszkanie urządzić. Trzeba dużo zarabiać...

Staszek: Obydwoje jesteście inżynierami i nie możecie zarobić!

Pan G.: A zresztą, może pan zagrać w ,,Toto Lotka''. Ludzie wygrywają.

Tadek: Ale ja nie mam szczęścia, proszę pana. Nigdy nie mogę wygrać. Dlatego już nie gram.

Marysia: Nieprawda. Wciąż grasz na nerwach!

II. TELEWIZOR PRZEDE WSZYSTKIM...

Jean: Trzeba coś zrobić z tymi meblami. Wszystko stoi na środku...

Tadek: Fotele stawiamy przed telewizorem.

Marysia: Biblioteczkę trochę z boku za telewizorem...

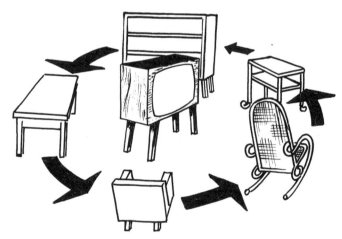

Jean: A co robimy z płytami?

Tadek: Możesz je ułożyć pod telewizorem.

Staszek: Widzę, że świat kręci się tutaj wokół telewizora.

Marysia: Tadek, możesz od razu powiesić nad stołem lampę?

Tadek: Dobrze, za chwilę. Teraz rozkładamy dywan pod tapczanem.

Basia:	O, jaki ładny!
Marysia:	Tak, ale mam kłopot z firankami. Nie pasują do tego dywanu.
Basia:	Musisz kupić bardziej kolorowe.
Pani G.:	A jak urządzacie kuchnię?
Marysia:	Mamy już piec gazowy, zlewozmywak, szafkę na naczynia. Brak tylko lodówki.
Tadek:	Wszystko ustawione.

GLOSSES

1. **biblioteczka** *dim.* of **biblioteka**
   blok block of flats; apartment building
   drzewo tree
   dywan carpet
   firanka curtain
   kłopot trouble; problem
   lodówka refrigerator
   mebel *m.* **meble** *pl.* piece of furniture
   mieszkanko *dim.* of **mieszkanie**
   nerw nerve
   piec *m.* stove

   piec gazowy gas stove
   płyta record
   pomocnik helper; aid
   prawda truth
   sypialnia bedroom
   szafka cupboard
   szafka na naczynia kitchen cupboard
   środek middle
   tapczan couch
   telewizor television set
   zlewozmywak kitchen sink

2. **dawny** former; previous
   gazowy gas _____

3. **grać** ⎫ to play; to bet
   zagrać *perf.* ⎭ (on sth.); to make a bet
   kręcić się to spin; to rotate; to turn
      round
   obejrzeć *perf.* to see; to take a look at
   opijać to celebrate (with a drink)
   pasować to match; to go well together
   powiesić *perf.* to hang
   rozkładać to spread; to lay

   kolorowy colorful
   ustawiony arranged; in its place

   stawiać to put; to place
   ułożyć *perf.* to put down; to arrange
   urządzać ⎫
   urządzić *perf.* ⎭ to furnish; to fix up
   wygrać *perf.* ⎫ to win; to win
   wygrywać ⎭ on the pools
   zarabiać ⎫
   zarobić *perf.* ⎭ to earn (money)

4. **brak** is (are) missing, lacking
   bardziej more
   nad above; over
   na środku in the middle
   obydwoje *m. p., + f. p. both*
   od razu at once; straight away
   o wiele far _____ ; much _____
   o wiele lepsze far / much better

   pięciu five
   pod under
   trochę a bit
   wokół around
   wszystko all; everything
   za behind
   z boku aside
   za chwilę in a moment

5. **Ale ja nie mam szczęścia, proszę pana.** But I am not lucky, sir.
   grać na nerwach to get on someone's nerves (here a pun on the different meanings of
      grać)

6. **„Toto Lotek"** Totalizator Sportowy, i.e. wagers made on the outcome of sports
   matches and events

7. **kość** *f.* **kości** *pl.* bone
   pieniądz *m.* coin, **pieniądze** *pl.* money

GRAMMAR

I. INSTRUMENTAL PLURAL

1. Nouns

Masculine

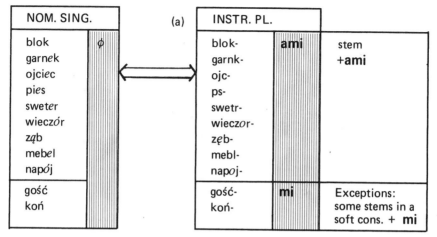

NOM. SING.		(a)	INSTR. PL.		
blok	∅		blok-	**ami**	stem
garnek			garnk-		**+ami**
ojciec			ojc-		
pies			ps-		
sweter			swetr-		
wieczór			wieczor-		
ząb			zęb-		
mebel			mebl-		
napój			napoj-		
gość			gość-	**mi**	Exceptions: some stems in a soft cons. + **mi**
koń			koń-		

Feminine

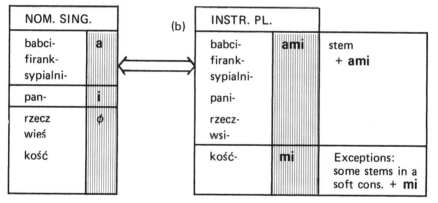

NOM. SING.		(b)	INSTR. PL.		
babci-	**a**		babci-	**ami**	stem
firank-			firank-		**+ ami**
sypialni-			sypialni-		
pan-	**i**		pani-		
rzecz	∅		rzecz-		
wieś			wsi-		
kość			kość-	**mi**	Exceptions: some stems in a soft cons. + **mi**

Neuter

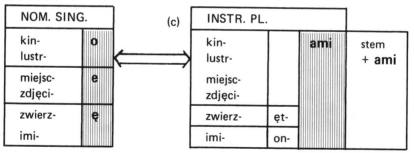

NOM. SING.		(c)	INSTR. PL.			
kin-	**o**		kin-		**ami**	stem
lustr-			lustr-			**+ ami**
miejsc-	**e**		miejsc-			
zdjęci-			zdjęci-			
zwierz-	**ę**		zwierz-	ęt-		
imi-			imi-	on-		

(a, b, c) The instrumental plural of most nouns is formed with the **-ami** ending.

(a, b) Only a few masculine and feminine nouns whose stems terminate in a soft consonant take the **-mi** ending.

Both endings can cause vowel change, especially in masculine nouns.

2. Adjectives

3. Pronouns

Interrogative Pronouns:	**jaki?, jaka?, jakie?**
Instr. Pl.:	**jakimi?**
Interrogative Pronouns:	**który?, która?, które?**
Instr. Pl.:	**którymi?**
Demonstrative Pronouns:	**ten, ta, to**
Instr. Pl.:	**tymi**

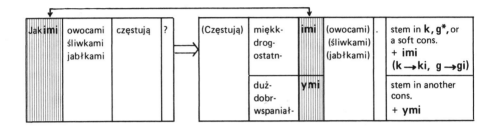

Adjectives and adjective-like pronouns take either the **-imi** or the **-ymi** ending in the instrumental plural.

The **-imi** ending occurs with stems that end in **k, g** (see footnote) or a soft consonant. The **-ymi** ending is used with all other stems.

II. INSTRUMENTAL SINGULAR AND PLURAL

1. Personal Pronouns

Nom. Sing.:	**ja, ty, on, ono, ona**	Nom. Pl.:	**my, wy, oni, one**
Instr. Sing.:	**mną, tobą, nim, nią**	Instr. Pl.:	**nami, wami, nimi**

---

*Note once more that the stem-final **k** and **g** are hard (and thus change into **ki** and **gi**) ONLY in feminine adjectives and pronouns.

In the equivalent masculine and neuter adjectives and pronouns, **k** and **g** are always soft (cf. the nom. sing. **jaki?, jakie?; drogi, drogie**).

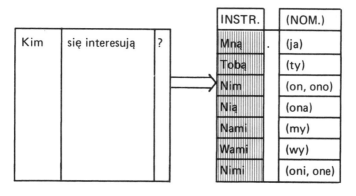

			INSTR.	(NOM.)
Kim	się interesują	?	Mną .	(ja)
			Tobą	(ty)
			Nim	(on, ono)
			Nią	(ona)
			Nami	(my)
			Wami	(wy)
			Nimi	(oni, one)

										INSTR.	(NOM.)
Z	kim	idą	do	kina	?	(Idą)	(do)	(kina)	ze	mną .	(ja)
									z	tobą	(ty)
										nim	(on, ono)
										nią	(ona)
										nami	(my)
										wami	(wy)
										nimi	(oni, one)

In the instrumental case the same form of the personal pronoun is used after prepositions, and in emphatic as well as non-emphatic contexts.

2. Uses of the Instrumental

The Instrumental with the Prepositions *nad, za, pod, przed*

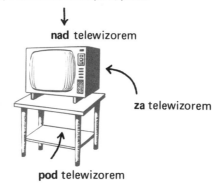

↓

nad telewizorem

za telewizorem

pod telewizorem

przed telewizorem

When they indicate location, the prepositions **nad, pod, przed,** and **za** require a noun in the instrumental case.

The Instrumental in Adverbial Phrases

Czekam	(całymi)	dniami nocami godzinami	.	nouns in the instr. pl. express time; (often used with the adj. **cały**)

III. DEVIATIONS FROM COMMON PATTERNS

1. The Noun *dzień*

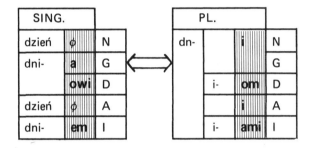

The noun **dzień** differs from other nouns ending in a soft consonant in that it has two distinct stems. (For other case forms see Grammatical Tables).

2. The Noun *dziecko*

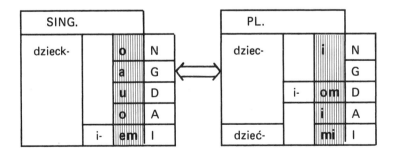

(For other case forms see Grammatical Tables).

IV. COMPARISON OF ADJECTIVES

1. with the adverb *bardzo (bardziej, najbardziej)*

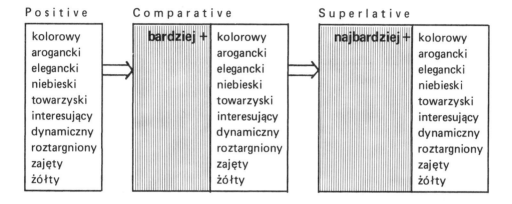

P o s i t i v e   C o m p a r a t i v e   S u p e r l a t i v e

kolorowy	**bardziej +** kolorowy	**najbardziej +** kolorowy
arogancki	arogancki	arogancki
elegancki	elegancki	elegancki
niebieski	niebieski	niebieski
towarzyski	towarzyski	towarzyski
interesujący	interesujący	interesujący
dynamiczny	dynamiczny	dynamiczny
roztargniony	roztargniony	roztargniony
zajęty	zajęty	zajęty
żółty	żółty	żółty

2. with the adverb *mało (mniej, najmniej)*

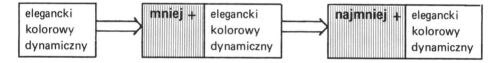

elegancki	**mniej +** elegancki	**najmniej +** elegancki
kolorowy	kolorowy	kolorowy
dynamiczny	dynamiczny	dynamiczny

(1, 2) Some Polish adjectives, particularly those in **-owy, -cki, -ski, -ący, -aty, -asty** and **-isty,** form the comparative and superlative by using the adverb **bardzo** or **mało.**

(1) When the comparative and superlative denote a higher degree than the positive, **bardziej** and **najbardziej** are used.

(2) When they denote a lower degree, **mniej** and **najmniej** must be used.

3. Irregular

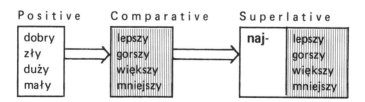

P o s i t i v e   C o m p a r a t i v e   S u p e r l a t i v e

dobry	lepszy	**naj-** lepszy
zły	gorszy	gorszy
duży	większy	większy
mały	mniejszy	mniejszy

The adjectives **dobry, zły, duży** and **mały** have different stems in the comparative and superlative degrees.

V. ASPECT

1. A few verbs have totally different forms in the perfective and the imperfective aspect. Here are some examples:

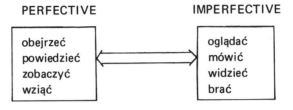

PERFECTIVE	IMPERFECTIVE
obejrzeć	oglądać
powiedzieć	mówić
zobaczyć	widzieć
wziąć	brać

2. As previously illustrated, a change of aspect can result from attaching prefixes to certain imperfective verbs (see L. 15). Some prefixes change not only the aspect but also the m e a n i n g of a given verb. Those perfective verbs which were formed with meaning-changing prefixes can yield a new series of i m p e r f e c t i v e verbs by taking the s u f f i x -a-, -wa-, -owa-, -iwa-, -ywa- or -ja-. In many cases consonant and vowel changes are also involved.

The following table will clarify the double chain of derivation:

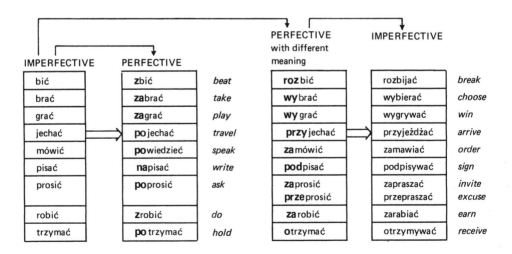

IMPERFECTIVE	PERFECTIVE		PERFECTIVE with different meaning	IMPERFECTIVE	
bić	zbić	beat	rozbić	rozbijać	break
brać	zabrać	take	wybrać	wybierać	choose
grać	zagrać	play	wygrać	wygrywać	win
jechać	pojechać	travel	przyjechać	przyjeżdżać	arrive
mówić	powiedzieć	speak	zamówić	zamawiać	order
pisać	napisać	write	podpisać	podpisywać	sign
prosić	poprosić	ask	zaprosić przeprosić	zapraszać przepraszać	invite excuse
robić	zrobić	do	zarobić	zarabiać	earn
trzymać	potrzymać	hold	otrzymać	otrzymywać	receive

*17.1 *Read the following aloud, paying special attention to* ę *and* ą.

Bardzo się cieszę. Całymi dniami myślę, jak to mieszkanie urządzić. Jagiełłowie urządzają nowe mieszkanie. Ja nie mam szczęścia proszę pana, nigdy nie mogę wygrać. Widzę, że świat kręci się tutaj wokół telewizora.

17.2 *Fill in the missing letters.*

u—ądzać, mie—kanie, d—ewo, du—o, najlep—y, obej—eć, in—ynier, uło—yć, —erbata, lod—wka, —arakter, podw—rko, —ałas, —storia

*17.3 *Give the genitive singular of the following nouns.*

okazja, tragedia, Maria, historia, lekcja, racja, komedia, kolacja

*17.4 *Give the instrumental singular of each of these nouns.*

tango, katalog, słownik, kwiatek, oko, środek, sok

What consonant changes have you noticed?

*17.5 *Give the comparative of the following.*

słodki, wysoki, drogi, mądry, stary, biały

17.6 *Use the correct form of* który? , -a? , -e?

Example: Z **którym** chłopcem idziesz do kina?

1. _____ ciastkami mogę cię poczęstować?
2. Z _____ studentką idziesz do teatru?
3. Z _____ studentami jedziesz na wieś?
4. Nad __ biurkiem wieszamy lampę?
5. Przed ___ okienkiem stoją Mary i Ewa?
6. _____ dziewczynami interesuje się Jean?

17.7 *Pair* do, z, od *and* u *with the nouns below, modifying their forms when necessary.*

Jadę ⎫
Idę ⎭ **do** _____ .

Wracam ⎫
Jadę. ⎭ **z** _____ .

Jadę **od** _____ .

Mieszkam **u** _____ .

Jestem **z** _____ .

Warszawa, Kraków, sklep, teatr, matka, kino, uniwersytet, ojciec, siostra, targ, rodzina

17.8 *Supply the correct form of the comparative.*

Examples: Która sukienka jest **bardziej elegancka,** ta czy tamta? (elegancki)
Która sukienka jest **ładniejsza,** ta czy tamta? (ładny)

1. Kto jest _____ , Leszek czy Staszek? (dynamiczny)
2. Kto jest _____ , Andrzej czy Jurek? (wysoki)
3. Które dziecko jest _____ , to czy tamto? (grzeczny)
4. Który film jest _____ , ten czy tamten? (interesujący)
5. Kto jest _____ , profesor Górski czy Staszek? (roztargniony)
6. Kto jest _____ , Ewa czy Leszek? (towarzyski)
7. Które miasto jest _____ , Kraków czy Warszawa? (ładny)
8. Które miasto jest _____, Kraków czy Katowice? (dynamiczny)
9. Który kilim jest _____ , ten czy tamten? (kolorowy)

17.9 *Use appropriate nouns in the instrumental to answer the following.*

Example: A. Czym możemy pisać?
B. **Ołówkiem, piórem, kredką.**

A. Czym możemy jeść? / jechać? / poczęstować gości? / bawić się? / golić się?

17.10 *Give the infinitive of each of the following.*

Example: (ja) starzeję się ⟶ **starzeć się**

(on) je, (oni) jadą, (ja) idę, (on) kupuje, (oni) niosą, (my) pijemy,
(ty) żyjesz, (oni) śpią, (wy) piszecie, (oni) stoją

*17.11 *Use the appropriate form of the pronoun* ja / mój *to answer the following.*

Example: A. Dla kogo ten telewizor?
B. **Dla** *mnie.*

1. Z kim Ewa pisze reportaż?
2. Od kogo Ewa ma te kwiaty?
3. Kogo wołają?
4. Kto tu sprząta?
5. Kto to?
6. Z kim Teresa chce jechać na wieś?
7. Czyja to sukienka?
8. U kogo mieszka Zosia?

17.12 *From which of the two infinitives is the inflected form derived?*

(ja) pomagam (pomagać — pomóc)
(on) wraca (wrócić — wracać)
(ja) kupuję (kupować — kupić)
(ty) opowiadasz (opowiedzieć — opowiadać)
(my) odwiedzamy (odwiedzić — odwiedzać)
(ona) pomaga (pomóc — pomagać)
(oni) rzucają (rzucić — rzucać)
(wy) urządzacie (urządzać — urządzić)

17.13 *Supply the correct form of the cardinal number.*

Example: Potrzebujemy (5) **pięciu** pomocników.

Potrzebujemy	(6)	_____ studentów	(10)	_____ pań
	(7)	_____ studentek	(5)	_____ stołów
	(8)	_____ inżynierów	(15)	_____ krzeseł
	(9)	_____ panów	(20)	_____ biurek

17.14 *Put the verb into the 3rd person plural, as in the example.*

Example: A. (My) zamawiamy tylko herbaty.
B. **A co oni** *zamawiają?*

A. 1. (My) pijemy czarną kawę. 2. (My) jemy pierogi. 3. (My) gotujemy dziś tylko zupę. 4. (My) pieczemy ciasto z jabłkami. 5. (My) bierzemy książki.
6. (My) chcemy 2 kilo kiełbasy.

17.15 *Use an appropriate personal pronoun to answer the following.*

Example: A. Z kim Leszek idzie do teatru?
B. **Ze** *mną.* (ja) / **Z** *nią.* (ona)

A. Z kim Staszek jedzie na wieś?	B. _____ . (on)	_____ . (oni)
	_____ . (my)	_____ . (one)
Z kim chcecie oglądać telewizję?	B. _____ . (ty)	_____ . (oni)
	_____ . (wy)	_____ . (ona)
Kim interesuje się Jean?	B. _____ . (ona)	_____ . (one)
	_____ . (ty)	_____ . (wy)

17.16 *Supply the correct form of the superlative.*

Examples: Kto tu jest **najbardziej elegancki?** (elegancki)
Kto tu jest **najwyższy?** (wysoki)

Kto tu jest	1. _____? (zajęty)	5. _____? (towarzyski)
	2. _____? (inteligentny)	6. _____? (dobry)
	3. _____? (młody)	7. _____? (młody)
	4. _____? (arogancki)	8. _____? (zły)

17.17 *Supply the correct form of the ordinal number.*

Example: Nie mogę znaleźć **pierwszej** klasy. (lst)

1. Nie mogę znaleźć _____ okienka. (5th) / (8th)
2. Nie mogę znaleźć _____ ołówka. (2nd)
3. Nie mogę znaleźć _____ biletu. (2nd) / (3rd)
4. Szukam numeru _____ . (46th) / (71st)
5. Szukam numeru _____ . (129th) / (387th)
6. Szukam miejsca _____ . (11th) / (12th)

269

17.18 *Use appropriate prepositional phrases to complete the following.*

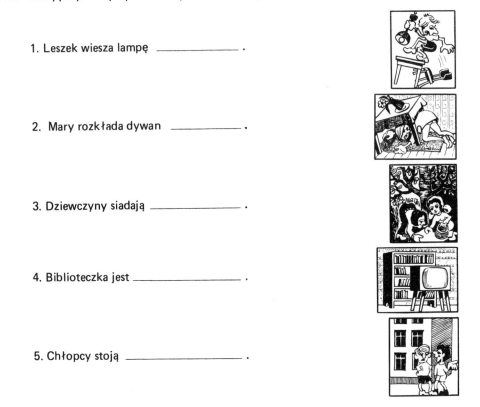

1. Leszek wiesza lampę _____ .

2. Mary rozkłada dywan _____ .

3. Dziewczyny siadają _____ .

4. Biblioteczka jest _____ .

5. Chłopcy stoją _____ .

17.19 *Match the following adjectives with their opposites.*

Example: **ciężki ◄────► lekki**

zły, ciemny, mądry, biały, głupi, wysoki, czarny, niski, gruby, czysty,
brzydki, wesoły, brudny, ładny, dobry, smutny, jasny, szczupły, drogi,
tani, wąski, głośny, cichy, pusty, pełny, pierwszy, ostatni, lekki, szeroki,
ciężki, cienki, nudny, ciekawy, interesujący, młody, stary, mały, duży,
wolny, zajęty

17.20 *In each of the following sentences the first letter of an appropriate noun is
provided. Complete the spelling of its correctly inflected form.*

1. Co? Tymi k _____ chcesz orać? !
2. Przecież to nie mięso, to k _____ ! No i co ja mam z tymi k _____ zrobić?
3. Urządzamy przyjęcie. Możecie być naszymi g_____?
4. (*Mały Janek:*) Mama mówi, że możemy hałasować, bo jesteśmy jeszcze m ____ .
5. Jeżeli nie masz p _____ , możesz pisać o _____ .
6. Nie mogę się uczesać, bo nie mam g_____ .

17.21 *Use the comparative as in the example.*

Example: A. Te ciastka są dobre.
                B. **Ale tamte są** *lepsze.*

A. 1. Ta sąsiadka jest zła. 2. Ci studenci są dobrzy.
    3. Za duży jest ten karton. 4. Za mała jest ta szafa.
    5. Dobra jest ta zupa. 6. Za małe są te kartony.

17.22 *Complete the sentences with appropriate nouns from the list below.*

pan — osioł (= *ass)* — widelec — róża — nóż — ołówek — profesor — student — pieniądze

1. Mięso je się _____ , a nie łyżką.
2. Wiecie, że pan Górski jest _____ .
3. Leszek jest dobrym _____ .
4. Chcemy zagrać w ,,Toto Lotka'', bo nie mamy _____ .
5. Jesteś _____ ! Dwa plus dwa jest cztery, a nie pięć.

17.23 *Describe the apartment of the Jagiełłos, using the following words.*

kuchnia, łazienka, sypialnia, meble, biblioteczka, telewizor, płyty, dywan, tapczan, firanki, lodówka, piecyk gazowy, zlewozmywak, szafka na naczynia, urządzać, pomagać, obejrzeć, stawiać, powiesić, rozkładać, kupić

17.24 *Answer these questions with appropriate nouns in the instrumental case.*

Z czym możesz podać *(serve)* ciasto?   1. _____ . 2. _____ .
                                      3. _____ . 4. _____ .
Z czym możesz podać herbatę?   1. _____ . 2. _____ .
                                        3. _____ .
Z czym możesz podać ziemniaki?   1. _____ . 2. _____ .
                                      3. _____ . 4. _____ .

17.25 *Topics for conversation*

1. Tell your friends how you are going to furnish your apartment. Ask their opinion about it.

2. Try to describe yourself, your friend(s) or professor(s) to the rest of the class. What qualities do you value most in your friend(s)? Why? What are you looking for in a true friend, future wife or husband?

3. Ask other members of the class about their family. Then tell them about yours.

Na Wawel, na Wawel

I. KOMU KUPIĆ FAJKĘ?

*Mary i Leszek wracają z Katowic. Przy okazji Leszek
chce pokazać Mary Kraków, bo jeszcze tam nie była.*

Leszek: *(sprawdza plan miasta)* Nie wiedziałem, że to tak blisko. Dawno tu już nie byłem...

Mary: Ja chcę na Wawel!

Leszek: Powoli. Najpierw idziemy na Rynek, o tu przez tę bramę.

Mary: Jakie wąskie uliczki!

Leszek: Cóż, dawniej nie było samochodów, tramwajów...

Mary: Co to za kościół?

Leszek: To słynny Kościół Mariacki. Z tej właśnie wieży grają hejnał.

Mary: Słyszałam go nieraz przez radio.

Leszek: Na prawo widzisz pomnik Mickiewicza i Sukiennice. Tam możesz kupić ładne upominki.

Mary: Świetnie! Muszę przecież wziąć coś z Polski mamie, ojcu i siostrze.

(wchodzą do Sukiennic)

Leszek: Są ładne fajki.

Mary: Tylko komu mogę kupić fajkę...?

Leszek: Oczywiście jakiemuś mężczyźnie. Chyba że u was kobiety fajki palą...

Mary:	Bez żartów!
	Wiem już, fajkę mogę dać wujkowi. A co dać cioci?
Leszek:	*(przygląda się rzeźbionemu pudełku)* Może takie pudełko?
Mary:	Niezła myśl. A siostrze biorę ten bursztynowy pierścionek.

II. „ŻOŁĄDEK PUSTY WOŁA KAPUSTY...''

Pada deszcz. Zimno. Ale ani Mary, ani Leszek nie tracą humoru.

Mary:	*(śpiewa)* „Na Wawel, na Wawel Krakowiaczku...''
Leszek:	Gdzie nauczyłaś się tej piosenki?
Mary:	Śpiewała ją czasem moja babcia.
Leszek:	A mój dziadek śpiewał: „Żołądek pusty, woła kapusty...''
Mary:	*(śmieje się)* Rozumiem, rozumiem... Już jedenasta,
	a my nie jedliśmy jeszcze śniadania!
Leszek:	Jestem głodny jak wilk!
Mary:	Ja właściwie też...
Leszek:	No to idziemy do baru mlecznego... o tu na lewo.
Mary:	A co potem robimy?
Leszek:	Nie wiem. Pada coraz bardziej...
Mary:	Możemy iść do muzeum.

Leszek: Albo do Smoczej Jamy...
Mary: Co, i Kraków miał smoka?

GLOSSES

1. **bar mleczny** snack bar
   brama gate
   deszcz *m.* rain
   dziadek grandfather; grandpa
   fajka pipe
   hejnał bugle call
   humor humor; mood
   jama den
   kościół church
   myśl *f.* **myśli** *pl.* thought; idea
   pierścionek ring
   piosenka song
   plan map
   pomnik monument
   pudełko (a small) box

   radio radio
   rynek market square
   samochód automobile; car
   smok dragon
   sukiennice cloth hall
   śniadanie breakfast
   tramwaj *m.* tram; streetcar
   ulica street
   uliczka side street; narrow street
   upominek souvenir
   wieża tower
   wilk wolf
   żart joke
   żołądek stomach

2. **bursztynowy** of amber; amber _____ **rzeźbiony** carved
   mleczny milk _____ **słynny** famous

3. **nauczyć się** *perf.* } to learn **sprawdzać** to check
   uczyć się **śmiać się** to laugh
   pokazać *perf.* } to show (round) **śpiewać** to sing
   pokazywać **tracić** to lose
   przyglądać się to look at (and examine) **wołać** to demand

4. **ani...,ani** either... or; neither... nor **komu** to / for whom
   bez without **na lewo** (on the) left
   blisko near **na prawo** (on the) right
   coraz bardziej more and more **nieraz** time and again
   czasem sometimes **powoli** slowly; don't hurry!
   dawno long ago; for a long time **świetnie** excellently; excellent!; splendid!
   dawniej in the past **zimno** (it is) cold
   jakiemuś *D m. sing.* any; some

5. „**Na Wawel, na Wawel, Krakowiaczku...**" "(Let's) go to Wawel, little Cracovian..." —
   first line of a popular song
   Z tej właśnie wieży grają hejnał. It is from this tower that the bugle call is sounded.
   słyszeć coś przez radio to hear sth. on the radio
   Bez żartów! No joking!
   niezła myśl not a bad idea
   nie tracić humoru to keep up one's spirits
   Pada deszcz. It is raining.
   Pada. It is raining.
   Głodny jestem jak wilk. I am as hungry as a wolf / a bear.
   smocza jama dragon's den

6. **Wawel** name of a hill in Cracow and of the castle situated on that hill
   Kraków Cracow
   Kościół Mariacki St Mary's Church
   Mickiewicz (Adam) a distinguished romantic poet

I. DATIVE SINGULAR

1. Nouns

Masculine

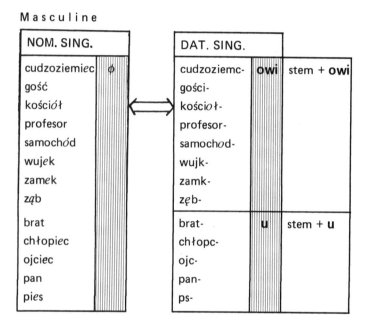

NOM. SING.			DAT. SING.		
cudzoziemiec	∅	⟷	cudzoziemc-	**owi**	stem + **owi**
gość			gości-		
kościół			kościoł-		
profesor			profesor-		
samochód			samochod-		
wujek			wujk-		
zamek			zamk-		
ząb			zęb-		
brat			brat-	**u**	stem + **u**
chłopiec			chłopc-		
ojciec			ojc-		
pan			pan-		
pies			ps-		

Most masculine nouns take the **-owi** ending in the dative singular. A few (often monosyllabic) take the **-u** ending.

Like many other inflectional endings, **-owi** and **-u** can cause vowel change.

NOM. SING.			DAT. SING.		
mężczyzn-	**a**	⟷	mężczy**źni**-	**e**	nom. sing.: stem + **a**
koleg-			kole**dz**-		dat. sing.: stem + **e**
poet-			poe**ci**-		

Masculine nouns with an **-a** ending in the nominative singular behave like feminine nouns and take the **-e** ending in the dative singular. (For other case endings see Grammatical Tables.)

Feminine

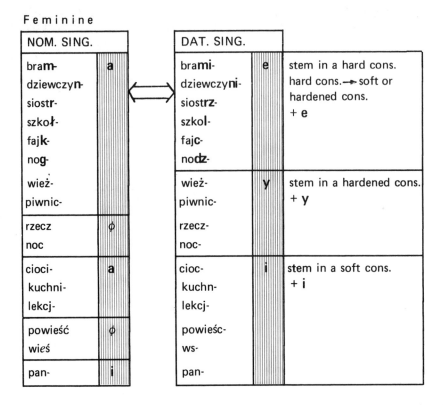

NOM. SING.		DAT. SING.		
bram- dziewczyn- siostr- szkoł- fajk- nog-	a	brami- dziewczyni- siostrz- szkol- fajc- nodz-	e	stem in a hard cons. hard cons. → soft or hardened cons. + e
wież- piwnic-		wież- piwnic-	y	stem in a hardened cons. + y
rzecz noc	∅	rzecz- noc-		
cioci- kuchni- lekcj-	a	cioc- kuchn- lekcj-	i	stem in a soft cons. + i
powieść wieś	∅	powieśc- ws-		
pan-	i	pan-		

Feminine nouns whose stems terminate in a h a r d consonant in the nominative singular take the -e ending in the dative singular, and the hard consonant becomes soft or hardened. (For further illustrations of consonant change, see Intro., II 2.2., 2.3., Tables A and C.)
Other feminine nouns take either the -y ending (if their stems end in a hardened consonant) or the -i ending (if their stems end in a soft consonant).

Neuter

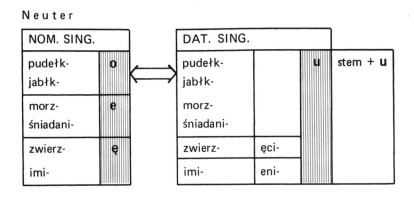

NOM. SING.		DAT. SING.			
pudełk- jabłk-	o	pudełk- jabłk-		u	stem + u
morz- śniadani-	e	morz- śniadani-			
zwierz- imi-	ę	zwierz- imi-	ęci- eni-		

278

2. Interrogative Pronouns: kto? , co?

Dat. Sing.:   **komu? , czemu?**

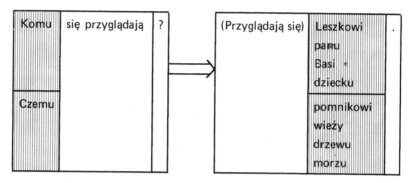

Komu	się przyglądają	?
Czemu		

(Przyglądają się)	Leszkowi	.
	panu	
	Basi	
	dziecku	
	pomnikowi	
	wieży	
	drzewu	
	morzu	

The pronouns **kto?** and **co?** become **komu?** and **czemu?** in the dative case.

3. Adjectives

4. Pronouns

Interrogative Pronouns: **jaki?, jakie?, jaka?**

Dat. Sing.:   **jakiemu?, jakiej?**

Interrogative Pronouns: **który? , które? , która?**

Dat. Sing.:   **któremu? , której?**

Demonstrative Pronouns: **ten, to, ta**

Dat. Sing.:   **temu, tej**

Jakiemu	pomnikowi drzewu	się przyglądają	?
Jakiej	wieży		

(Przyglądają się)	wielki- star-	emu	(pomnikowi)	.	masc.	stem
			(drzewu)		neut.	+ emu
		ej	(wieży)		fem.	stem + ej

Któremu	chłopcu	mam pomóc	?
	dziecku		
Której	studentce		

Temu	(chłopcu)	.	masc.
	(dziecku)		neut.
Tej	(studentce)		fem.

279

In the dative singular, masculine and neuter adjectives take the **-emu** ending and feminine adjectives take the **-ej** ending.

The pronouns **jaki?** , **-a?** , **-e?** , **który?** , **-a?** , **-e?** and **ten, ta, to** all follow this pattern.

5. Uses of the Dative

The Dative as Indirect Object

		DIRECT OBJ.	INDIR. OBJ.		
Mary	kupuje	fajkę	wujkowi	.	transitive verb
	daje	pudełko	cioci		+ noun in the
	podaje	pierścionek	siostrze		dat. indicating
	wysyła				recipient

		INDIR. OBJ.		
Leszek	pomaga	koledze	.	intransitive verbs, such
	przygląda się	Basi		as **pomagać, przyglądać się, ufać** + noun in the dat.
	ufa (*trusts*)	dziecku		indicating the object of help, trust or interest

II. PAST TENSE

1. The Verb *być*

SING.								
masc.		fem.		neut.				
by**ł**-	em	by**ła**-	m					1
	eś		ś					2
	φ		φ	by**ło**	φ			3

PL.				
masc. pers.		other*		
by**li**-	śmy	by**ły**-	śmy	1
	ście		ście	2
	φ		φ	3

The past tense of **być** (and almost all other verbs) is formed by adding the formal marker of the tense **-ł-**

plus gender suffixes (φ, -ⓐ-, -ⓞ-, -ⓘ-, -ⓨ-) and
personal endings (**-(e)m -(e)ś**, φ, **-śmy, -ście**, φ) to the stem** of the infinitive.

---

*Here **other** means masculine non-personal, feminine and neuter.

The stem is what remains when the **-ć or **-c** ending is cut off.

280

Note that ł changes into l before i. Note also that the accent is shifted from the penultimate to the antepenultimate syllable in the 1st and 2nd person plural. (For other variations in accent, see Intro., I. 4.)

2. The *nie ma* Construction

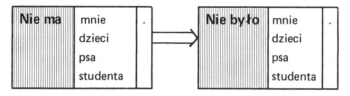

Nie ma	mnie	.		Nie było	mnie	.
	dzieci				dzieci	
	psa				psa	
	studenta				studenta	

In the past tense, **nie ma** is always replaced by **nie było**. Like **nie ma, nie było** occurs with singular and plural nouns / pronouns of all genders.

3. *Jest* + Expressions of Quantity

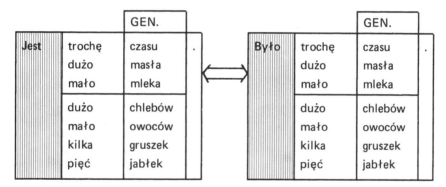

		GEN.	.				GEN.	.
Jest	trochę	czasu			Było	trochę	czasu	
	dużo	masła				dużo	masła	
	mało	mleka				mało	mleka	
	dużo	chlebów				dużo	chlebów	
	mało	owoców				mało	owoców	
	kilka	gruszek				kilka	gruszek	
	pięć	jabłek				pięć	jabłek	

In the past tense, **jest** is replaced by **było** when the expression of quantity is followed by a noun or pronoun in the genitive case.

4. Verbs of the   *-a-m / -a-sz* **Conjugation**
                             -e-m / -e-sz

c z y t a ć u m i e ć

SING.						PL.				
masc.		fem.		neut.		masc. pers.		other		
czytał-	em	czytała-	m		1	czytali-	śmy	czytały-	śmy	1
umiał-	eś	umiała-	ś		2	umieli-	ście	umiały-	ście	2
	∅		∅	czytało-	∅ 3		∅		∅	3
				umiało						

The past tense of the majority of -a-m / -a-sz and -e-m / -e-sz verbs is formed like the past tense of the verb być (i.e., by adding the marker -ł-, gender suffixes and personal endings to the stem of the infinitive).

jeść   mieć   wiedzieć

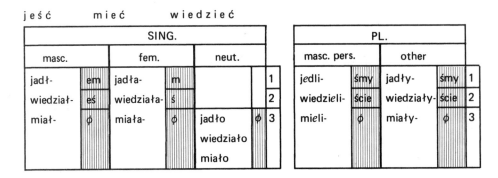

SING.					
masc.		fem.		neut.	
jadł-	em	jadła-	m		1
wiedział-	eś	wiedziała-	ś		2
miał-	∅	miała-	∅	jadło wiedziało miało ∅	3

PL.				
masc. pers.		other		
jedli-	śmy	jadły-	śmy	1
wiedzieli-	ście	wiedziały-	ście	2
mieli-	∅	miały-	∅	3

The past tense of the verbs jeść, mieć, and wiedzieć is formed from stems that have been somewhat modified.

Characteristic of verbs in -eść or -eć is the $a \longrightarrow e$ vowel exchange. Note that e appears only in the m a s c u l i n e p e r s o n a l.

SING.					
masc.		fem.		neut.	
Chłopiec Ptak (bird) Pies	jadł .	Kobieta Owca Krowa	jadła .	Dziecko Zwierzę Cielę	jadło .

PL.			
masc. pers.		other	
Chłopcy	jedli .	Ptaki Kobiety Owce Dzieci Cielęta	jadły .

The 3rd person forms have been repeated here to bring out distinctions in gender. In the singular, all three genders (masculine, feminine, neuter) are contrasted. In the plural, however, the opposition occurs only between masculine personal and all other genders.

18.1 *Read these words aloud, observing the contrast between ł and l.*

kochaliśmy — kochałyśmy
robiliście — robiłyście
robili — robiły

bawiliście się — bawiłyście się
czytaliśmy — czytałyśmy
wiedzieli — wiedziały

18.2 *Give the infinitive of each of the following.*

biegnę, piekę, mogę, chcę, biorę, jadę, idę, wiem, jem, boję się

*18.3 *Supply the dative of the given noun.*

Example: Mali chłopcy przyglądają się **samochodowi.** (samochód)

1. Leszek przygląda się dziwnej _____ . (fajka)
2. Leszek przygląda się dziwnemu _____. (zwierzę)
3. Leszek przygląda się staremu _____ . (zamek)
4. Staszek pomaga starszej _____ . (kobieta)
5. Jean pomaga _____ . (kolega)
6. Pani Górska kupuje buty _____ . (mąż i Staszek)
7. Student niesie kwiaty _____ . (dziewczyna)

What vowel / consonant alternations have you noticed?

18.4 *Give the dative singular of each of the following.*

aktorka, bluzka, chłopiec, wieś, sweter, córka

18.5 *Supply the masculine equivalent of each of the following.*

Example: (wy) przepraszałyście ←→ (wy) **przepraszaliście**

(wy) pamiętałyście	(one) wiedziały	(ty) pamiętałaś
(ja) czytałam	(ona) umiała	(one) jadły
(ty) jadłaś	(ty) byłaś	(wy) siadałyście
(ja) wiedziałam	(ona) słuchała	(one) miały
(wy) miałyście	(ty) miałaś	(one) grały
(ona) jadła	(ona) miała	(wy) jadłyście

18.6 *Supply the required case forms for each of the following nouns.*

samochód	*Gen. pl.*	_____			
tramwaj	*Gen. pl.*	_____			
kościoły	*Gen. pl.*	_____	*Instr. pl.*	_____	
córka	*Gen. pl.*	_____	*Dat. sing.*	_____	
siostra	*Gen. pl.*	_____	*Dat. sing.*	_____	
wiara	*Dat. sing.*	_____			
góra	*Dat. sing.*	_____			
wieża	*Dat. sing.*	_____			
Krakowem	*Nom. sing.*	_____			
Warszawa	*Dat. sing.*	_____			

*18.7 *Repeat the pattern provided in the example, putting the verb into the past tense.*

Example: A. Jesteś studentem, prawda?

B. *Byłem,* **ale nie jestem.**

A. 1. Pan Kowalski jest aktorem, prawda?

2. Pani Kowalska jest kierowniczką, prawda?

3. Jesteś robotnikiem, prawda?

4. Oni są robotnikami, prawda?

5. Jesteście robotnikami, prawda?

6. One są fryzjerkami, prawda?

7. Jesteście studentkami, prawda?

8. Jesteś studentką, prawda?

18.8 *Ask questions requiring the words in italics as answers.*

1. _____ ? Ufamy *tej* studentce.

2. _____ ? Pomagamy *słabemu* studentowi.

3. _____ ? Przyglądam się *drzewu.*

4. _____ ? Teraz daję jeść *temu* dziecku.

5. _____ ? Pomagam *Ewie.*

6. _____ ? Tę paczkę wysyłam *córce.*

18.9 *Put all verbs into the past tense.*

Examples: Mary czyta książkę. **Mary** *czytała* **książkę.**

Ja *(fem.)* jem jabłka. *Jadłam* **jabłka.**

Ja *(masc.)* jem jabłka. *Jadłem* **jabłka.**

1. Nie ma tu profesora?

2. Jest bardzo mało czasu.

3. Ona wie wszystko.

4. On umie gotować.

5. One jedzą dużo.

6. My *(fem.)* mamy dużo pracy.

7. Oni wszystko sprzedają.

8. To dziecko nic nie je.

9. Wy *(masc.)* jesteście pierwsi.

10. Ty *(masc.)* wiesz, kto to jest?

11. Ty *(fem.)* masz zawsze czas.

12. Ono ma czas.

*18.10 *Use the comparative of the adjective as in the example.*

     Example: A. Ten znaczek jest ładny.
                   B. **Ale tamten jest** *ładniejszy.*

    A. 1. Ten wzór jest wesoły.   4. Ten chleb jest dobry.
       2. Ta torba jest duża.   5. Ta książka jest ciekawa.
       3. To dziecko jest małe.   6. Ten chłopiec jest zły.

18.11 *Supply the correct form of* **który? , -a? , -e?** *and* **ten, ta, to.**

     Example: A. **Któremu** studentowi pomagasz?   B. **Temu.**

    A. 1. _____ córce pomagasz?   4. _____ dziecku pomagasz?
       2. _____ synowi pomagasz?   5. _____ koledze pomagasz?
       3. _____ ciotce pomagasz?   6. _____ bratu pomagasz?

18.12 *Identify the day of the week in question.*

    (wczoraj — *yesterday,* przedwczoraj — *the day before yesterday*).

    1. Dzisiaj jest sobota, czyli jutro będzie *(will be)* _____ .
    2. Dzisiaj jest wtorek, czyli wczoraj był _____ .
    3. Dzisiaj jest niedziela, czyli przedwczoraj był _____ .
    4. Dzisiaj jest środa, czyli pojutrze będzie *(will be)* _____ .
    5. Dzisiaj jest piątek, czyli wczoraj był _____ .
    6. Dzisiaj jest sobota, czyli pojutrze będzie *(will be)* _____ .
    7. Wczoraj był czwartek, czyli dzisiaj jest _____ .
    8. Przedwczoraj był poniedziałek, czyli dzisiaj jest _____ .

18.13 *Put the given nouns into the dative case.*

     Example: A. Idziesz?
                   B. **Nie, bo muszę dać jeść** (lit.: *give (something)*
                     to eat) dziecku. (dziecko)

    A. Idziesz?
    B. Nie, bo muszę dać jeść (pies), (krowa), (koń), (kot), (owca).

18.14 *Give the past tense of the 3rd person singular (masculine, feminine and neuter) of each of the following verbs.*

    być, kochać, umieć, wiedzieć, jeść

    Now give the past tense of their 2nd person singular (masculine and feminine).

18.15 *Answer this question with verbs in the 1st person plural. Notice that n o t a l l of the given verbs can be used in the present tense.*

Example: A. Co robicie?

B. **Czytamy.** (czytać, przeczytać)

A. Co robicie?

B. _____ . (zjeść, jeść, pić, wypić, ugotować, gotować, myć się, umyć się, ubrać się, ubierać się)

*18.16 *Reply in the negative, substituting pronouns for nouns.*

Example: A. Idziesz do kina z Marysią?

B. *Z nią,* **o nie!**

A. Idziesz do teatru z państwem Górskimi? / z Leszkiem? / z Ewą i z Teresą? / z siostrą? / z jego bratem? / z nami? / ze mną? / ze Staszkiem i z Małgosią?

*18.17 *Disagree with each of the following, putting the verb into the past tense.*

Example: A. Te dzieci są grzeczne.

B. *Były,* **ale już nie są.**

1. Ci studenci są pracowici.
2. Te dziewczyny są miłe.
3. Te zwierzęta są zdrowe.
4. Ci panowie są uprzejmi.
5. Te psy są złe.
6. Te cielęta są głodne.

18.18 *Express your surprise and / or disbelief as in the example. Substitute the* **niż + nominative** *construction for the* **od + genitive** *construction.*

Example: A. Ten kościół jest starszy od tamtego.

B. **Co? Ten kościół jest starszy** *niż* **tamten?**

A. 1. Moja torba jest lżejsza od twojej.
   2. Janek jest zdolniejszy ode mnie.
   3. Janek jest przystojniejszy od niego.
   4. Te książki są ciekawsze od tamtych.
   5. Ten reportaż jest lepszy od tamtego.
   6. On jest sympatyczniejszy od niej.

*18.19 *Follow the example, putting the given noun into the genitive case.*

Example: A. Możesz wziąć dwie książki.

B. **Przepraszam, ile** *książek* **mogę wziąć?**

A. 1. Możesz wziąć dwie torby.
   2. Możesz kupić dwie sukienki.
   3. Możesz zamówić dwie kawy.
   4. Możesz zamówić trzy ciastka.
   5. Możesz zamówić cztery herbaty.
   6. Możesz podać dwie łyżki.
   7. Możesz wziąć dwie powieści.
   8. Możesz tam spać dwie noce.
   9. Możesz zjeść jedną kiełbasę.
   10. Możesz wybrać dwie koszule.

18.20 *Complete these sentences with appropriate nouns from the list below.*

Kiedy chcemy kogoś zaprosić, wysyłamy _____ .
Kiedy chcemy mieć ładne fryzury, idziemy do _____ .
Kiedy chcę się ogolić, szukam _____ lub _____ .
Listy przynosi nam _____ .
Kiedy chcemy zwiedzić nieznane nam miasto, kupujemy _____ .
Kiedy jesteśmy głodni, idziemy do _____ lub _____ .

żyletka, listonosz, zaproszenie, bar mleczny, fryzjer, elektryczna maszynka do golenia, plan, restauracja

*18.21 *Use the comparative as in the example.*

Example: A. Ewa i Janek są zdolni.
           B. **Ale Ewa jest chyba** *zdolniejsza* **od Janka.**

A. 1. Kanadyjki i Angielki są ładne.   4. Japończycy i Amerykanie są pracowici.
   2. Teresa i Mary są inteligentne.   5. Janek i Ewa są mili.
   3. Leszek i Staszek są mądrzy.   6. Górscy i Jagiełłowie są sympatyczni.

18.22 *Complete the following questions.*

1. Komu _____ ?   4. Dokąd _____ ?   7. Czym _____ ?
2. Od kogo _____ ?   5. Kim _____ ?   8. Skąd _____ ?
3. Do kogo _____ ?   6. Czemu _____ ?   9. Z kim _____ ?

18.23 *Complete the texts with appropriate words from the given lists.*

Profesor Górski nigdy nie może niczego znaleźć. Jest bardzo _____ .
Nigdy nie kładzie rzeczy na _____ . _____ czegoś szuka.

codziennie, roztargniony, to samo miejsce

Konduktor wchodzi do wagonu i mówi _____ . Mary nie może
_____ biletu. Jest bardzo _____ . Nigdy nie kładzie
biletu w _____ . Wszystkiego szuka i bardzo _____ .

denerwuje się, to samo miejsce, proszę bilety do kontroli, roztargniona, znaleźć

18.24 *Fill in the blanks with appropriate prefixes.*

Example: Jestem już głodny. Muszę —jeść obiad.
           Jestem już głodny. Muszę **z**jeść obiad.

1. Pani Jagiełłowa pakuje ubrania synów. Musi jeszcze —pakować sukienki.
2. Basia często gubi różne rzeczy. Wczoraj —gubiła książkę.
3. Pani Górska —gotowała obiad. Teraz musi —sprzątać w kuchni.
4. Kiedy —kończysz pisać ten list?
5. Czy mogę —pić się wina?
6. Pan Jagiełło gra w „Toto Lotka", ale nie może nic —grać.

18.25 *Make up a story based on the following comic strip.*

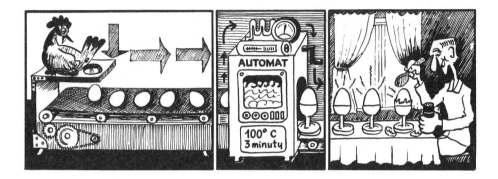

Imieniny Marii

I. STO LAT NIECH ŻYJE NAM!

Krakowskie Przedmieście. Leszek i Jean wracali z uniwersytetu.
Gdy przechodzili obok kwiaciarni, Leszek nagle zatrzymał się
— coś mu się przypomniało.

Leszek: Jean, przecież dzisiaj Marii!
Jean: No to co?
Leszek: Jak to co? Mary ma imieniny.
Jean: A rzeczywiście — ,,Mary'' to wasza ,,Maria''.
Leszek: Ależ nie o to chodzi!
Jean: A o co?
Leszek: Wszystkim paniom Mariom składają dziś życzenia, dają kwiaty...
Jean: A tyś o niej zapomniał...
Leszek: Człowiek jest ostatnio taki zajęty... No nic, może ta kwiaciarnia jest otwarta. *(wchodzą)*

Leszek: Proszę jakieś ładne róże.
Pani: Nie ma już róż. Pan wie, imieniny Marii...
Leszek: Wiem. Ja właśnie też dla Marii.
Pani: Przykro mi, ale ostatnie róże zamówiła pewna pani. Miała przyjść o piątej.
Jean: *(z uśmiechem)* Ale jest już szósta.
Pani: Co, już szósta? O to mogę panom te róże sprzedać... *(przynosi bukiet i pokazuje im)* Podobają się panom?
Leszek: Piękne.

Jean:	Takich jeszcze nie widziałem!
Leszek:	Bardzo pani dziękuję.

II. WSZYSTKIEGO NAJLEPSZEGO!

Pokój Mary. Wieczór. Mary uczyła się. Nagle ktoś mocno zapukał i weszła gromada młodych ludzi.

Basia:	Mary, życzymy ci wszystkiego najlepszego: zdrowia, szczęścia...
Irena:	dobrego męża...
Mary:	*(zdziwiona)* Mnie? Z jakiej okazji?
Ewa:	Bo dziś twoje imieniny!
Mary:	Miłe jesteście, ale ja nie obchodzę imienin.
Basia:	Ale my obchodzimy! *(całuje Mary i wręcza jej małą paczkę)* To na pamiątkę. Babcia zrobiła.
Mary:	Czyżby kilim? *(szybko otwiera paczkę)* Kilim! Zawsze o takim marzyłam.
Irena:	A ode mnie masz te bursztyny...
Mary:	Dziękuję wam. Strasznie mi miło, ale czemuście sobie takie wydatki robiły?
Leszek:	*(wręcza Mary róże)* Mary, życzę ci stu lat! Wszyscy zaczynają śpiewać: ,,Sto lat, sto lat, niech żyje, żyje nam..." Gdy skończyli, Leszek zaprosił całe towarzystwo do kawiarni. I tam znowu zaśpiewali ,,Sto lat..."

GLOSSES

1. **bursztyn** amber
   bursztyny *pl.* objects of amber (e.g., necklaces)

człowiek man
gromada group; bunch
imieniny *pl.* nameday

kwiaciarnia florist's (shop)
lata *pl.* years
paczka parcel
pamiątka souvenir; keepsake
róża rose

towarzystwo company
wydatek expense
zdrowie health
życzenie wish; greeting

2. zajęty occupied; busy

zdziwiony surprised

3. całować to kiss
chodzić to go; to walk
marzyć (o czymś) to dream (about sth.);
    to want very much
obchodzić to celebrate
podobać się to appeal to sb.; to please
przechodzić to pass / walk by
przyjść *perf.* to come
przypomnieć *perf.* to remember / recall
składać to express
sprzedać *perf.* } to sell
sprzedawać }
wchodzić } to enter
wejść *perf.* { on wszedł } *p. t.*
    { ona weszła }
    { oni weszli }

wręczać to hand / give
zamawiać } to order
zamówić *perf.* }
zapomnieć *perf.* } to forget
zapominać }
zapraszać } to invite
zaprosić *perf.* }
zapukać *perf.* } to knock
pukać }
zaśpiewać *perf.* } to sing
śpiewać }
zatrzymać się *perf.* to stop
życzyć to wish

4. ci you / to you
czyżby (a particle expressing disbelief
    + surprise)
im them
mocno with force; hard
nagle suddenly
niech may

ostatnio lately
przykro mi I am sorry
rzeczywiście indeed
sobie (to / for) oneself / yourself /
    himself...
takich *G pl.* such (ones)
takim *I m. sing.* such (a / one)

5. Sto lat niech żyje nam! May (she) live a hundred years!
Coś mu się przypomniało. He recalled something.
No to co? So what?
Jak to co? Come on!
Nie o to chodzi. That's beside the point. That's not what I mean.
Człowiek jest ostatnio taki zajęty. One is so busy these days.
No nic... Never mind...
Ja właśnie też dla Marii. It is also for a Mary (that I wanted roses).
Podobają się panom? Do you like them?
Wszystkiego najlepszego! Many happy returns!

Z jakiej okazji? What's the occasion?
na pamiątkę for a keepsake
Czyżby kilim? Can this be a kilim?
Strasznie mi miło. I am delighted!
Czemuście sobie takie wydatki robiły? Why did you go to so much expense?

6. **Krakowskie Przedmieście** a street in Warsaw

7. **rok** year

GRAMMAR

I. DATIVE PLURAL

1. Nouns

M a s c u l i n e

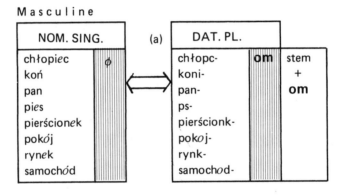

F e m i n i n e

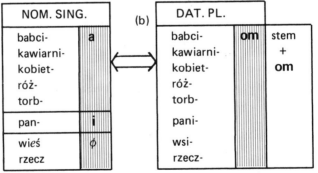

Neuter

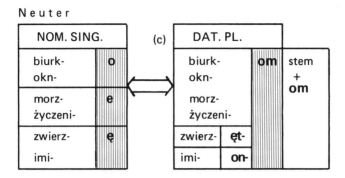

(a, b, c) Masculine, feminine and neuter nouns all take the **-om** ending in the dative plural.

2. Adjectives

3. Pronouns

Interrogative Pronouns: **jaki?, jaka?, jakie?**

                 Dat. Pl.:   **jakim?**

Interrogative Pronouns: **który? , która? , które?**

                 Dat. Pl.:   **którym?**

Demonstrative Pronouns: **ten, ta, to**

                 Dat. Pl.:   **tym**

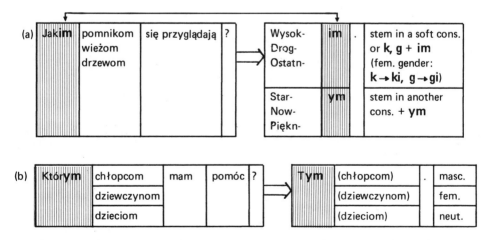

Adjectives and adjective-like pronouns of all three genders take either the **-im** or **-ym** ending in the dative plural.

As a rule, the -im ending occurs with stems terminating in a soft consonant, and the -ym ending occurs with all other stems.

II. DATIVE SINGULAR AND PLURAL

1. Personal Pronouns

Nom. Sing.:	ja, ty, on, ono, ona	Nom. Pl.: my, wy, oni, one
Dat. Sing.:	mi / mnie, ci / tobie, jemu / mu, jej	Dat. Pl.: nam, wam, im

(a)	Kto	**DAT.** mi / ci / mu / jej / nam / wam / im może pomóc?

| Pomagają też Leszkowi? | (b) Nie, (pomagają) tylko | **DAT.** mnie / tobie / jemu / jej / nam / wam / im . | **(NOM.)** (ja) / (ty) / (on, ono) / (ona) / (my) / (wy) / (oni, one) |

(a, b) The pronouns **ja, ty, on** and **ono** have two forms in the dative case.
    (a) The shorter **mi, ci** and **mu** occur in non-emphatic contexts.
    (b) The longer forms **mnie, tobie** and **jemu** are used for emphasis or contrast.

294

2. Some Common Expressions with the Dative

Przypomniało **mi** się, że...

Coś **mi** (**mu, jej, im,** etc.) się przypomniało

Składać **matce** (**ojcu, bratu, pani, koledze,** etc.) życzenia

Życzę
Życzymy } **ci** (**wam, panu, pani, państwu**) szczęścia*.

Dziękuję
Dziękujemy } **pani** (**panu, państwu, ci, wam**).

Podoba { -m
-ją } **ci** się?

Podobają się **pani** (**panu, państwu**) te róże?

Bardzo { **mi**
nam } miło.

III. DATIVE AND INSTRUMENTAL

1. Interrogative Pronouns

Nom. Sing.:	**czyj? , czyje? , czyja?**	Nom. Pl.:	**czyi? , czyje?**
Dat. Sing.:	**czyjemu? , czyjej?**	Dat. Pl.:	**czyim?**
Instr. Sing.:	**czyim? , czyją?**	Instr. Pl.:	**czyimi?**

2. Possessive Pronouns

Nom. Sing.:*m.*	**mój...**	**nasz...**	Nom. Pl.:	*m. pers.*	**moi...**	**nasi...**
f.	**moja...**	**nasza...**		*other*	**moje...**	**nasze...**
n.	**moje...**	**nasze...**				
Dat. Sing.: *m.* *n.* }	**mojemu...**	**naszemu...**	Dat. Pl.:		**moim...**	**naszym...**
f.	**mojej...**	**naszej...**				
Instr. Sing.:*m.* *n.* }	**moim...**	**naszym...**	Instr. Pl.:		**moimi...**	**naszymi...**
f.	**moją...**	**naszą...**				

---

*Notice the **genitive** with **życzyć**:

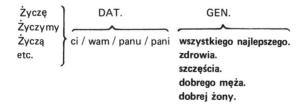

Życzę
Życzymy
Życzą
etc. } ci / wam / panu / pani

DAT. ci / wam / panu / pani

GEN. wszystkiego najlepszego.
zdrowia.
szczęścia.
dobrego męża.
dobrej żony.

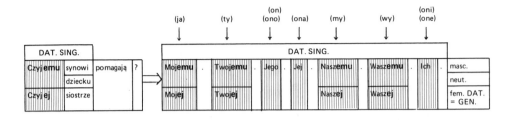

DAT. SING.

Czyjemu	synowi	pomagają	?
	dziecku		
Czyjej	siostrze		

(ja) (ty) (on)(ono) (ona) (my) (wy) (oni)(one)

DAT. SING.

Mojemu	.	Twojemu	.	Jego	.	Jej	.	Naszemu	.	Waszemu	.	Ich	.	masc.
														neut.
Mojej		Twojej						Naszej		Waszej				fem. DAT. = GEN.

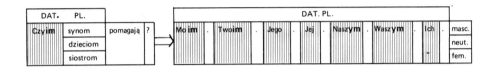

DAT. PL.

Czyim	synom	pomagają	?
	dzieciom		
	siostrom		

DAT. PL.

Moim	.	Twoim	.	Jego	.	Jej	.	Naszym	.	Waszym	.	Ich	.	masc.
														neut.
														fem.

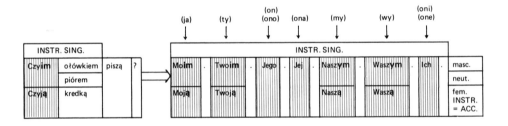

INSTR. SING.

Czyim	ołówkiem	piszą	?
	piórem		
Czyją	kredką		

(ja) (ty) (on)(ono) (ona) (my) (wy) (oni)(one)

INSTR. SING.

Moim	.	Twoim	.	Jego	.	Jej	.	Naszym	.	Waszym	.	Ich	.	masc.
														neut.
Moją		Twoją						Naszą		Waszą				fem. INSTR. = ACC.

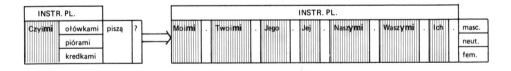

INSTR. PL.

Czyimi	ołówkami	piszą	?
	piórami		
	kredkami		

INSTR. PL.

Moimi	.	Twoimi	.	Jego	.	Jej	.	Naszymi	.	Waszymi	.	Ich	.	masc.
														neut.
														fem.

IV. IRREGULAR NOUNS: człowiek — ludzie
rok — lata

296

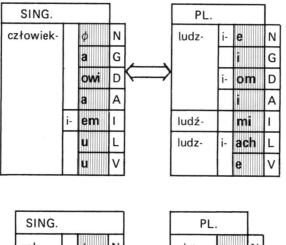

człowiek declension:

SING. człowiek-		⟷	PL. ludz-		
∅	N		i-e	N	
a	G		i	G	
owi	D		i-om	D	
a	A		i	A	
i-em	I		ludź- mi	I	
u	L		ludz- i-ach	L	
u	V		e	V	

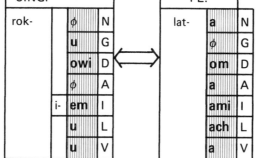

rok declension:

SING. rok-		⟷	PL. lat-		
∅	N		a	N	
u	G		∅	G	
owi	D		om	D	
∅	A		a	A	
i-em	I		ami	I	
u	L		ach	L	
u	V		a	V	

N.B. The nouns **człowiek** and **rok** have different stems in the plural.

V. PAST TENSE

1. Verbs of the -ę / -isz Conjugation

robić   widzieć

SING.						PL.			
masc.		fem.		neut.		masc. pers.	other		
robił-	em	robiła-	m			robili-	robiły-	śmy	1
widział-	eś	widziała-	ś			widzieli-	widziały-	ście	2
	∅		∅	robiło	∅			∅	3
				widziało					

The past tense of the -ę / -isz verbs follows the pattern of the -a-m / -a-sz verbs.
Verbs in **-eć,** such as **widzieć, słyszeć** or **woleć,** require special attention because they all undergo the $a \longrightarrow e$ vowel change.

2. "Mobility" of Personal Endings

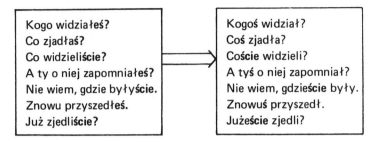

Kogo widziałeś?
Co zjadłaś?
Co widzieliście?
A ty o niej zapomniałeś?
Nie wiem, gdzie byłyście.
Znowu przyszedłeś.
Już zjedliście?

Kogoś widział?
Coś zjadła?
Coście widzieli?
A tyś o niej zapomniał?
Nie wiem, gdzieście były.
Znowuś przyszedł.
Jużeście zjedli?

In colloquial speech, the personal endings of the past tense -(e)m, -(e)sz, -śmy and -ście are often transferred from the verb to some other item, usually a pronoun, conjunction or adverb.

VI. INTERACTION BETWEEN ASPECT AND OTHER LANGUAGE FEATURES

1. Aspect and the Past Tense

The semantic differences between the perfective and imperfective aspect stand out very clearly in the past tense because this tense can be used with verbs in both aspects. Compare the following examples:

IMPERFECTIVE   PERFECTIVE

Śpiewali ,,Sto lat!''. Długo czekali.	focus on duration	Zaśpiewali ,,Sto lat!''. Zaczekali na nas.	focus on result / completion
Mary często śpiewała. Mary zawsze tam kupowała kwiaty.	focus on repetition / habit	Mary weszła do pokoju. Jean zamknął okno.	focus on a one time occurrence

English uses several tenses to express these nuances in meaning. Some of the correspondences between the Polish aspects and the English tense system are illustrated below.

298

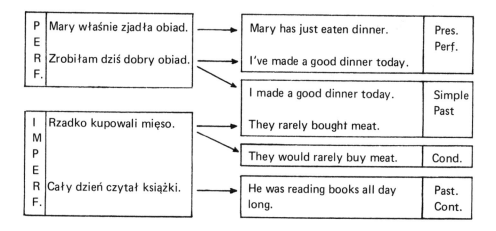

P E R F.	Mary właśnie zjadła obiad.	→	Mary has just eaten dinner.	Pres. Perf.
	Zrobiłam dziś dobry obiad.	→	I've made a good dinner today.	
			I made a good dinner today.	Simple Past
I M P E R F.	Rzadko kupowali mięso.	→	They rarely bought meat.	
			They would rarely buy meat.	Cond.
	Cały dzień czytał książki.	→	He was reading books all day long.	Past. Cont.

2. Aspect and the Use of Adverbs

There is also a close interaction between aspect and the use of adverbs.

Since perfective verbs express completed and / or instantaneous action(s), they occur with **nagle, zaraz, natychmiast, wreszcie** and **nareszcie** — adverbs all stressing "suddenness" or "finality".

Likewise, imperfective verbs combine only with adverbs such as **ciągle, często, nieraz, zawsze, zwykle,** and **długo,** which emphasize the repetition or duration of an action.

The interrogative expression **jak długo** also requires imperfective verbs both in the questions it introduces and the answers it requires.

Examples:

> **Jak długo czekali?   Czekali dwie godziny.**
> **Jak długo się uczyła?   Uczyła się cały dzień.**

3. Aspect and Some Double-Verb Constructions

In combinations with verbs such as **przestać** *(stop),* **zacząć** *(begin)* and **skończyć** *(finish),* only imperfective infinitives can be used.

Examples:

> Leszek przestał palić .
> Zaczęli uczyć się języka polskiego
> Właśnie skończyłam czytać

19.1 *Supply the missing letters.*

Basia i Mary by—y tam wczoraj. Janek i Leszek wraca—i z miasta.
Jean jeszcze nie widzia— Krakowa, ale Mary już widzia—a.
Mary słysza—a hejnał przez radio. Leszek i Staszek by—i u państwa Rupików.

19.2 *Place an appropriate consonant in each of the following blanks.*

Nom. sing.	Dat. sing.	Nom. sing.	Dat. sing.
kobieta	kobie—e	fryzura	fryzu—e
plotka	plot—e	córka	cór—e
fryzjerka	fryzjer—e	jama	jam—e
noga	no—e	minuta	minu—e
cytryna	cytry—e	siostra	siost—e

19.3 *Answer the question with correctly inflected nouns and pronouns.*

Example: A. Komu dałeś tę książkę? B. **Ojcu.** (ojciec)

A. Komu dałeś tę książkę? B. _____ .

(siostra, córka, kolega, ten poeta, babcia, matka, ten Francuz, ciocia, ta Kanadyjka, tamten Japończyk)

19.4 *Give the past tense of the 2nd person plural (masculine and feminine) of each of the following verbs.*

Example: czytać książki: *(masc.) Czytaliście* **książki?**
(fem.) Czytałyście **książki?**

powtarzać słówka, słuchać radia, śpiewać piosenki, mieć czas, grać w piłkę, sprzątać mieszkanie, chcieć zobaczyć ,,Wesele"

19.5 *In each case supply the dative of the given pronoun.*

Example: Podobają **mi** się te kwiaty. (ja)

Podoba _____ się ten film. (on)
Podoba się _____ ta sukienka. (ona)
Dajesz _____ jabłko? (ono)
Przyglądam się _____ od godziny. (wy)
Podoba się _____ ta dziewczyna. (my)
Dajemy _____ pieniądze. (oni)

19.6 *Repeat the pattern provided in the example, using the correct form of the interrogative pronoun* **czyj? , -a? , -e?**

Example: A. Pomagam dziecku Ewy.
          B. *Czyjemu* **dziecku?**

A. Pomagam synowi państwa Rupików. / córce pani Rupikowej. / studentom profesora Górskiego. / studentom profesora Bystronia. / siostrze Ewy. / bratu Janka. / dzieciom mojej siostry.

19.7 *Fill in the blanks with* **w, od, u, dla, do, z,** *or* **na.**

1. _____ kogo są te kwiaty?
2. _____ kogo piszesz list?
3. Wracamy ___ Krakowa.
4. Mieszkam ___ babci.

5. Jedziemy ___ domu.
6. Wracamy ___ niedzielę.
7. Idziemy ___ kawę.
8. Dostałam paczkę _____ ojca.

*19.8 *Follow the example, substituting pronouns for nouns.*

Example: A. Mam dać tę książkę tobie czy Basi?
          B. **Jej.**

A. Mam dać to zdjęcie tobie czy Leszkowi? / ojcu? / Basi? / Mary i Ewie? / Leszkowi i Basi? / państwu Górskim?

* 19.9 *Put the given verb into the past tense.*

Example: A. Ten obrus jest czysty.
          B. *Był,* **ale już nie jest.**

A. 1. To ciasto jest świetne.
   2. Ten ser jest doskonały.
   3. Ta kawa jest wspaniała.

4. To masło jest świeże.
5. Ta woda jest ciepła.
6. Ten chleb jest świeży.

19.10 *Supply an appropriate possessive pronoun.*

Example: Chętnie jeżdżę na wieś z **jego** rodziną. (on)

Chętnie jeżdżę na wieś z   1. _____ dziećmi. (ona)
                             2. _____ synami. (oni)
                             3. _____ córkami. (wy)
                             4. _____ kolegą. (ty)
                             5. _____ dzieckiem. (ona)

*19.11 *Transfer the personal ending of the given verb to the appropriate pronoun, conjunction or adverb.*

Example: Gdzie byłeś wczoraj?

Gdzieś był wczoraj?

1. Co czytałeś?
2. Po co tam byliście?
3. Jacy jesteście eleganccy!
4. Znowu tam byliście?

5. Czemu nie weszłaś?
6. Kiedy wróciłyście?
7. Kogo widziałaś?
8. Już wróciłaś?

19.12 *Express your guess at what was being done, using the given verbs in the past tense.*

Example: A. Co oni tam robili? / Co one tam robiły?
B. **Pewno** *kłócili się.* / **Pewno** *kłóciły się.* (kłócić się)

A. Co oni tam robili? / Co one tam robiły?
B. _____ . / _____ .

(przeprowadzać się, uczyć się, gotować, jeść, bawić się).

19.13 *Substitute pronouns for nouns as in the examples.*

Examples: A. Widzisz ten dom?
B. **Właśnie** *mu* **się przyglądam.**
A. Widzisz te domy?
B. **Właśnie** *im* **się przyglądam.**

A. Widzisz to drzewo? / ten kościół? / ten samochód? / tego wróbla? / to zwierzę? / tego pana? / tę panią? / te dziewczyny? / tych chłopców? / te dzieci? / te konie? / te psy?

*19.14 *Express your unwillingness to reply, as in the example.*

Example: A. Coś tam robił?
B. **A, nic nie robiłem.**

A. Coś tam widziała? / słyszał? / zobaczył? / zwiedzała? / sprzedawał? / jadła? / urządzał?

*19.15 *Use the appropriate form of the pronoun* **czyj?** *,* **-a?** *,* **-e?**

Examples: A. Jestem siostrą pana Jagiełły.   B. **Czyją** siostrą?
Jesteśmy siostrami Ewy.   **Czyimi** siostrami?

A. Jestem bratem Andrzeja. / ojcem Jurka. / matką tych chłopców. / wujkiem Ewy i Krysi.
Jesteśmy rodziną Basi. / matkami Ewy i Jurka. / studentami profesora Wojciechowskiego. / córkami pani Jagiełłowej.

19.16 *Supply the 2nd person singular of the verb in the correct aspect.*

Example: **Jak** *gotujesz?* (gotować, ugotować, przegotować)

Jak _____? (posprzątać, sprzątać)
_____? (nauczyć się, uczyć się)
_____? (słyszeć, usłyszeć)
_____? (śpiewać, zaśpiewać)
_____? (bawić się, zabawić się)
_____? (zarobić, zarabiać)

*19.17 *Follow the examples, substituting pronouns for nouns.*

Examples: A. Znasz Marysię? A. Znacie Marysię?
B. Owszem, znam **ją** dobrze. B. Owszem, znamy **ją** dobrze.

A. 1. Widzisz te domy? 4. Znasz tego pana?
2. Słyszycie wróble? 5. Słyszysz mnie?
3. Znacie tę panią? 6. Widzicie nas?

*19.18 *Give a negative answer, using an appropriate infinitive.*

Example: A. Czy Marysia już zjadła?
B. **Nie chce** *jeść.*

A. Czy Marysia już przyszła? / zapłaciła? / zadzwoniła? / pojechała? / posprzątała? / zapaliła? / weszła?

19.19 *Complete each of the following with an appropriate possessive pronoun.*

Example: Możesz pomóc **mojej** żonie? (ja)

Możesz pomóc _____ ojcu? (on, ja)   _____ siostrze? (on, ja)
_____ koledze? (ja, my)   _____ rodzinie? (oni, one)
Mogę pomóc _____ ciotce. (ty, oni)   _____ kuzynowi. (on, ty)
_____ matce. (one, wy)   _____ dziecku. (ty, wy)

*19.20 *Express surprise or disbelief the way the example does. Note differences in tense and aspect.*

Example: A. Mary zaśpiewała.
B. **Naprawdę? Przecież nigdy nie** *śpiewa.*

A. Mary posprzątała mieszkanie. / przeczytała tę grubą powieść. / ugotowała doskonały obiad. / wypiła dwa litry mleka. / zjadła kilo kiełbasy. / umyła psa.

19.21 *Use the colloquial* **po coś** / **po coście** *as in the example.*

Example: A. Byłem tam wczoraj.
B. *Po coś* **tam był?**

A. 1. Byłam tam wczoraj.
   2. Byliśmy tam wczoraj.
   3. Byłyśmy tam wczoraj.

4. Zrobiłem to wczoraj.
5. Zrobiliśmy to wczoraj.
6. Zrobiłyśmy to wczoraj.

19.22 *In each case, supply the appropriate form of the noun.*

    Example: A. Dokąd idzie Mary?

            B. **Mówiła, że idzie na** *pocztę.* (poczta)

A. Dokąd idzie Mary?
B. Mówiła, że idzie   1. do _____ . (ciotka)   6. do _____ (teatr)
                           2. do _____ . (muzeum)   7. do _____ (miasto)
                           3. do _____ . (kawiarnia)   8. na _____ (lekcja)
                           4. na _____ . (imieniny)   9. do _____ (poczekalnia)
                           5. na _____ . (wesele)   10. do _____ (dom towarowy)

19.23 *Give the perfective equivalent of each of the following.*

    Example: uczyć   **na**uczyć

zamawiać	_____	mówić	_____
przynosić	_____	oglądać	_____
sprzedawać	_____	widzieć	_____
pokazywać	_____	pukać	_____
znajdować	_____	przypominać	_____
opowiadać	_____	śpiewać	_____
wkładać	_____	czesać	_____

19.24 *Answer the following questions.*

    1. Skąd wracali Leszek i Jean?
    2. Co przypomniało się Leszkowi, gdy przechodzili koło kwiaciarni?
    3. Kto miał tego dnia imieniny?
    4. Jak Polacy obchodzą imieniny?
    5. Jakie kwiaty chciał kupić Leszek?
    6. Dlaczego nie mógł ich najpierw kupić?
    7. Dlaczego je jednak kupił?

19.25 *Topics for conversation*

    1. You have just been to Cracow for the day. What did you do and see there?
    2. You are eighteen years old today. Other members of the class wish you a happy birthday.
    3. Your father (mother, boyfriend, or girlfriend) will celebrate his nameday soon. What are you going to buy him? What would y o u like to get for y o u r nameday?

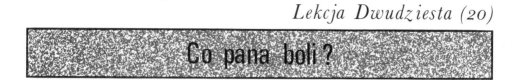

Co pana boli?

I. NA CO PAN CHOROWAŁ?

*W nocy Jean zachorował. Koledzy przynieśli mu jakieś pigułki, Leszek
przyniósł gorącą herbatę. Nic jednak nie pomogło. Jean nie mógł oddychać,
miał wysoką gorączkę. Leszek chciał nawet wezwać pogotowie, ale Jean ma
złe wspomnienia ze szpitala (długo chorował jego ojciec) i wolał czekać.
Rano Leszek wziął taksówkę i zawiózł go do przychodni. Tam właśnie
przyjmuje go pielęgniarka.*

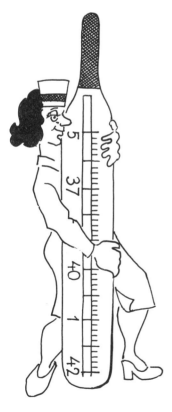

P.:	Poproszę imię i nazwisko.
Jean:	Jean Legros.
P.:	*Jean Le...,* przepraszam, jak pan pisze nazwisko?
Jean:	Z *s* na końcu.
P.:	Dziękuję. Wiek?
Jean:	25 lat.
P.:	Gdzie pan mieszka?
Jean:	W domu akademickim przy ulicy Reja 10.
P.:	Kiedy pan do nas przyjechał?
Jean:	W zeszłym roku w listopadzie. Przepraszam, w grudniu.
P.:	Ale pan jeszcze nie był u nas w przychodni?
Jean:	Nie, jestem tu pierwszy raz.
P.:	Wobec tego jeszcze dwa pytania. *(pisze coś szybko w dużym zeszycie)* Na co pan chorował?
Jean:	Właściwie...
P.:	Chorował pan na serce, wątrobę, nerki?
Jean:	Nie.
P.:	Rodzice żyją?
Jean:	Ojciec już nie żyje.

P.:   Na co zmarł?

Jean: Na raka.

P.:   Dziękuję panu. *(podaje mu termometr)*
        Proszę jeszcze zmierzyć gorączkę
        i zaczekać w poczekalni na pierwszym
        piętrze.

II. JAK SIĘ PAN CZUJE?

Jean jest już w gabinecie lekarza, doktora Musiała.

Dr M.: Jak się pan czuje?

Jean: Niedobrze. Zimno mi...

Dr M.: Mimo że jest pan w ciepłym
        swetrze. Ma pan gorączkę?

Jean: Tak, 39 stopni.

Dr M.: Co pana boli?

Jean: Boli mnie głowa, gardło, brzuch...
        właściwie wszystko.

Dr M.: Proszę się rozebrać.
        (bada Jeana)
        Proszę głęboko oddychać.
        Serce w porządku. Płuca też.

Może pan się ubrać, ale proszę pokazać jeszcze gardło.
(Jean otwiera usta) Czerwone. Niestety grypa.

Jean: Teraz w maju!

Dr M.: Zdarza się. *(pisze receptę)* Musi pan leżeć w łóżku
        i brać te lekarstwa. Może je pan dostać w każdej aptece.

Jean: Bardzo panu doktorowi dziękuję. Do widzenia.

Dr M.: Do widzenia.

GLOSSES

1. **apteka** chemist's shop; drugstore
   brzuch abdomen
   gabinet consulting room
   gardło throat
   gorączka fever
   grudzień *m.* December
   grypa influenza; flu (e)
   lekarstwo medicine
   listopad November
   maj *m.* May
   nazwisko surname
   nerka kidney
   pielęgniarka nurse
   pigułka pill
   płuco lung
   pogotowie emergency department; ambulance

   porządek order
   przychodnia dispensary; medical center; clinic
   pytanie question
   rak cancer
   raz time
   recepta prescription
   serce heart
   stopień *m.* degree
   szpital *m.* hospital
   taksówka taxi; cab
   termometr thermometer
   wątroba liver
   wiek age
   wspomnienie memory
   zeszyt notebook

2. **gorący** hot
   zimny cold

   zeszły last

3. **badać** to examine
   boleć to ache; to hurt
   chorować } to be ill / sick; to suffer (from);
   zachorować *perf.* } to fall ill
   czuć się to feel
   dostać *perf.* } to get
   dostawać }
   oddychać to breathe; to inhale
   poprosić *perf.* } to ask
   prosić }
   przyjechać *perf.* } to arrive
   przyjeżdżać }
   przynieść *perf.* } to bring
   przynosić }

   rozebrać się *perf.* } to undress
   rozbierać się }
   ubierać się } to dress
   ubrać się *perf.* }
   umrzeć *perf.* ((on) **umarł** or (on) **zmarł** *p.t.*) to die
   wezwać *perf.* to call
   zaczekać *perf.* } to wait
   czekać }
   zawieźć *perf.* } to drive; to take
   wieźć }
   zdarzać się to happen
   zmierzyć to take

307

4. **głęboko** deep   **mimo** (al)though
   jednak however; yet

5. **Rano Leszek wziął taksówkę i zawiózł go do przychodni.** In the morning Leszek called / hailed a taxi and took him to the clinic.
   Co pana boli? What is hurting you?
   Na co pan chorował? What illnesses have you had?
   Nic jednak nie pomogło. Yet nothing helped.
   wezwać pogotowie to call an ambulance
   Poproszę imię i nazwisko. Your name, please. May I have your name?
   Proszę głęboko oddychać. Take a deep breath. Breathe in deeply.
   w zeszłym roku last year
   wobec tego in that case
   zmierzyć gorączkę to take (same)one's temperature
   Jak się pan / pani czuje? How are you feeling?
   Zimno mi.
   Jest mi zimno. } I am cold.
   w porządku in order
   leżeć w łóżku to stay in bed
   Boli mnie głowa. I have a headache.
   Boli mnie gardło. I have a sore throat.
   Wszystko mnie boli. I am aching all over.
   chorować na gardło to have a sore throat
   chorować na serce to have a heart condition
   chorować na wątrobę to have a liver ailment
   umrzeć na raka to die of cancer

7. **chory** sick; ill
   rozmawiać to speak; to talk

GRAMMAR

I. LOCATIVE SINGULAR

1. Nouns

Masculine

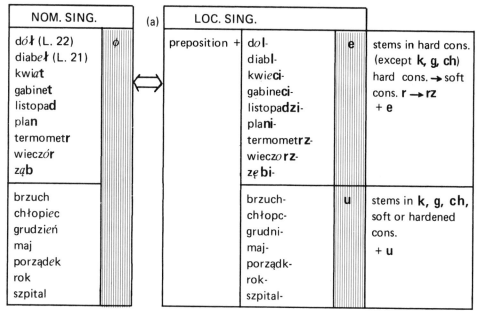

NOM. SING.		(a)	LOC. SING.			
dół (L. 22) diabeł (L. 21) kwiat gabinet listopad plan termometr wieczór ząb	∅	preposition +	dol- diabl- kwieci- gabineci- listopadzi- plani- termometrz- wieczorz- zębi-	e	stems in hard cons. (except **k, g, ch**) hard cons. → soft cons. **r → rz** **+ e**
brzuch chłopiec grudzień maj porządek rok szpital			brzuch- chłopc- grudni- maj- porządk- rok- szpital-	u	stems in **k, g, ch,** soft or hardened cons. **+ u**

Neuter

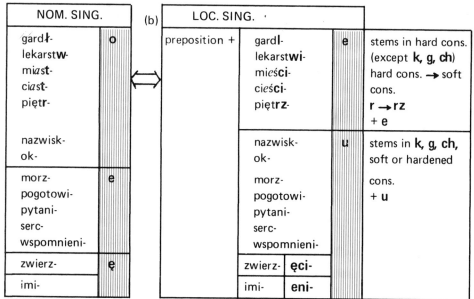

NOM. SING.		(b)	LOC. SING.			
gardł- lekarstw- miast- ciast- piętr-	o	preposition +	gardl- lekarstwi- mieści- cieści- piętrz-	e	stems in hard cons. (except **k, g, ch**) hard cons. → soft cons. **r → rz** **+ e**
nazwisk- ok-			nazwisk- ok-	u	stems in **k, g, ch,** soft or hardened
morz- pogotowi- pytani- serc- wspomnieni-	e		morz- pogotowi- pytani- serc- wspomnieni-		cons. **+ u**
zwierz-	ę		zwierz-	**ęci-**	
imi-			imi-	**eni-**	

(a, b) Masculine and neuter nouns have similar forms in the locative singular.
Stems which end in a hard consonant (except **k, g** and **ch**) take the -e ending, and

309

the hard consonant changes into an appropriate soft consonant. This exchange is frequently accompanied by vowel alternation. (For further illustrations of consonant and vowel exchange, see Intro., II 2. 2., 2. 3. and 3.)

Stems which terminate in **k, g, ch,** a soft or a hardened consonant take the **-u** ending. The final consonant does not change.

NOUNS IN THE LOCATIVE CASE MUST ALWAYS BE PRECEDED BY A PREPOSITION.

F e m i n i n e

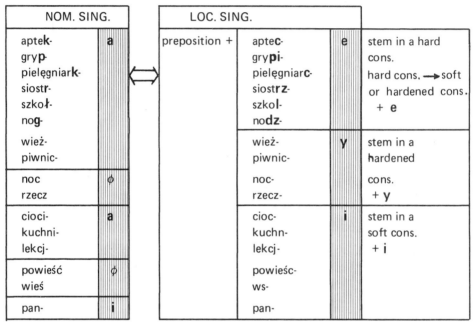

NOM. SING.			LOC. SING.			
aptek- gryp- pielęgniark- siostr- szkoł- nog-	a	preposition +	aptec- grypi- pielęgniarc- siostrz- szkol- nodz-	e	stem in a hard cons. hard cons. →soft or hardened cons. + e
wież- piwnic-			wież- piwnic-	y	stem in a hardened
noc rzecz	φ		noc- rzecz-		cons. + y
cioci- kuchni- lekcj-	a		cioc- kuchn- lekcj-	i	stem in a soft cons. + i
powieść wieś	φ		powieśc- ws-		
pan-	i		pan-		

The locative singular of feminine nouns is the same as the dative singular.

2. Interrogative Pronouns: kto?, co?
            Loc. Sing.:   (w, o) **kim?** , (w, o) **czym?**

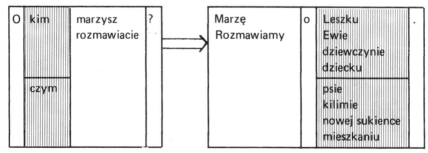

| O | kim | marzysz
rozmawiacie | ? | Marzę
Rozmawiamy | o | Leszku
Ewie
dziewczynie
dziecku | . |
| | czym | | | | | psie
kilimie
nowej sukience
mieszkaniu | |

The locative forms of **kto?** and **co?** are **kim?** and **czym?** .

Like nouns in the locative case, **kim?** and **czym?** must be preceded by a preposition.

310

3. Adjectives

4. Pronouns

Interrogative Pronouns: jaki?, jakie?, jaka?

          Loc. Sing.:   jakim?, jakiej?

Interrogative Pronouns: który? , które? , która?

          Loc. Sing.:   którym? , której?

Demonstrative Pronouns: **ten, to, ta**

          Loc. Sing.:   **tym, tej**

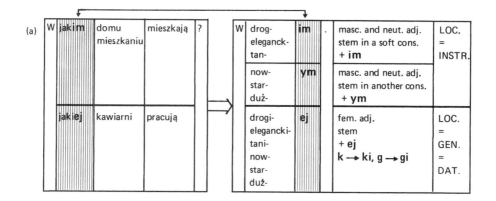

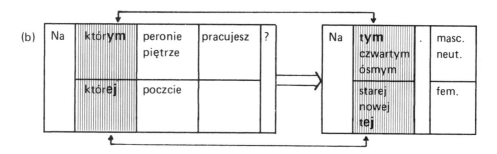

(a) The locative singular of masculine and neuter adjectives is the same as the instrumental singular (i.e., stems in a soft consonant take the -**im** ending, and all other stems take the -**ym** ending).

(b) The locative singular of feminine adjectives is the same as the genitive and dative singular.

(a, b) All the above mentioned pronouns follow the same pattern.

5. Uses of the Locative

The Locative in Adverbial / Prepositional Phrases

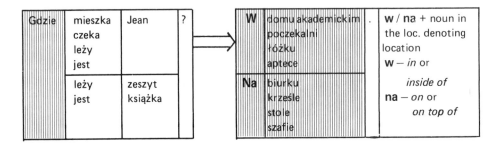

Questions answered by **na + loc.** can occasionally be introduced by **Na czym** (e.g., **Na czym mam siedzieć? ⟶ Na ławce / podłodze / tapczanie / łóżku**).

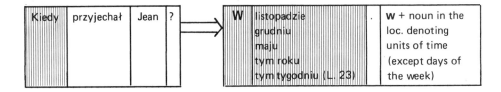

However, the **w + acc.** construction must be used with days of the week (cf. **w sobotę, w piątek**).

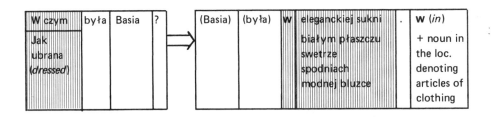

II. PAST TENSE

Verbs of the -ę / -esz Conjugation

k u p o w a ć   p i s a ć   c h c i e ć

SING.						PL.			
masc.		fem.		neut.		masc. pers.	other		
kupował-	em	kupowała-	m			kupowali-	kupowały-	śmy	1
pisał-	eś	pisała-	ś			pisali-	pisały-	ście	2
chciał-	ø	chciała-	ø	kupowało pisało chciało	ø	chcieli-	chciały-	ø	3

The past tense of most -ę / -esz verbs whose infinitive stems end in a vowel (cf. pis*a*-ć, kupow*a*-ć, wzi*ą*-ć, chcie-ć) is formed like that of the other conjugations.

Verbs in -eć change *e* into *a* in all forms of the past tense except the m a s c u l i n e p e r s o n a l plural.

w z i ą ć

SING.						PL.			
masc.		fem.		neut.		masc. pers.	other		
wziął-	em	wzięła-	m			wzięli-	wzięły-	śmy	1
	eś		ś					ście	2
	ø		ø	wzięło	ø			ø	3

Verbs in -*ąć* retain *ą* only in the m a s c u l i n e   s i n g u l a r. In all other genders, *ą* changes into *ę*.

infinitive	present tense 3rd pers. pl.	stem used in the past tense
nieść	nios-ą	nios-
kłaść	kład-ą	kład-
wieźć	wioz-ą	wioz-
móc	mog-ą	mog-

SING.						PL.			
masc.		fem.		neut.		masc. pers.	other		
niosł-	em	niosła-	m			nieśli-	niosły-	śmy	1
wiozł-	eś	wiozła-	ś			wieźli-	wiozły-	ście	2
mogł-		mogła-				mogli-	mogły-		
niósł	∅		∅	niosło	∅			∅	3
wiózł				wiozło					
mógł				mogło					

The past tense of **-ę / -esz** verbs whose infinitives end in **-ść, -źć** or **-c** is formed by adding appropriate suffixes and endings to the stem obtained by cutting off the present tense* ending of the 3rd person plural.

A characteristic feature of these verbs is the **s → ś, z → ż** consonant change and the $o \rightarrow ó$, $o \rightarrow e$ vowel change. (For further examples, see Intro., II 2.2., 2.3. Table A, and II 3.)

N.B. The verb **umrzeć** takes a different stem in the past tense (cf. **(on) umarł, (ona) umarła, (oni) umarli, (one) umarły)**.

EXERCISES

20.1 *Place an appropriate consonant in each of the following blanks. (See Intro., II 2. 2. and 2. 3.)*

Nom. sing.	Loc. sing.
gromada	w groma—e
sweter	w swet—e
stół	na sto—e
doktor	o dokto—e
brat	o bra—e
kobieta	o kobie—e
gazeta	w gaze—e
kwiat	o kwie—e
las	o le—e

20.2 *Re-read the Intro., II 2. 3. Now give the dative and locative singular of the following feminine nouns.*

ryba, zima, szafa, głowa, klasa, szkoła
burza, matka, noga, róża, rzecz

---

*Or future perfect in the case of perfective verbs.

314

20.3 *Supply the correct form of the demonstrative* **ten, ta, to.**

Example: W **tym** domu mieszkasz?

1. W _____ sukni idziesz?
2. O _____ człowieku rozmawiacie?
3. Na _____ ulicy mieszkasz?
4. W _____ mieście masz wujka?
5. W _____ kwiaciarni kupujemy kwiaty?
6. Na _____ dworcu wysiadamy?
7. W _____ lesie są wilki?

20.4 *Place an appropriate consonant in each of the following blanks.*

Nom. sing.	Loc. sing.
niebo	w nie—e
lato	w le—e
mięso	w mię—e
krzesło	na krze—e
pióro	o pió—e
słowo	o sło—e
żelazo	o żela—e
okno	o ok—e

20.5 *Give the locative singular of each of the following. What consonant / vowel alternations have you noticed?*

świat, grudzień, chłopiec, wieczór, kościół, mebel, rak, listopad
mój, plan, telewizor, fotel, uśmiech, włos, zamiar, aktor
obrus, krawat, kwadrat, pies, kot, twój, siostra, łąka

20.6 *Supply the correct form of* **jaki? , -a? , -e?**

Example: A. Na **jakiej** ulicy mieszkasz?   B. Na Mickiewicza.

A. 1. O _____ mieszkaniu marzysz?   B. Przede wszystkim o dużym.
   2. W _____ idziesz sukni?   W czarnej.
   3. O _____ samochodzie myślisz?   O „Fiacie"
   4. Na _____ talerzu podajemy ciasto?   Na jakimś dużym.
   5. W _____ szkole chcesz uczyć?   W podstawowej *(primary)*.

20.7 *Supply an appropriate preposition and the correct form of the noun in parentheses.*

Example: Ewa pracuje **na poczcie.** (poczta)

1. Jean leży _____ . (łóżko)
2. Książka leży _____ . (stół)
3. Sukienka wisi _____ . (szafa)

4. Kwiaty stoją _____ . (okno)
5. Samochód stoi _____ . (ulica)
6. Staszek siedzi _____ . (krzesło)

*20.8 *Follow the pattern provided in the example, putting the noun into the instrumental case.*

Example: A. Przepraszam, czy pan profesor?
B. **Niestety, nie jestem** *profesorem.*

A. Przepraszam, czy pan inżynier? / ojciec pani Mary? / pani kierowniczka? / pan magister? / pan doktor? / siostra Basi?

*20.9 *Use the colloquial* **dlaczegoś?** *or* **dlaczegoście?** *as in the example.*

Example: A. Nie napisałam do domu.
B. *Dlaczegoś* **nie napisała?**

A. 1. Nie kupiliśmy masła.
2. Nie kupiłam masła.
3. Nie kupiłem masła.
4. Nie weszliśmy tam.
5. Nie weszłyśmy tam.

6. Nie pomogłem im.
7. Nie pomogłam im.
8. Nie zjadłam obiadu.
9. Nie zjedliśmy obiadu.
10. Nie zawiozłem go do szpitala.

20.10 *Supply an appropriate preposition and the correct form of the noun in parentheses.*

1. Dziś cały dzień jestem _____ . (dom)
2. W zeszłym roku pracowałam _____ . (biblioteka)
3. Wieczorem byłam _____ . (kino)
4. Rano byłem _____ . (sklep)
5. Przed południem byłem _____ . (lekarz)
6. Pojutrze jest wielkie przyjęcie _____ mojej _____ . (siostra)

20.11 *Follow the pattern provided in the example, putting the noun into the locative case.*

Example: Patient: Bolą mnie oczy.
Doctor: **Nic groźnego** (grave, dangerous)
w oczach **nie znajduję** / **widzę.**

Patient: Bolą mnie płuca. / nerki.
Boli mnie wątroba. / serce. / płuco. / nerka. / gardło. / żołądek.

*20.12 *Express surprise as the example does, and use the past tense of the given verb. Note differences in ASPECT.*

Example: A. Pani Gałązkowa wraca dziś z Warszawy.
　　　　　　B. **Co? Jeszcze nie** *wróciła?*

A. 1. Pani Jagiełłowa przeprowadza się. 2. Pan Kowalski idzie do szpitala.
3. Pan Wolski przygotowuje lekarstwo dla Jeana. 4. Państwo Górscy jadą
na wieś. 5. Staszek pisze list. 6. Basia sprząta pokój.

20.13 *Complete the following sentences with appropriate verbs indicating the* **durative** *or* **repetitive** *aspect of the action.*

posprzątałam — sprzątałam, robiłam — zrobiłam, kupiłam — kupowałam,
piłam — wypiłam, jadłam — zjadłam, brałam — wzięłam, chodziłam — poszłam

1. Wczoraj cały dzień ＿＿＿＿＿＿＿ książki.
2. Cały dzień ＿＿＿＿＿＿ mieszkanie.
3. Dwie godziny ＿＿＿＿＿zakupy.
4. Często ＿＿＿＿＿tam mleko.
5. Przepraszam, że tak długo ＿＿＿＿＿＿ ten obiad.
6. Bardzo często ＿＿＿＿＿＿＿＿ do lasu na jagody. *(to pick blueberries)*

* **20.14** *Use the colloquial* **coś?** *or* **coście?** *as in the example.*

Example:　Coś **robił?** Coś **robiła?** ⎫
　　　　　　Coście **robili?** Coście **robiły?** ⎬ **robić**
　　　　　　　　　　　　　　　　　 ⎭

słyszeć, czytać, mówić, widzieć, kupić, sprzedać, jeść, pić

20.15 *Complete the sentences with adjectives from the list below. Do not use any adjective more than once.*

zdziwiony — najstarszy — dawny — gorący — zły — najwyższy — gazowy — długi
— czerwony — chory

1. To musi być bardzo ＿＿＿＿＿＿ pies. Słyszysz, jak szczeka?
2. Nie ma białych róż, ale są ＿＿＿＿＿＿ .
3. Jednym z ＿＿＿＿＿＿ budynków w Warszawie jest Pałac Kultury.
4. Lekcja była ciekawa, ale za ＿＿＿＿＿＿.
5. Strasznie mi zimno. Czy możesz mi dać trochę ＿＿＿＿＿＿ herbaty?
6. Uniwersytet Jagielloński jest ＿＿＿＿＿＿＿＿ uniwersytetem w Polsce.
7. Jestem ＿＿＿＿＿ , mam wysoką gorączkę.
8. Wolę piec elektryczny od ＿＿＿＿＿＿＿ .

20.16 *Repeat the pattern provided in the example, observing differences in tense and aspect.*

Example: A. Staszek jeszcze się goli? !
　　　　　　B. **Już się** *ogolił.*

A. Ewa jeszcze się ubiera? / się czesze? / układa książki? / pakuje rzeczy? /
pali w piecu? / ogląda zdjęcia? / robi zakupy? / się myje?

20.17 *Answer the following questions.*

Jak się pan(i) nazywa?   _____ .
Ile pan(i) ma lat?   _____ .
Gdzie pan(i) mieszka?   _____ .
Kiedy pan(i) przyjechał(a) do Polski?   _____ .
Jak się pan(i) czuje?   _____ .
Co pana boli?   _____ .
Na co pan(i) chorował(a)?   _____ .

20.18 *Use the past tense of the given verbs to describe your preparations for a dinner party.*

zrobić, kupić, ugotować, pokrajać / pokroić, nakryć, umyć, wyjąć,
przynieść, dodać, upiec, ułożyć

20.19 *Answer the following questions in some detail. Your "story" doesn't have to be true.*

Gdzie byłeś(-aś) wczoraj? Co robiłeś(-aś) w zeszłą (w ubiegłą) niedzielę?
Co robiłeś(-aś) w czasie świąt? Gdzie studiowałeś(-aś) lub pracowałeś(-aś)
w zeszłym roku? Co studiowałeś(-aś)?

20.20 *Complete the following with appropriate good wishes.*

(a)   *(Your friend is going to the seaside)*
       You: Życzę panu . . . .
(b)   *(Your classmate is to take an exam)*
       You: Życzę Ci . . . .
(c)   *(Your neighbors are getting a new apartment)*
       You: Życzę Państwu . . . .
(d)   *(It's your father's birthday)*
       You: Życzę ojcu . . . .
(e)   *(A ten-year-old boy is celebrating his birthday)*
       You: Życzę Ci . . . .
(f)   *(Your close friends are getting married)*
       You: Życzę Wam . . . .

20.21 *Use the dialogues from Lesson 20 to answer the following.*

1. Co przynieśli koledzy Jeanowi, kiedy zachorował?
2. Gdzie zawiózł go Leszek?
3. Kto przyjął najpierw Jeana w przychodni?

4. Co podała Jeanowi pielęgniarka, aby mógł zmierzyć temperaturę?
5. O co pytał Jeana doktor Musiał?
6. Na co zachorował Jean?
7. Co napisał doktor?
8. Gdzie Jean może kupić lekarstwa?

20.22 *Make up a story based on the following comic strip.*

Do diabla z takim meczem!

I. GRAJCIE DOBRZE!

Pokój Jeana. Jean leży w łóżku. Obok siedzą Leszek i Staszek.
Opowiadają żywo o ostatnich egzaminach.

Jean: A Władek zdał egzamin?
Leszek: Skąd, oblał!
Jean: Co? Władek oblał?
Staszek: No tak, prawie połowa nie zdała fizyki.
Jean: Bystroń egzaminował?
Leszek: Niestety, jego asystent. Wiesz, ten rudzielec Nowak.
Jean: Magister Nowak, no to koniec!
Staszek: A jeszcze gorzej pyta ta nowa doktor.
Jean: Pani Mostowicz?
Staszek: Nie, myślę o Olszewskiej.
Jean: To Olszewska taka zła?

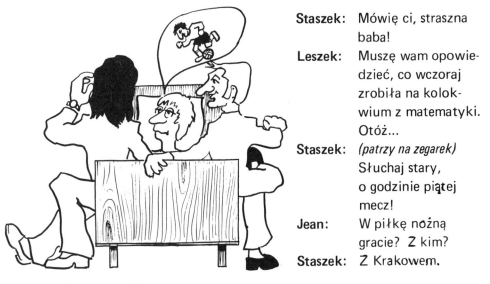

Staszek: Mówię ci, straszna baba!
Leszek: Muszę wam opowiedzieć, co wczoraj zrobiła na kolokwium z matematyki. Otóż...
Staszek: *(patrzy na zegarek)* Słuchaj stary, o godzinie piątej mecz!
Jean: W piłkę nożną gracie? Z kim?
Staszek: Z Krakowem.

Jean: No to grajcie dobrze i wracajcie cali!
Staszek: A ty trzymaj się!

Leszek:	Bądź zdrów jak najszybciej!
Jean:	Dzięki.

II. KTO WYGRAŁ?

U państwa Górskich. Późny wieczór. Państwo Górscy czytają gazety.
Wchodzi Staszek.

Staszek:	*(pod nosem)* Dobry wieczór.
Pani G.:	} Dobry wieczór.
Pan G.:	
Pan G.:	Coś taki zły?
Staszek:	A kopnął mnie ten baran Stasiak w nogę.

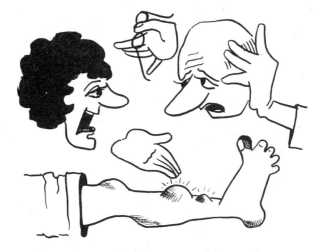

Pan G.:	*(ogląda nogę)* Mogłeś go też kopnąć.
Pani G.:	*(ironicznie)* Ale ładny sport!
Staszek:	*(coraz głośniej)* Do diabła z takim meczem!
Pani G.:	Rozmawiajcie ciszej, bo za ścianą też ludzie mieszkają.
Staszek:	A niech mieszkają!
Pani G.:	Elegancko się zachowujesz...
Staszek:	Niech się mama nie gniewa, ale boli mnie ta noga i w ogóle...

Pan G.:   Kto wygrał?

Staszek: *(ponuro)* Oni.

Pan G.:   Zaraz wiedziałem.

Staszek: Co ojciec wiedział?!

Pani G.:   *(podaje Staszkowi kolację)* Masz kolację i jedz!
            (do męża) A ty siadaj i czytaj!

Pan G.:   *(siada z przesadną elegancją i bierze gazetę)*
            Już siadam i już czytam. Wiedz, że masz w domu
            prawdziwego gentlemana!

GLOSSES

1. **asystent** assistant
   baba woman (used derisively)
   baran ram; idiot
   diabeł, diabły / diabli *pl.* devil
   dzięki thanks
   egzamin examination
   elegancja elegance; style
   fizyka physics
   gazeta newspaper
   kolacja supper; evening meal

   kolokwium oral examination; test
   magister holder of a Master's degree (M. A., M. Sc., etc.)
   matematyka mathematics
   mecz *m.* match
   połowa half
   piłka nożna football
   rudzielec *m.* carrots; carrottop
   sport sport
   ściana wall

2. **prawdziwy** true

   przesadny exaggerated

3. **egzaminować** to examine
   gniewać się to be angry / cross
   kopnąć *perf.* to kick
   oblać *perf.* (coll.) to fail / flunk

   pytać to ask / examine (orally)
   trzymać się to keep up one's spirits
   zachowywać się to behave
   zdać *perf.* to pass

4. **coraz głośniej** louder and louder
   elegancko with elegance / style
   gorzej worse
   ironicznie ironically

   ponuro gloomily
   wczoraj yesterday
   w ogóle in general
   żywo lively; excitedly

5. **Do diabła z takim meczem!** To hell with such a match!

   Straszna baba! An awful female!

   Słuchaj, stary... Listen, old man...

   grać w piłkę nożną to play football

   Wracajcie cali! Come back in one piece!

   Trzymaj się! So long! Take it easy!

   Bądź zdrów! Keep well!

   Dobry wieczór. Good evening. (Said upon entering a place, n o t upon leaving.)

6. **Władek** familiar form of **Władysław** (Ladislaus)

GRAMMAR

I. LOCATIVE PLURAL

1. Nouns

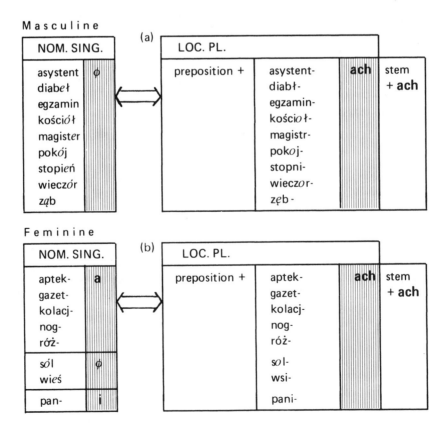

Neuter

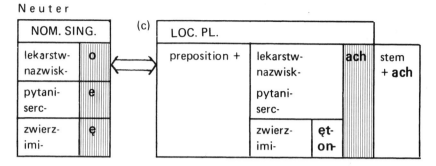

NOM. SING.		(c)	LOC. PL.			
lekarstw- nazwisk-	o	⟷	preposition +	lekarstw- nazwisk-	**ach**	stem **+ ach**
pytani- serc-	e			pytani- serc-		
zwierz- imi-	ę			zwierz- imi-	ęt- on-	

(a, b, c) All nouns take the -ach ending in the locative plural.

2. Adjectives

3. Pronouns

Interrogative Pronouns: jaki? , jaka? , jakie?

Loc. Pl.:   **jakich?**

Interrogative Pronouns: który? , która? , które?

Loc. Pl.:   **których?**

Demonstrative Pronouns: ten, ta, to,

Loc. Pl.:   **tych**

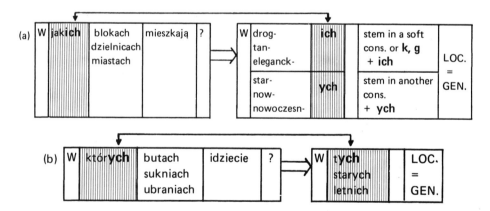

(a)

W	**jakich**	blokach dzielnicach miastach	mieszkają	?	⟹	W	drog- tan- eleganck-	**ich**	stem in a soft cons. or **k, g** **+ ich**	LOC. = GEN.
							star- now- nowoczesn-	**ych**	stem in another cons. **+ ych**	

(b)

W	**których**	butach sukniach ubraniach	idziecie	?	⟹	W	**tych** starych letnich	LOC. = GEN.

(a, b) The locative and genitive plural of adjectives and adjective-like pronouns are the
same. Stems in a soft consonant or **k, g** (in the case of feminine adj. / pronouns)
take the -ich ending and all other stems take -ych.
N.B. No gender contrast occurs with plural locatives and genitives.

II. LOCATIVE SINGULAR AND PLURAL

1. Pronouns

Personal Pronouns

Nom. Sing.: **ja, ty, on, ono, ona**   Nom. Pl.: **my, wy, oni, one**

Loc. Sing.: **mnie, tobie, nim, niej**   Loc. Pl.: **nas, was, nich**

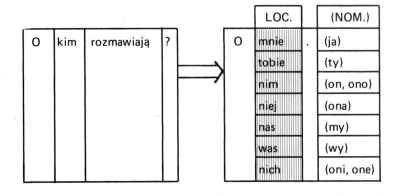

Each personal pronoun has only one form in the locative case.

Interrogative Pronouns

Nom. Sing.: **czyj?, czyje?, czyja?**   Nom. Pl.: **czyi?, czyje?**

Loc. Sing.: (w) **czyim?**, (w) **czyjej?**   Loc. Pl.: (w) **czyich?**

Possessive Pronouns

Nom. Sing.: *m.* **mój... nasz...**   Nom. Pl.: *m. pers.* **moi... nasi...**

                  f. **moja... nasza...**   *other* **moje... nasze**

                  m. **moje... nasze...**

Loc. Sing.: *m.* ⎫ (w)**moim...** (w) **naszym...**   Loc. Pl.:   (w) **moich**

                  n. ⎭

                  f.   (w) **mojej...** (w) **naszej...**

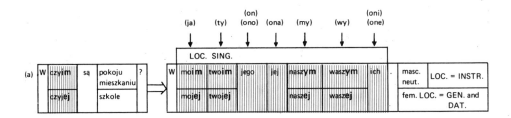

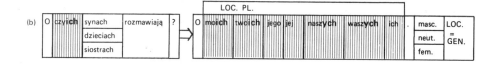

(b)	O	czyich	synach	rozmawiają	?	→	O	moich	twoich	jego	jej	naszych	waszych	ich	.	masc.	LOC.
			dzieciach													neut.	= GEN.
			siostrach													fem.	

(Above the right box: LOC. PL.)

The locative singular of masculine and neuter possessive pronouns and the above mentioned interrogative pronouns is the same as their instrumental singular.

The locative singular of feminine possessive and interrogative pronouns is the same as their genitive and dative singular. The locative plural of possessive and interrogative pronouns in all three genders is the same as their genitive plural.

2. Uses of the Locative

The Locative as Prepositional Object

O	kim	myślą	?		(Myślą)	O	Jagiełłach	.	verbs of saying
		marzą			(Marzą)		Mickiewiczu		or thinking
		mówią		→	(Mówią)		dziadkach		o + noun in the locative indicating
	czym	opowiadają			(Opowiadają)		dzieciach		
		plotkują			(Plotkują)		chłopcach		topic / subject
		rozmawiają			(Rozmawiają)		dziewczynach		matter of one's
		czytają			(Czytają)		Toto Lotku		thoughts, dreams, conversations, etc.

The Locative in Time Expressions

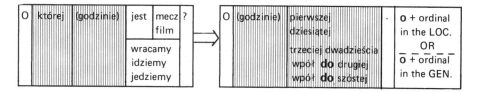

O	której	(godzinie)	jest	mecz	?		O	(godzinie)	pierwszej	.	o + ordinal in the LOC.
				film					dziesiątej		OR
			wracamy			→			trzeciej dwadzieścia		o + ordinal in the GEN.
			idziemy						wpół do drugiej		
			jedziemy						wpół do szóstej		

The preposition **o** may be followed by numbers denoting the hour, the time between the hour and half past the hour and by expressions with **wpół do**.

However, if the time expression contains the preposition **za** or **po**, **o** (godzinie) is eliminated. Compare the above table with the following one.

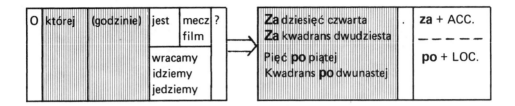

O	której	(godzinie)	jest	mecz	?		Za dziesięć czwarta Za kwadrans dwudziesta	.	za + ACC.
				film		→			— — — — —
			wracamy idziemy jedziemy				Pięć po piątej Kwadrans po dwunastej		po + LOC.

III. IMPERATIVE MOOD

1. The Verb *być*

bądź-	ϕ	2	Sing.
	my	1	Pl.
	cie	2	

Only three inflected forms occur in the imperative mood: the 2nd person singular and the 1st and 2nd person plural.
The imperative of the verb **być** is formed by adding the personal endings ϕ / **my** / **cie** to **bądź.**

2. -a-m / -a-sz ⎫ **Verbs**   c z y t a ć s ł u c h a ć u m i e ć
     -e-m / -e-sz ⎭

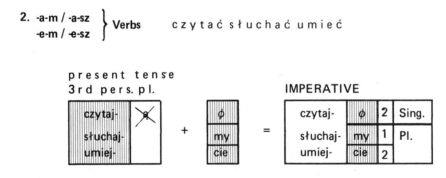

present tense
3rd pers. pl.   IMPERATIVE

czytaj-			czytaj-	ϕ	2	Sing.
słuchaj-	+	=	słuchaj-	my	1	Pl.
umiej-			umiej-	cie	2	

ϕ / my / cie

The imperative of -a-m / -a-sz and -e-m / -e-sz verbs is based on the 3rd person plural of the present tense*. It is formed by cutting off the personal ending -ą and adding ϕ, -my or -cie to the stem.

---

*Or future perfective in the case of perfective verbs.

328

3. The Irregular Verbs *jeść* and *wiedzieć*

j e ś ć
w i e d z i e ć

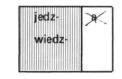

jedz-	∅	2	Sing.
wiedz-	my	1	Pl.
	cie	2	

The irregular verbs **jeść** and **wiedzieć** follow the rule discussed in § 2 above.
However, the imperative of the irregular **mieć** is formed in a somewhat different manner (see L. 22)

4. Constructions with the Particle *niech*

The imperative mood of the 3rd person singular and plural is formed by combining the particle **niech** with forms of the present (or future perfective) tense. Here are some examples:

Mary czyta.	**Niech Mary czyta!**
One czytają.	**Niech one czytają!**
Państwo czytają.	**Niech państwo czytają!**

5. Uses of the Imperative

Siadaj! Jedz! Czytaj! Siadajcie! Jedzcie! Czytajcie!	orders, commands
Sto lat niech żyje nam! Trzymaj się! Bądź zdrów!	wishes, certain greetings
Nie gniewaj się! Niech się mama nie gniewa!	requests, apologies
A: Za ścianą też ludzie mieszkają. B: Niech mieszkają! A: Janek ma psa. B: Niech ma!	expressions of emotional states

As in English, the imperative in Polish is used to express not only orders and commands but also wishes, requests and various emotional states. It sometimes corresponds to English constructions with **may** or **let**.

Examples:	**Niech żyją!**	**May they live long!**
	Żyjcie szczęśliwie!	**May you live happily!**
	Niech czyta!	**Let him / her read!**

IV. COMPARISON OF ADVERBS

| Positive | Comparative | Superlative |

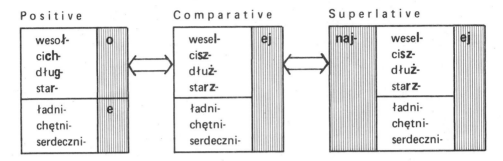

The majority of Polish adverbs form their comparative by adding the suffix **-ej**. The superlative appears with the prefix **naj-** (added to the comparative).

When an adverb's stem ends in a hard consonant, this ending changes into an appropriate hardened or soft consonant.

EXERCISES

*21.1 *Place an appropriate consonant in each of the following blanks.*

Nom. Sing.	Loc. Sing.
student	o studen—e
Kraków	o Krakow—e
wagon	o wagon—e
film	o film—e
klub	o klub—e
sąsiad	o sąsie—e
kościół	o koście—e
obiad	o obie—e
ząb	o zę—e
magister	o magist—e

*21.2 *Supply the masculine equivalent of each of the following.*

> *Example:* mogła — **mógł**
> mogły — **mogli**

szły, jadły, piłam, uczyłyście się, oblałyśmy (egzaminy), dostałam, wiozły, gniewałaś się, przyniosły, weszła, przyszłaś, weszły, wiozła

*21.3 *Restate the questions in colloquial form. Note gender differences.*

330

Example: Czemu nie przyszłaś?
Czemuś nie przyszła?

1. Czemu nie przyszłyście?
2. Czemu nie przyszliście?
3. Czemu nie przyszłaś?
4. Czemu nie jadłeś?
5. Czemu nie zawiozłeś go tam?

6. Czemu nie jadłaś?
7. Czemu nie jedliście?
8. Czemu nie jadłyście?
9. Czemu nie pomogłeś?
10. Czemu nie przyniosłeś tego?

21.4 *Use an appropriate possessive pronoun to answer the following.*

Example: A. O czyim dziecku rozmawiacie?
B. **O moim.** (ja)

A. O czyim wujku rozmawiacie? (ona) / O czyich dzieciach? (my) / O czyjej matce? (ty) / O czyim ojcu? (one) / O czyich córkach? (wy, ty, ja) / O czyjej dziewczynie? (on)

21.5 *Supply the correct form of the verb.*

Example: A. Leszek pojechał do Krakowa?
B. Tak.
A. A Mary?
B. Też **pojechała.**

1. A. Basia już wyszła?
B. Tak.
A. A Staszek? / A państwo Górscy?
B. Też _____ . / Też _____ .

2. A. Babcia zmarła?
B. Tak.
A. A dziadek?
B. Też _____ .

3. A. Basia i Ewa już zjadły obiad?
B. Tak.
A. A Jurek i Adaś?
B. Też _____ .

4. A. Ewa wzięła płaszcz?
B. Tak.
A. A Janek?
B. Też_____ .

5. A. One miały pieniądze? _____ .
B. Tak.
A. A oni?
B. Też_____ .

21.6 *Supply the correct form of the noun and pronoun in parentheses.*

Example: W **której aptece** mogę kupić to lekarstwo? (która apteka)

1. Na _____ pracuje pani Lipińska? (które piętro)
2. W _____ mieszka Janek? (który dom)
3. Na _____ wieszamy ten kilim? (która ściana)

4. W _____ chcesz mieć radio? (który pokój)

5. O _____ wracasz? (która godzina)

6. W _____ grają *Hamleta* ? (który teatr)

21.7 *Give the three imperative forms of each of the following.*

wkładać, opowiadać, być, jeść, trzymać, wołać, stawiać, słuchać, zamawiać, oglądać, pamiętać, wsiadać, wracać

2nd pers. sing.   *1st pers. pl.*   *2nd pers. pl.*

*21.8 *Restate the following sentences in the past tense.*

Example: Mary ma jechać do domu.
            Mary *miała* jechać do domu.

1. Leszek całymi dniami pisze listy.
2. Staszek nam pomaga.
3. Oni bardzo dużo jedzą.
4. Czemu on tak dużo pije?
5. (My, *fem.*) boimy się tego psa.
6. (Wy, *masc.*) nie widzicie nigdzie mojego pióra?
7. To dziecko jest chore.
8. Nie ma jeszcze profesora?
9. W tej fabryce jest pięciu inżynierów.
10. Tu pracuje dwudziestu robotników.

21.9 *Provide the correct form of the time expression.*

Example: A. O której godzinie wracasz?   B. **O wpół do piątej.** (4.30)
                                           O czwartej trzydzieści.

A. 1. O której (godzinie) jest pociąg?   B. _____ . (3.00)
   2. O której (godzinie) wychodzimy?   _____ . (10.30)
   3. O której (godzinie) jest obiad?   _____ . (2.00)
   4. O której (godzinie) zamykają pocztę?   _____ . (12.45)
   5. O której (godzinie) otwierają aptekę?   _____ . (1.50)
   6. O której (godzinie) kończymy lekcję?   _____ . (16.05)
   7. O której (godzinie) zaczynamy lekcję?   _____ . (12.15)
   8. O której (godzinie) idziesz spać?   _____ . (20.10)

21.10 *Supply the correct imperative.*

Example: A. **Czytaj!**
            B. Już czytam.

1. A. _____ !	3. A. _____ !	5. A. _____ !
B. Już śpiewamy.	B. Już jem.	B. Już słucham.
2. A. _____ !	4. A. _____ !	6. A. _____ !
B. Już gram.	B. Już trzymamy.	B. Już wybieram.

21.11 *Supply the appropriate form of* **wiedzieć, znać** *or* **umieć** *in the past tense.*

1. Oni nigdy nie _____ dobrze matematyki.
2. Leszek nie _____ , że w piątek był egzamin.
3. Państwo Górscy _____ kiedyś człowieka, który _____ wszystko zrobić.
4. Mary nie zdała egzaminu, bo nie _____ gramatyki.
5. (Ja) nie _____ , komu najpierw pomóc.
6. (Czy wy) _____ mojego ojca?

21.12 *Replace the nouns / pronouns in parentheses with correctly inflected personal pronouns.*

Example: Myślę o **niej.** (Wandzie) / (ona)

1. Myślę o (egzaminach). / o (weselu). / o (imieninach). / o (wy).
2. Rozmawiały o (siostrze). / o (dzieciach). / o (ojcu). / o (ty). / o (ja). / o (my).

21.13 *Use the comparative as in the example.*

Example: Dzisiaj jest ciepło, ale wczoraj było **cieplej.**

1. Pani Lipińska wygląda staro, ale jej siostra jeszcze _____ .
2. Ewa ubiera się ładnie, ale Basia jeszcze _____ .
3. Staszek pomaga chętnie, ale Leszek jeszcze _____ .
4. Państwo Wojciechowscy mieszkają wysoko, ale Górscy jeszcze _____ .
5. Czekałam długo, ale Basia jeszcze _____ .
6. W tym domu akademickim jest cicho, ale w tamtym jeszcze _____ .
7. W naszej dzielnicy jest drogo, ale w centrum jeszcze _____ .

21.14 *Fill in the missing prepositions.*

Właśnie idę ___ kolegi, który mieszka ___ Starym Mieście. Wracam ___ godzinie trzeciej piętnaście, a ___ dziesięć czwarta wychodzę ___ przyjęcie ___ państwa Górskich. Wychodzę tak wcześnie, bo chcę jeszcze kupić jakieś kwiaty ___ pani Górskiej. Jutro cały dzień jestem ___ domu. Ma ___ mnie przyjść Ela ___ matką.

*21.15 *Change all singulars into plurals.*

1. Nie ma nic ciekawego w tej gazecie.
2. Idę na egzamin.
3. Który asystent dziś egzaminuje?

4. W którym bloku mieszka twój kolega?
5. Czy to prawda, że w tym lesie jest wilk?
6. Ona ma ładne nazwisko.

21.16 *In each of the following questions the first letter of an appropriate verb is provided. Complete the spelling of its correctly inflected form.*

Example: A. Na co (ty) ch _____ ? B. Na grypę.
Na co *chorujesz?*

1. A. Jak się pani cz _____? B. Niedobrze.
2. A. Kto teraz z _____ egzamin? B. Jurek.
3. A. Dlaczego pan nie z_____ gorączki? B. Bo nie miałem termometru.
4. A. Na co z/u_____ pana ojciec? B. Na raka.
5. A. Czemu pan nie o _____ głęboko? B. Bo mnie bolą płuca.
6. A. Kiedy pani z _____ po raz pierwszy na wątrobę? B. W zeszłym roku.
7. A. Co cię b _____? B. Zęby.
8. A. Komu (wy) najpierw s_____ życzenia? B. Panu profesorowi.

21.17 *Give the correct gender and number of the adjectives in parentheses.*

1. Nie ma już (prawdziwy) miodu.
2. Mam (mały) psa.
3. Opowiedział nam (wesoły) historię o (zakochany) złodzieju.
4. Ci (mały) chłopcy za dużo hałasują.
5. Myślę o (nowy) samochodzie.
6. Czytaliśmy (ciekawy) reportaż.
7. Szukam (duży) mieszkania.
8. Jadę z (mały) dziećmi nad Morze (Czarny).
9. Nie znam tego (młody) człowieka.
10. Kupił (miły) dziewczynie (piękna) różę.
11. Idziemy do (nowy) teatru.
12. Mieszkamy w (stary), ale (duży) domu.

21.18 *Name these objects and those contained in the following pictures.*

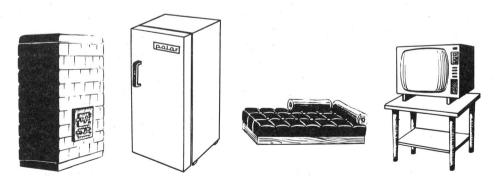

21.19 *Complete the following sentences with words from the list below.*

gorzej — wczoraj — zimno — dawno — na lewo — blisko — od razu — na środku
— koło — obydwoje — coraz bardziej — późno

1. Już tak _____ , Leszek wciąż nie wraca.
2. Dziwny rok: w grudniu było ciepło, a teraz w maju _____ .
3. Co stawiamy _____ , stół albo tapczan?
4. Tapczan stawiamy _____ ściany.
5. A. Chcę zobaczyć Wawel. Daleko to stąd?
   B. Nie, bardzo _____ .
6. _____ czułem się źle, a dzisiaj jeszcze _____ .
7. A. Dworzec to ten duży budynek na prawo?
   B. Nie, ten _____ .
8. Nie wiecie, co robi Ewa? _____ już jej nie widziałam.

*21.20 *Express doubt the way the example does.*

Example: A. Basia kocha Jeana.
B. **Kiedyś może** *kochała...*

A. 1. Małgosia chce studiować. 2. To dziecko je wszystko. 3. Jean śpi dobrze.
4. Staszek lubi matematykę. 5. Leszek ładnie maluje. 6. Ewa pisze ciekawie.
7. Pan Górski dużo pracuje.

21.21 *Answer these questions, using as many nouns in the locative as possible.*

1. O czym lubisz czytać? / rozmawiać? / myśleć? / pisać w listach?
2. O czym / o kim **nie** lubisz czytać? / rozmawiać? / myśleć? / pisać?

21.22 *Topics for conversation*

1. You have just come back from a trip. Tell your friends about it.
2. Describe a dinner party to which you were recently invited.
3. You are a doctor filling out a report on a patient. Get his name, age, previous history of illnesses, and ask him about his present state of health.

Wieczorek pożegnalny

I. CZŁOWIEKU, CO ROBISZ!

Mary urządza wieczorek pożegnalny. Koledzy dekorują jadalnię akademika,
a koleżanki przygotowują bufet.

Jean: *(stoi na wysokiej drabinie i coś wiesza na suficie)*
Adamie, ciągnij... ale nie drzyj tych wstążek i nie
kładź ich na podłodze.
Adam: Gotowe?
Jean: Chwileczkę... Staszku, podaj mi młotek!
Staszek: *(też na drabinie)* Czekaj, bracie, bo fruwać nie umiem...
(rzuca Jeanowi młotek) Jean, łap!
Jean: *(nie złapał młotka i młotek leci w dół)*
Leszku, uważaj!
Leszek: *(w ostatniej chwili zakrywa głowę rękami)*
Człowieku, co robisz!
Mary: Boże, stało się coś?
Leszek: Nic się nie stało.
Mary: Leszku, pokaż głowę!
Leszek: Ależ nie martw się, dziewczyno!

II. NIE CHCIEJCIE ZA DUŻO!

Basia: Jakiego ciasta jeszcze chcecie?

Mary: Weź może tego z makiem...

Irena: I nie zapomnij herbaty!

Ela: Kup też lody...

Basia: Nie chciejcie za dużo! *(do Eli)* Jak chcesz lody, to chodź ze mną i pomóż mi!

Irena: Idźcie już, bo się robi późno... *(Basia i Ela wychodzą)* Krysiu, daj mi trochę cukru — jest w tej białej torebce.

Ewa: *(do Wandy)* Nie bierz tego talerza, Wando, bo go potrzebuję na ciastka.

Mary: Podajmy ciastka raczej na tych półmiskach.

Ewa: To umyjcie mi je, proszę.

Krysia: W czym podajemy kawę?

Mary: W tym niebieskim dzbanku.

Ewa: Co, jest już kawa? Pić mi się chce.

Krysia: To pij!

Irena: A potem idź i nastaw jakąś ładną płytę.

Ewa: Jaką?

Krysia: Na przykład ,,Przyjdź nocy ciemna...'' Bardzo to lubię.

Irena: Albo ,,O kraju rodzinny...''

Ewa: Coście dziś takie sentymentalne?

Nagle zjawia się w drzwiach Profesor Górski

Mary:
Irena: } Panie Profesorze, prosimy!

GLOSSES

1. **Bóg** God
   bufet buffet
   drabina ladder
   dzbanek jug
   kraj *m.* country
   mak poppy seeds
   młotek hammer
   podłoga floor

   półmisek dish
   przykład example
   ręka hand
   sufit ceiling
   torebka (small) bag
   wieczorek pożegnalny farewell party
   wstążka ribbon

2. **gotowy** ready
   pożegnalny farewell_____

   rodzinny native

3. **dekorować** to decorate
   drzeć to tear
   fruwać to fly (of birds)
   łapać }
   złapać *perf.* } to catch
   martwić się to worry
   nastawić *perf.* to put on
   podać }
   podawać } to serve
   pokazać *perf.* }
   pokazywać } to show

   przyjść to come
   rzucać to throw
   stać się to happen
   umyć *perf.* }
   myć } to wash
   uważać to watch out
   wieszać }
   powiesić *perf.* } to hang
   zakryć *perf.* to cover
   zjawiać się to appear

4. **trochę** some

   w dół down

5. **Człowieku, co robisz!** Man, what are you doing!
   Boże, stało się coś? Goodness, something happened?
   ciasto z makiem poppy seed cake
   Robi się późno. It's getting late.
   Pić mi się chce. I'm thirsty.
   Jeść mi się chce. I'm hungry.
   na przykład for example
   Coście dziś takie sentymentalne? What are you so sentimental for today?

6. **Ela** familiar form of **Elżbieta** (Elizabeth)
   Krysia familiar form of **Krystyna** (Christine)

7. **kwiecień** *m.* April
   luty *m.* February

   marzec *m.* March
   styczeń *m.* January

I. VOCATIVE SINGULAR

1. Nouns

Masculine

NOM. SING.		VOC. SING.			
Adam	∅	Ada**mi**-	**e**	stems in hard cons.	
chłop-		chło**pi**-		(except **k, g, ch**)	
diabeł-		diabl-		hard cons. → soft cons.	
kot		ko**ci**-		**r → rz**	
kwiat		kwie**ci**-		**+ e**	
profesor		profeso**rz**-			VOC.
świat		świe**ci**-			
wieczór		wiecz**orz**-			=
człowiek		człowiek-	**u**	stems in **k, g, ch**,	
kraj		kraj-		soft or hardened cons.	LOC.
lekarz		lekarz-		**+ u**	
mąż		męż-			
Norweg		Norweg-			
Staszek		Staszk-			
tatuś		tatusi-			

The vocative singular of masculine nouns is usually the same as the locative singular except for

1) a small group of nouns in **-ec** (which have the vocative in **-cze; chłopiec → chłopcze; cudzoziemiec → cudzoziemcze**)

2) nouns such as **Bóg** (**Bogu** loc., **Boże** voc.) and **pan** (**panu** loc., **panie** voc.).

3) a few others.

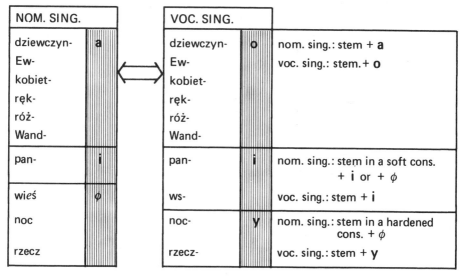

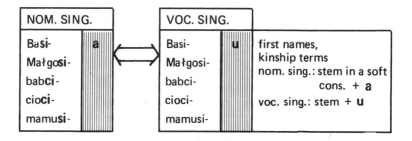

As a rule, feminine nouns whose nominative forms end in:

1) -a take -o
2) -i or a soft consonant take -i } in the vocative singular
3) a hardened consonant take -y

Exceptions to the rule include nouns (mainly first names and kinship terms) whose nominative forms end in a soft consonant + **a.**

Neuter

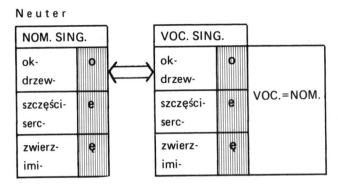

The vocative singular of neuter nouns is the same as the nominative singular.

2. Adjectives

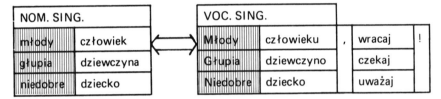

The vocative singular of adjectives of all three genders is equal to the nominative singular.

3. Uses of the Vocative

Staszku	,	podaj mi młotek	!
Leszku		dokąd idziesz	?
Boże		stało się coś	?
Krysiu		idziemy do kina	.
Panie Profesorze		prosimy	!

Nie martw się	,	dziewczyno	!		
Przepraszam cię	,	Marysiu	,	ale nie mam czasu	.

Szanowny Panie Profesorze (L. 23)	!
Kochani Rodzice (L. 23)	
Droga Ewo	
Drogie Dzieci	

The vocative frequently occurs as a form of address or a means of catching someone's attention.

> **Kobieto, puchu** marny!
> O **morze** zjawisk!
> **Chłopcze** mój piękny, **chłopcze** mój młody —
> O **matko Polko!** gdy u syna twego...
> *(A. Mickiewicz)*

It is also common in invocations (characteristic of poetry).

Since nouns in the vocative case are very loosely connected with the rest of the sentence, they are normally set off by commas.

II. NOMINATIVE INSTEAD OF VOCATIVE

> **Staszek**, idziemy do kina.
> Cześć, **Krysia!**
> **Ewa**, co robisz?

When proper names (particularly first names) appear in forms of address, the nominative often replaces the vocative.

III. IMPERATIVE MOOD

1. -ę / -isz and -ę / -esz Verbs

-ę / -isz verbs

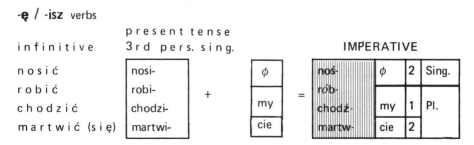

infinitive	present tense 3rd pers. sing.				IMPERATIVE			
nosić	nosi-			ϕ	noś-	ϕ	2	Sing.
robić	robi-	+		my	rób-			
chodzić	chodzi-		=	cie	chodź-	my	1	Pl.
martwić (się)	martwi-				martw-	cie	2	

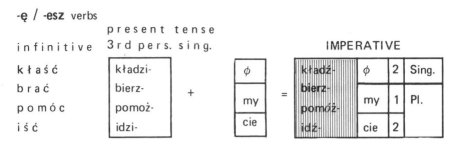

The imperative of -ę / -isz and -ę / -esz verbs is derived from the 3rd person s i n g u l a r of the present tense* by cutting off the personal ending (when there is one) and adding ∅/ -my / -cie to the stem (see exceptions below).

If this stem ends in a soft labial consonant (like pi, bi, wi, or mi). it loses its "softness" in the imperative mood. If it ends in a voiced consonant, it sometimes undergoes the $o \longrightarrow ó$ vowel change.

Observe that in word-final position si, zi, ci and dzi are spelled ś, ź, ć, and dź respectively.

d r z e ć z a p o m n i e ć c i ą g n ą ć

drzyj-	∅	2	Sing.
zapomnij-	my	1	Pl.
ciągnij-	cie	2	

-ę / -isz and -ę / -esz verbs whose present-tense** stem

1) ends in a nasal consonant preceded by another consonant (as in zapomnieć ⟶ zapomni- 3rd pers.; biec ⟶ biegni-e 3rd pers.; ciągnąć ⟶ ciągni-e 3rd pers.)

2) does not contain any vowel (as in drzeć ⟶ drz-e 3rd pers.)

extend that stem by -(i)j- / -yj- in the imperative mood.

2. The Verbs chcieć, mieć and (po)dać

IMP.

chcie-ć̶ + j = chciej

chcie-	j-	∅	2	Sing.
mie-		my	1	Pl.
da-		cie	2	

The imperative of verbs such as chcieć, mieć and (po)dać is formed by adding the suffix -j- + appropriate endings to the stem of the infinitive.

---

* Or future perfective in the case of perfective verbs (e.g., pomóc).

** Or future perfective in the case of perfective verbs (e.g., zapomnieć, podać, and wziąć).

3. The Verb *wziąć*

weź-	φ	2	Sing.
	my	1	Pl.
	cie	2	

The verb **wziąć** forms the imperative mood by adding appropriate endings to the stem **weź-**.

EXERCISES

22.1 *Fill in the missing letters.*

1. Nie ma już p—łmisk—w?
2. Nie wiesz, gdzie tu stoją taks—wki?
3. Jean poszedł do p—ychodni, bo go boli b—uch.
4. Kto gra z nami w piłkę no—ną?
5. Mary ma dziś imieniny i wszyscy składają jej —yczenia.
6. Leszek przyni—sł jej piękne r—że.
7. Gdzie wieszamy te wstą—ki, na suficie?
8. Pan Górski zawsze ma dobry —umor.

*22.2 *Place an appropriate consonant in each of the following blanks.*

Nom. Sing.	Voc. Sing.
aktor	akto—e
Niemiec	Niem—e
Bóg	Bo—e
minister	minist—e
student	studen—e
chłopiec	chłop—e
profesor	profeso—e
prezydent	prezyden—e

*22.3 *Give the 2nd person imperative (singular and plural) of the following verbs.*

jeść, jechać, umieć, brać, żyć, wiedzieć, wziąć, rozebrać się, otwierać, przeprosić, stać, opowiedzieć, siedzieć, pomóc, robić, nosić, ciągnąć, śmiać się

*22.4 *Use the imperative as in the example.*

Example: A. Zaraz idę do Leszka.
　　　　 B. **Nie** *idź* **dziś do niego.**

A. 1. Zaraz piszę do Basi. 2. Zaraz robię zakupy. 3. Zaraz sprzątam mieszkanie.
　　 4. Zaraz gotuję zupę. 5. Zaraz piekę ciasto. 6. Zaraz jadę do Warszawy.
　　 7. Tu kładę pieniądze. 8. Biorę tę książkę.

22.5 *Give the vocative singular of the nouns in parentheses.*

Example: Nie martw się, **Staszku!** (Staszek)

Nie martw się, _____ !　　 (Krysia, tatuś, dziecko, babcia, Władek,
　　　　　　　　　　　　　　　 Hania, człowiek, mama, syn)

22.6 *Use the imperative as in the example.*

Example: A. Chce mi się śpiewać.
　　　　 B. **No to** *śpiewaj!*

　　　　 (Chce mi się = *I feel like...*)

A. Chce mi się spać. / jeść. / pić. / śmiać.

*22.7 *Restate the following sentences in the present tense. Observe differences in ASPECT.*

Example: Już zrobiłam zakupy.
　　　　 Właśnie *robię* **zakupy.**

1. Już wróciłam z miasta.　　　　　 6. Już wzięłam kwiaty dla matki.
2. Już napisałam list.　　　　　　　 7. Już zagrałam w Toto Lotka.
3. Już im pomogłam.　　　　　　　　 8. Już obejrzałam program.
4. Już ugotowałam zupę.　　　　　　 9. Już zamówiłam kawę i ciastka.
5. Już zjadłam śniadanie.　　　　　 10. Już umyłem psa.

22.8 *Ask questions requiring the words in italics as answers.*

1. _____? 　 Basia myśli *o Jeanie.*
2. _____? 　 Rodzina Basi mieszka *w górach.*
3. _____? 　 Rodzina *Ewy* mieszka nad morzem.
4. _____? 　 Jagiełłowie marzą *o samochodzie.*
5. _____? 　 Ewa *gotuje.*
6. _____? 　 Przyjeżdżamy *o piątej.*
7. _____? 　 Staszek stoi *na drabinie.*
8. _____? 　 Kawę podają *w niebieskich* dzbankach.

22.9 *Complete the following sentences with verbs from the given list. Note that some of the expressions with numerals require a verb in the* **3rd** *person singular.*

leżeć — wisieć — stać — siedzieć — iść — pracować — być — spać — czekać

1. Na stole _____ pięć książek.
2. Na ścianie _____ dwa piękne kilimy.
3. Dziesięciu studentów _____ na korytarzu
   i _____ na panią kierowniczkę.
4. W tej fabryce _____ pięćdziesiąt kobiet.
5. Dwóch studentów _____ szybko w stronę uniwersytetu.
6. Czemu ta studentka _____ na podłodze a nie na krześle?
7. A. Są już państwo Górscy? B. Nie, jeszcze ich dzisiaj nie _____ .
8. W tej sypialni _____ w zeszłym roku sto osób.

*22.10 *Follow the pattern provided in the example, using the appropriate form of the pronoun* **ty** *or* **twój**.

Example: A. Mary lubi Teresę.
B. *Ciebie* **również.**

A. Mary często mówi o was. / Mary chce zaprosić Basię na wieczorek. / Państwo Górscy chcą iść z nimi do teatru. / Mary chce wam coś kupić. / Oni chcą przeczytać jego książki.

22.11 *Complete the following sentences with verbs from the given list.*

wieszać — drzeć — podać — fruwać — stać się — rzucać — pokazać — łapać — uważać — martwić się

1. Ewo, _____ mi, proszę, dwie filiżanki i dwa talerzyki.
2. Marysia _____ , bo jej córka jest chora.
3. _____ , co masz w ręce!
4. Co to za hałasy? _____ coś?
5. Dzieci, pociąg jedzie. _____ !
6. Staszku, gdzie _____ tę lampę?
7. Kto najwyżej _____ *(past tense)* piłkę?

*22.12 *Follow the pattern provided in the example, using tne appropriate form of the pronoun* **ja** *or* **mój**.

Example: A. Byli wczoraj u Ewy.
B. **U** *mnie* **również.**

A. 1. Mary zaprosiła państwa Jagiełłów.
   2. Janek pisał do nas.
   3. Mary dostała kwiaty od Leszka.
   4. Janek czekał na nią.
   5. Mary była u państwa Górskich.
   6. Janek kupił Ewie kwiaty.
   7. Szukali naszego auta.
   8. Sprzedali nasze auto.
   9. Mówiły o nas.
   10. Chcą jechać z nami.

22.13 *Fill in the blanks with appropriate prefixes and / or vowels.*

Examples: Leszek —kończył list.
Leszek skończył list.
Leszek zam—wia pokój.
Leszek zamawia pokój.
Leszek zam—wił pokój.
Leszek zamówił pokój.

1. Basia —kłada elegancką sukienkę. Zaraz —chodzi do teatru.
2. Małgosia lubi —powi—dać. Chce właśnie opowi—dzieć ciekawą historię.
3. Basia musi dzisiaj wr—cić do domu po 22.00, choć nie lubi późno wr—cać.
4. Pan Jagiełło dużo zar—bia, ale nie może zar—bić na auto.
5. Leszek nagle —trzymał się, bo coś mu się —pomniało.
6. Mary uczyła się, gdy nagle ktoś —pukał.
7. Leszek —kazał Mary Kraków.
8. Mary szybko —uczyła się polskiej piosenki.

22.14 *Translate the words in parentheses.*

Example: Przyjechaliśmy *(on Sunday)* **w niedzielę.**

1. Przyjechałyśmy *(in March)* _____ .
2. Egzamin zdaliśmy *(the day before yesterday)* _____ .
3. Na wieś jedziemy *(in May)* _____ .
4. Wesele ma być *(in January)* _____ .
5. *(In April)* _____ jadę do Toronto.
6. Co robiliście *(in December)* _____?
7. Czy *(in November)* _____ zawsze tak pada deszcz?
8. *(In February)* _____ dużo ludzi choruje na grypę.
9. Co robisz *(on Wednesday)* _____?
10. Mam tu być *(till Monday)* _____ .

22.15 *Use the dialogues from Lesson 22 to answer the following.*

1. Kto dekoruje salę?
2. Czym dekorują salę Adam i Jean?
3. Gdzie stoi Jean?
4. Co podaje mu Staszek?
5. Co kupują dziewczyny na ucztę?
6. Na czym chcą ułożyć ciastka?
7. W czym podają kawę?
8. O co prosi Irena Ewę?

22.16 *Use as many of the given verbs as you can to relate what you did this morning.*

umyć się, ubrać się, uczesać się, ogolić się, zjeść, przeczytać, zabrać, wziąć, ubrać, wyjść

22.17 *Make up a story based on the following comic strip.*

Wawel

ukiennice w Krakowie

i Barbakan

Przy żniwach

Na Śląsku

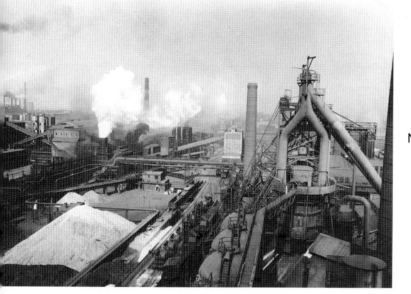

W Stoczni Gdańskiej – wodowanie statku

U górników Barbórka

Wtajemniczanie w arkana sztuki lekarskiej

Będziemy śpiewać jak oni

Najmłodsi obywatele

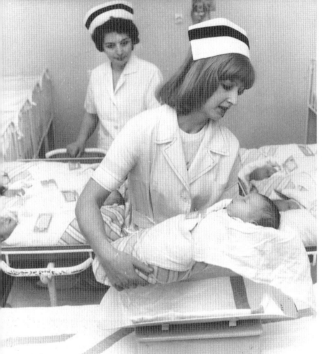

W hucie

Redyk

Góralska wieś Chochołów

Wzory sztuki ludowej

Krokusy na Cyrli

Tatry zimą

Harce przy młynie

Świątek – rzeźba ludowa

W chacie (wieś Zalipie k. Tarnowa)

Raz, dwa, trzy ...

Hm, co tu wybrać.

Przecież jest pierwszorzędna!

Zamek
w Lublinie

W. Fibak odpoczywa

o są wczasy!

Mistrz olimpijski ma
różne obowiązki

Polska gola!

Do zobaczenia !

I. A W AUSTRALII PAN BYĆ NIE MUSI?

Biuro LOT-u. Przed okienkiem „INFORMACJA" stoi pięć osób.
Wśród nich Mary.

Mary:	Mam tu bilet do Kanady...
Urzędniczka:	Tak...
Mary:	...ale chciałam podróż przerwać w Niemczech, w Anglii i w Stanach Zjednoczonych.
Urzędniczka:	Kiedy pani chce być w Kanadzie?
Mary:	Na początku sierpnia.
Urzędniczka:	Dopiero w sierpniu...
Mary:	Tak, ale jeszcze w tym tygodniu chcę jechać do Berlina.
Urzędniczka:	*(sprawdza coś w rozkładzie)* Ma pani samolot w sobotę. *Nagle podchodzi jakiś mężczyzna*
Mężczyzna:	Proszę pani, czy są połączenia z Delhi i z Addis Abebą?
Urzędniczka:	Zależy kiedy.
Mężczyzna:	Muszę być w Azji na początku lipca, a w Afryce we wrześniu.

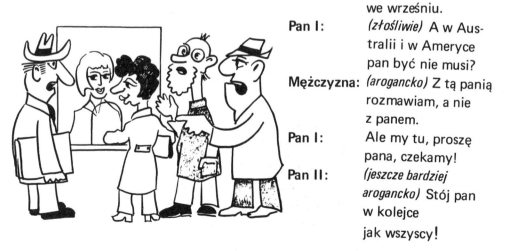

Pan I:	*(złośliwie)* A w Australii i w Ameryce pan być nie musi?
Mężczyzna:	*(arogancko)* Z tą panią rozmawiam, a nie z panem.
Pan I:	Ale my tu, proszę pana, czekamy!
Pan II:	*(jeszcze bardziej arogancko)* Stój pan w kolejce jak wszyscy!

Mężczyzna: *(odchodzi)* Ludzie, nie róbcie tyle hałasu!

Pan II: Patrzcie, jaki bezczelny!

II. MOCNO WAS WSZYSTKICH CAŁUJĘ

Mary załatwia ostatnią korespondencję przed wyjazdem. Oto jej listy
do rodziców, siostry i bliskiej kuzynki oraz do profesora Górskiego.

Warszawa, 29 czerwca 1977 r.

Kochani Rodzice, Joan i Ann!

W zeszłym tygodniu zdałam ostatnie egzaminy. Zdałam nie najgorzej. Mówię też coraz lepiej po polsku i robię znacznie mniej błędów niż na początku roku. Leszek twierdzi, że nawet bardziej po polsku... myślę.

Spakowałam już swoje rzeczy i jutro jadę do Berlina, a w przyszłym tygodniu do Londynu. Z Londynu miałam jechać prosto do Toronto, ale dziadek z Nowego Jorku tyle razy zapraszał mnie do siebie, że muszę do niego też pojechać.

W domu powinnam być za miesiąc. Bardzo już za Wami tęsknię.

Mocno Was Wszystkich całuję

Wasza Mary

PS. Pozdrówcie jak najserdeczniej ciocię Betty.

Joan, biorę ze sobą tę książkę dla Ciebie.

Ann, co słychać u Ciebie? Nic ostatnio o sobie nie piszesz.

Warszawa, 29 czerwca 1977 r.

Szanowny Panie Profesorze!

Raz jeszcze dziękuję za życzliwą pomoc. Nauczyłam się dużo i bardzo to sobie cenię.

Łączę wyrazy prawdziwego szacunku

Mary Brown

III. DO ZOBACZENIA!

Lotnisko na Okęciu. Samolot do Berlina już czeka.

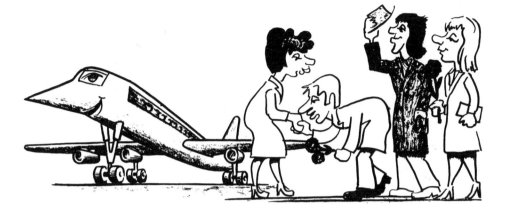

Mary: To żegnajcie!
Leszek: Szczęśliwej podróży i napisz z Nowego Jorku!
Staszek: Trzymaj się Mary!
Basia: Pa, kochana!
Leszek: Do zobaczenia w październiku!
Mary: Do zobaczenia!

GLOSSES

1. **biuro** office
   błąd mistake
   czerwiec *m.* June
   informacja information
   kolejka queue; line
   korespondencja correspondence; mail
   kuzynka cousin
   lipiec *m.* July
   lotnisko airport
   miesiąc *m.* month
   osoba person
   październik October

   początek beginning
   podróż *f.* **podróże** *pl.* journey; travel
   połączenie connection
   rozkład timetable
   samolot plane
   sierpień *m.* August
   szacunek respect; regard
   tydzień *m.* week
   wrzesień *m.* September
   wyjazd departure
   wyraz expression; word

2. **bezczelny** impudent
   kochany dear
   przyszły future; next

   szanowny respectable
   życzliwy friendly; kind

3. **cenić** to appreciate
   łączyć to join
   odchodzić to go away; to walk off
   pojechać *perf.* ⎫ to go (by means
   jechać   ⎭ of vehicle)
   pozdrawiać   ⎫ to greet
   pozdrowić *perf.* ⎭
   powinnam *f.* I should / ought to

   przerwać *perf.* to break
   rozmawiać to talk
   tęsknić to miss
   twierdzić to claim / say
   zależeć to depend
   załatwiać to take care of
   żegnać to bid "good bye"

4. **arogancko** arrogantly; insolently
   dopiero only
   mocno firmly; heartily
   nich them
   pa bye-bye (very informal)

   siebie / sobą / sobie reflexive pronouns
   wśród among
   znacznie considerably; much; far
   złośliwie viciously; caustically

5. **Do zobaczenia!** See you! So long!
   w tym tygodniu this week
   w zeszłym tygodniu last week
   w przyszłym tygodniu next week
   stać w kolejce to stand in line / in a queue
   Stój pan w kolejce! Stand in line! (the 2nd person singular is very impolite here)
   mówić po polsku to speak Polish
   robić błędy to make mistakes
   Powinnam być w domu za miesiąc. I should be home in a month.
   Co słychać u ciebie? How goes it with you?
   Bardzo to sobie cenię. I appreciate it very much.
   Żegnaj!   ⎫ Farewell!
   Żegnajcie! ⎭
   Szczęśliwej podróży! Have a nice trip!

6. **Afryka** Africa
   Ameryka America
   Australia Australia
   Azja Asia
   Europa Europe

   Anglia England
   Kanada Canada
   Niemcy Germany
   Stany Zjednoczone the United States
   Włochy Italy

   Berlin Berlin
   Londyn London

   Nowy Jork New York

   LOT name of the Polish Airlines

I. VOCATIVE PLURAL

Nouns and Adjectives

NOM. PL.			VOC. PL.			
dobrzy	chłopcy		dobrzy	chłopcy		
mili	ludzie		mili	ludzie	masc.	
stare	zamki		stare	zamki		
młode	kobiety		młode	kobiety	fem.	VOC. = NOM.
dobre	babcie		dobre	babcie		
stare	drzewa		stare	drzewa	neut.	
niedobre	dzieci		niedobre	dzieci		

In the plural, the vocative of both nouns and adjectives coincides with the nominative.

II. DEVIATIONS FROM COMMON PATTERNS

1. The Noun *tydzień*

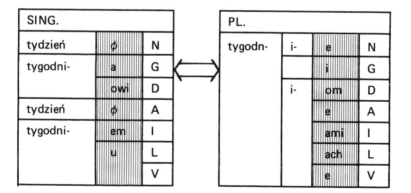

SING.				PL.			
tydzień	ø	N		tygodn-	i-	e	N
tygodni-	a	G				i	G
	owi	D			i-	om	D
tydzień	ø	A				e	A
tygodni-	em	I				ami	I
	u	L				ach	L
		V				e	V

The noun **tydzień** differs from other nouns ending in a soft consonant in that it has two distinct stems.

2. Names of Countries

Niemc-	y	N		Włoch-	y	N
Niemiec	ø	G			ø	G
Niemc-	om	D			om	D
	y	A			y	A
	ami	I			ami	I
Niemcz-	ech	L		Włosz-	ech	L
Niemc-	y	V		Włoch-	y	V

Stan-		Zjednoczon-		
Stan-	y	Zjednoczon-	e	N
	ów		ych	G
	om		ym	D
	y		e	A
	ami		ymi	I
	ach		ych	L
	y		e	V

Niemcy, Włochy, Stany Zjednoczone and a few other names of countries occur only in the plural.

Stany Zjednoczone is inflected like any regular masculine noun + adjective. **Niemcy** and **Włochy**, however, show a few irregularities in the locative case where the final consonants change, and *-ech* replaces the regular *-ach* ending.

III. REFLEXIVES

1. Reflexive Personal Pronouns

2. Reflexive Particle: *się*

Janek nie ma czasu dla	siebie	.	GEN.
Państwo Górscy nie mają czasu dla			
Czemu Mirek nie myje	się	?	
Dlaczego Mirek i Adaś nie myją			
Ewa kupuje tę książkę	sobie	.	DAT.
One nic nie przypominają			
Staszek widzi tylko	siebie		ACC.
Oni widzą tylko			
Mirek myje	się		
Oni myją			
Ewa interesuje się tylko	sobą		INSTR.
Oni chcą być			
Ewa myśli tylko o	sobie		LOC.
Ciotki nic nie piszą o			

In English reflexive pronouns differ in gender, person and number (cf. **myself, himself, herself, itself, ourselves**, etc.). In Polish they differ only in c a s e. Unlike personal pronouns (ja, **ty, on**, etc.), they cannot function as subjects (and hence lack the nominative case). They can, however, be used as objects, parts of predicates or parts of adverbial / prepositional phrases, but only when they denote the s a m e person(s) as the subject of the sentence.

In the genitive and accusative, the reflexive particle **się** is used when no contrast or emphasis is intended.

As was pointed out in Lesson 4, some verbs are always accompanied by **się** (e.g., **bać się, martwić się**). Those verbs never take the longer form **siebie** instead of **się**. If, for instance, one wants to say that one is afraid of oneself, one has to use both **się** and **siebie**:

> **(Ja) boję** *się siebie.*
> **Leszek boi** *się siebie.*

3. Reflexive Possessive Pronouns

Nom. Sing.:	m.	**swój**	Nom. Pl.:	m. pers.	**swoi**
	f.	**swoja**		other	**swoje**
	n.	**swoje**			
Gen. Sing.:	m. ⎫ n. ⎭	**swojego**	Gen. Pl.:		**swoich**
	f.	**swojej**			
Dat. Sing.:	m. ⎫ n. ⎭	**swojemu**	Dat. Pl.:		**swoim**
	f.	**swojej**			

359

Acc. Sing.:	*m. pers.*	**swojego**		Acc. Pl.:	*m. pers.*	**swoich**
	m. non-pers.	**swój**			*other*	**swoje**
	f.	**swoją**				
	n.	**swoje**				
Instr. Sing.:	*m.* } *n.*	**swoim**		Instr. Pl.:		**swoimi**
	f.	**swoją**				
Loc. Sing.:	*m.* } *n.*	(o) **swoim**		Loc. Pl.:	(o) **swoich**	
	f.	(o) **swojej**				

Szukają	**swojego** syna	.	...	**swojej** matki	.	G
Pomagają	**swojemu** synowi			**swojej** matce		D
Widzę tu	**swojego** syna			**swoją** matkę		A
Interesuję się	**swoim** synem			**swoją** matką		I
Myślę o	**swoim** synu			**swojej** matce		L

(Ja)	sprzedałem	**swojego**	psa	.	...	**swoją**	krowę	.	...	**swoje**	meble	.
(Ty)	sprzedałeś								
(On / Leszek)	sprzedał								
(Ona / Ewa)	sprzedała								
(My)	sprzedaliśmy								
(Wy)	sprzedaliście								
(Oni / Leszek i Staszek)	sprzedali								
(One / Ewa i Basia)	sprzedały								

When the owner / possessor of an object is identical with the subject, the pronouns **swój**, **swoja, swoje**, etc. (declined like **mój, moja, moje**) must be used.

IV. ADVERBS

1. Adverbs Derived from Adjectives in *-ski(-cki)*

| Adjective | Adverb |

Adverbs derived from adjectives in **-ski** (and sometimes **-cki**) take the **-u** ending and always follow the preposition **po.**

2. Comparison of Adverbs

a) with the adverb *bardzo (bardziej, najbardziej)*

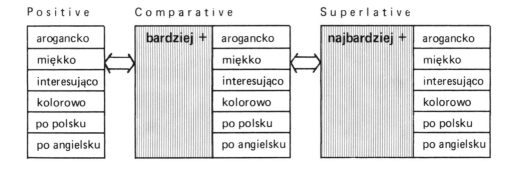

Positive	Comparative	Superlative
arogancko	**bardziej +** arogancko	**najbardziej +** arogancko
miękko	miękko	miękko
interesująco	interesująco	interesująco
kolorowo	kolorowo	kolorowo
po polsku	po polsku	po polsku
po angielsku	po angielsku	po angielsku

b) with the adverb *mało (mniej, najmniej)*

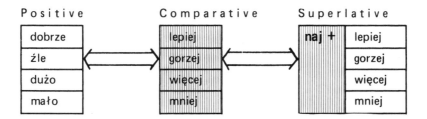

arogancko	**mniej +** arogancko	**najmnej +** arogancko
kolorowo	kolorowo	kolorowo
po polsku	po polsku	po polsku

(a, b) Some Polish adverbs can form their comparative and superlative degree by using other adverbs.

When the comparative and superlative denote a higher degree than the positive, **bardziej** and **najbardziej** are used. When they denote a lower degree, **mniej** and **najmniej** must be used.

c) irregular

Positive	Comparative	Superlative
dobrze	lepiej	**naj +** lepiej
źle	gorzej	gorzej
dużo	więcej	więcej
mało	mniej	mniej

These four adverbs, like their English equivalents, form their comparative and superlative degree with different stems.

23.1 *Supply the required case forms for each of the following nouns.*

Dat. Sing.   Loc. Sing.   Loc. Pl.   Voc. Sing.

kolega, matka, ojciec, siostra, kwiat, aktor, tydzień, pokój, wieczór, kościół, student, pan, świat, błąd, podłoga, ściana, brat, ząb

*23.2 *Use the imperative as in the example.*

Example: A. Chcę zrobić pierogi.
            B. **Nie** *rób* **dziś pierogów!**

A. 1. Chcę napisać list. 2. Chcę przeczytać gazetę. 3. Chcę posprzątać kuchnię.
   4. Chcę ugotować ziemniaki. 5. Chcę upiec gęś. 6. Chcę pojechać do miasta
   7. Chcę wziąć tę książkę. 8. Chcę napić się wina.

23.3 *Use the comparative as in the example.*

Example: Staszek pracuje szybko, ale Leszek jeszcze **szybciej.**

1. Pani Jagiełłowa gotuje dobrze, ale pani Rupikowa jeszcze _____ .
2. Jurek uczy się źle, ale Adaś jeszcze _____ .
3. Marysia je mało, ale Kasia jeszcze _____ .
4. Hanka wygląda źle, ale jej mąż jeszcze _____ .
5. Mary ubiera się elegancko, ale Ewa jeszcze _____ .
6. Pan Jagiełło opowiada interesująco, ale pan Górski jeszcze _____ .

*23.4 *Use an appropriate reflexive personal pronoun to answer the following.*

Example: A. Dla kogo kupujesz te buty?
            B. **Dla** *siebie.*

A. 1. Komu kupujesz tę książkę? 2. Kim się martwisz? 3. Kim chcesz być?
   4. O kim Ewa najwięcej myśli? 5. Dokąd idziesz? 6. Z kim masz najwięcej
   kłopotu?

23.5 *Supply an appropriate preposition.*

1. Dlaczego siedzisz _____ podłodze?
2. _____ Stanach Zjednoczonych mieszka dużo Polaków.
3. Kupiłem coś ładnego _____ ciebie.
4. _____ kwietniu wyjeżdżam.
5. Mam mieszkać _____ państwa Gałązków.

6. Dzieci biorę _____ sobą.
7. Nie kładź tych książek _____ tapczan!
8. Nie chodź _____ kina _____ tym strasznym człowiekiem.
9. Kupiłam _____ niedzielę ciasto _____ makiem.
10. Muszę napisać _____ rodziców.

* 23.6 *Follow the pattern provided in the example, using the past tense of the verb.*

Example: A. Kup trochę sera!
          B. **Przecież już** *kupiłam / kupiłem.*

A. 1. Podaj talerze!   5. Przeczytaj tę książkę!
   2. Zrób zakupy!   6. Zamknij okno!
   3. Przynieś piwa!   7. Ubierz się!
   4. Napisz wreszcie list!   8. Uczesz się!

23.7 *Use the genitive of the dates to answer the following questions.*

Example: A. Kiedy pani ma imieniny?
          B. **Dwudziestego pierwszego sierpnia.** *(on August 21)*

A. Kiedy chce pani do nas przyjechać?
B. _____ .
(on December 31, January 2, March 15, November 17, September 24, July 10, May 29, June 1, October 20, February 28, April 13)

23.8 *Use the correct form of the reflexive possessive pronoun* **swój.**

Example: Możesz mi pokazać **swoją** kuchnię?

1. Nie chcecie nam pokazać _____ mieszkania?
2. Mogę ci przynieść _____ książki.
3. Jagiełłowa bardzo kocha _____ łobuzów.
4. Basia myśli tylko o _____ chłopcu.
5. Mary dawno już nie widziała _____ dziadka z Nowego Jorku.
6. Mary dała Leszkowi _____ zdjęcie.
7. Nie mam tu, niestety, _____ maszynki do golenia.
8. Mogę cię poczęstować _____ ciastkami?

23.9 *Supply an appropriate interrogative expression.*

Example: A. O **kim** rozmawiacie?   B. O Leszku.

A. 1. _____ koloru jest sukienka Ewy?   B. Niebieskiego.
   2. _____ dałeś moje pióro?   Staszkowi.
   3. _____ psa wolisz?   Tego dużego.
   4. _____ szukasz?   Ołówka.
   5. _____ idziesz?   Do domu.

6. _____ jedzie ten pociąg?   Z Krakowa.
7. _____ są te buty?   Dla Jurka.
8. _____ masz ten pierścionek?   Od Tadka.
9. _____ jedziesz do Warszawy?   Autem.
10. _____ jedziesz do Warszawy?   Z Elą i Wandą.

23.10 *Translate the words in parentheses and, when necessary, modify their forms to fit the given sentences.*

1. Tego _____ *(day)* nie mogę przyjść, bo mam dużo pracy.
2. *(Last week)* _____ byłam w _____ *(Berlin)*.
3. *(Next week)* _____ jadę do _____ *(New York)*.
4. Jeszcze nigdy nie byłam w _____ *(Africa)*.
5. Czy to prawda, że masz rodzinę w _____ *(Asia)*?
6. Kiedy wracasz ze _____ *(The United States)*?
7. *(This week)* _____ mam być w _____ *(Germany)*.
8. Byłeś już we _____ *(Italy)*?

23.11 *Use the locative of the dates to answer the following questions.*

Example: A. Kiedy / w którym roku przyjechał pan do nas?
             B. **W tysiąc dziewięćset** *siedemdziesiątym* **(roku)**. (1970)

A. 1. Kiedy odwiedził pan swoją rodzinę?   B. _____ . (1968)
   2. W którym roku zmarł Chopin?   _____ . (1849)
   3. W którym roku powstał
      Uniwersytet Jagielloński?   _____ . (1364)
   4. W którym roku skończyła się druga
      wojna światowa? *(World War II)*   _____ . (1945)
   5. W którym roku zaczęła się
      pierwsza wojna światowa?   _____ . (1914)
   6. Kiedy pana dziadek pojechał do Ameryki?   _____ . (1898)
   7. Kiedy ma pan zamiar tu wrócić?   _____ . (1989)

23.12 *You are writing letters to various people. Choose appropriate headings with nouns in the vocative case.*

Examples: **Kochany Staszku!**   (szanowny, kochany, Staszek, pan)
             Szanowny Panie!

kochany, drogi, miły, szanowny, wielce szanowny, najmilszy, najdroższy
Ewa, dziecko, mamusia, tatuś, rodzice, pan profesor, pan, pani, Jurek,
chłopiec, ojciec, wujek, ciocia, babcia, Marysia, Edward

23.13 *Complete the following sentences with imperative verbs from the given list.*

iść — chodzić — jeść — spać — siedzieć — być

1. *(Nauczycielka do dzieci:)* _____ do domu i _____ grzeczne!
2. *(Matka do dzieci:)* Dobranoc. _____ dobrze!
3. Jurku, nie _____ na stole! Przecież są krzesła.
4. Zbyszku, _____ tu zaraz i pokaż szyję!
5. Elu _____ szybciej! Zupa jest prawie zimna.
6. *(Mały Jurek do Zbyszka:)* _____ już, ty małpo *(monkey)*! Nie chcę cię więcej widzieć.
7. Stasiu, _____ tam zaraz, bo ojciec czeka.

23.14 *Write a letter*
    (a) *giving your impressions of Poland*
    (b) *describing your last weekend.*

23.15 *Topics for conversation*

1. You have just arrived in Lublin (Kraków, Katowice, or Warszawa) and head for the tourist office to ask for information and brochures on the city.
2. You work at a(n) railroad / airline information desk. People come up to ask you questions about various departure and arrival times.
3. When and how are you planning to return home? Which cities (countries) will you visit on the way back?

GRAMMATICAL TABLES

I. NOUNS

1. Masculine

SING.

Stem in a hard cons.

Case	**k** animate (robotnik / królik)	**k** inanimate (słownik)	**g** animate (szpieg / pstrąg)	**g** inanimate (pociąg)	**r** animate (aktor / żubr)	**r** inanimate (numer)	another hard cons. animate (student / lis)	another hard cons. inanimate (dom)
N	∅	∅	∅	∅	∅	∅	∅	∅
G	-a	-a	-a	-u	-a	-u	-a	-u
D	-owi	-owi	-owi	-owi	-owi	-owi	-owi	-owi [1]
A	-a	∅	-a	∅	-a	∅	-a	∅
I	-em	-em	-em	-em	-em	-em	-em	-em
L	-u	-u	-u	-u	-e	-e	-e	-u
V	-u	-u	-u	-u	-e	-e	-e	-u

Example stems: robotniki / króliki, słowniki, szpiegi / pstrągi, pociągi, aktorz / żubrz, numerz, studenci / lisi

PL.

Case	**k** non-pers. (królik / słownik)	**k** pers. (robotnik)	**g** non-pers. (pstrąg / pociąg)	**g** pers. (szpieg)	**r** non-pers. (żubr / numer)	**r** pers. (aktor)	non-pers. (lis / dom)	pers. (student)
N	-i	-y / -owie [2]	-i	-y / -owie	-y	-y / -owie	-y	-i [2]
G	-ów	-ów	-ów	-ów	-ów	-ów	-ów	-ów
D	-om	-om	-om	-om	-om	-om	-om	-om
A	-i	-ów	-i	-ów	-y	-ów	-y	-ów
I	-ami	-ami	-ami	-ami	-ami	-ami	-ami	-ami
L	-ach	-ach	-ach	-ach	-ach	-ach	-ach	-ach
V	-i	-y	-i	-y	-y	-y	-y	-i

Example stems (pl.): robotnic, szpiedz, aktorz, studenc

---

[1] Some nouns take the -u ending. (*Cf.* chłopcu, bratu. panu, diabłu, psu, światu.)

[2] Some animate nouns take the -owie ending. (*Cf.* panowie, profesorowie, Belgowie, synowie.)

SING.

	Stem in a hardened cons.		Stem in a soft cons.		
	animate	inanimate	animate	inanimate	
	lekarz / jeż ∅	piec ∅	leń / słoń ∅	grzebień ∅	N
	-a	-a	leni / słoni -a	grzebieni -a	G
	-owi	-owi	-owi	-owi	D
	-a	∅	-a	grzebień ∅	A
	-em	-em	-em	grzebieni -em	I
	-u	-u	-u	-u	L
	-u	-u	-u	-u	V

PL.

	pers.	non-pers.	pers.	non-pers.	
	lekarz -e	jeż / piec -e	leni -e	słoni / grzebieni -e	N
	-y	-ów	len -i	słoń / grzebień -i	G[1]
	-om	-om	leni -om	słoni / grzebieni -om	D
	-y	-e	len -i	-e	A
	-ami	-ami	leni -ami	-ami	I
	-ach	-ach	-ach	-ach	L
	-e	-e	leni -e	-e	V

SING.

a → e		ą → ę		e → ∅		ó → o		
sąsiad	∅	ząb	∅	pies	∅	stół	∅	N
sąsiad	-a	ząb	-a	ps	-a	stoł	-u	G
sąsiad	-owi	ząb	-owi	ps	-u	stoł	-owi	D
sąsiad	-a	ząb	∅	ps	-a	stół	∅	A
sąsiad	-em	ząb	-em	ps	-em	stoł	-em	I
sąsiedzi	-e	zębi	-e	psi	-e	stol	-e	L
sąsiedzi	-e	zębi	-e	psi	-e	stol	-e	V

PL.

sąsiedz	-i	ząb	-y	ps	-y	stoł	-y	N
sąsiad	-ów	ząb	-ów	ps	-ów	stoł	-ów	G
sąsiad	-om	ząb	-om	ps	-om	stoł	-om	D
sąsiad	-ów	ząb	-y	ps	-y	stoł	-y	A
sąsiad	-ami	ząb	-ami	ps	-ami	stoł	-ami	I
sąsiad	-ach	ząb	-ach	ps	-ach	stoł	-ach	L
sąsiedz	-i	ząb	-y	ps	-y	stoł	-y	V

[1]Some animate nouns in a hardened consonant take the -ów ending. (*Cf.* chłopców, mężów, cudzoziemców.)

SING.

e → φ

ek → k		ec → c		er → r		el → l		
stołek	φ	chłopiec	φ	sweter	φ	mebel	φ	N
stołk	-a	chłopc	-a	swetr	-a	mebl	-a	G
stołk	-owi	chłopc	-u	swetr	-owi	mebl	-owi	D
stołek	φ	chłopc	-a	sweter	φ	mebel	φ	A
stołki	-em	chłopc	-em	swetr	-em	mebl	-em	I
stołk	-u	chłopc	-u	swetrz	-e	mebl	-u	L
stołk	-u	chłopcz	-e	swetrz	-e	mebl	-u	V

PL.

stołk	-i	chłopc	-y	swetr	-y	mebl	-e	N
stołk	-ów	chłopc	-ów	swetr	-ów	mebl	-i	G
stołk	-om	chłopc	-om	swetr	-om	mebl	-om	D
stołk	-i	chłopc	-ów	swetr	-y	mebl	-e	A
stołk	-ami	chłopc	-ami	swetr	-ami	mebl	-ami	I
stołk	-ach	chłopc	-ach	swetr	-ach	mebl	-ach	L
stołk	-i	chłopc	-y	swetr	-y	mebl	-e	V

Masculine Nouns in -a

Type I		Type II		Type III		

SING.

Type I		Type II		Type III		
koleg	-a	mężczyzn	-a	poet	-a	N
	-i		-y		-y	G
koledz	-e	mężczyźni	-e	poeci	-e	D
koleg	-ę	mężczyzn	-ę	poet	-ę	A
	-ą		-ą		-ą	I
koledz	-e	mężczyźni	-e	poeci	-e	L
koleg	-o	mężczyzn	-o	poet	-o	V

PL.

Type I		Type II		Type III		
koledz	-y	mężczyźn	-i	poec	-i	N
koleg	-ów	mężczyzn	φ	poet	-ów	G
	-om		-om		-om	D
	-ów		φ		-ów	A
	-ami		-ami		-ami	I
	-ach		-ach		-ach	L
koledz	-y	mężczyźn	-i	poec	-i	V

2. Feminine

SING.							
Nouns in -a							
Stem in a hard cons.					stem in a hardened cons.	stem in a soft cons.	
k	**g**	**ch**	**r**	another hard cons.			
córk -a	drog -a	pończoch -a	gór -a	kobiet -a	prac -a	babci -a	
córk -i	drog -i	pończoch -y	gór -y	kobiet -y	-y	babc -i	
córc -e	drodz -e	pończosz -e	górz -e	kobieci -e	-y	babci -e	
córk -ę	drog -ę	pończoch -ę	gór -ę	kobiet -ę	-ę	babci -ę	
córk -ą	drog -ą	pończoch -ą	gór -ą	kobiet -ą	-ą	babci -ą	
córc -e	drodz -e	pończosz -e	górz -e	kobieci -e	-y	babc -i	
córk -o	drog -o	pończoch -o	gór -o	kobiet -o	-o	babci -u	
PL.							
córk -i	drog -i	pończoch -y	gór -y	kobiet -y	prac -e	babci -e	
córek ∅	dróg ∅	∅	∅	∅	∅	babć ∅	
córk -om	drog -om	-om	-om	-om	-om	babci -om	
-i	-i	-y	-y	-y	-e	-e	
-ami	-ami	-ami	-ami	-ami	-ami	-ami	
-ach	-ach	-ach	-ach	-ach	-ach	-ach	
-i	-i	-y	-y	-y	-e	-e	

SING.						
o → ó	ę → ą	φ → e				
		k → ek	c → ec	n → en		
głow -a	ręk -a	matk -a	owc -a	wełn -a	N	
głow -y	ręk -i	matk -i	owc -y	wełn -y	G	
głowi -e	ręc -e	matc -e	owc -y	wełni -e	D	
głow -ę	ręk -ę	matk -ę	owc -ę	wełn -ę	A	
głow -ą	ręk -ą	matk -ą	owc -ą	wełn -ą	I	
głowi -e	ręc -e	matc -e	owc -y	wełni -e	L	
głow -o	ręk -o	matk -o	owc -o	wełn -o	V	
PL.						
głow -y	ręc -e	matk -i	owc -e	wełn -y	N	
głów ∅	rąk ∅	matek ∅	owiec ∅	wełen ∅	G	
głow -om	ręk -om	matk -om	owc -om	wełn -om	D	
głow -y	ręc -e	matk -i	owc -e	wełn -y	A	
głow -ami	ręk -ami	matk -ami	owc -ami	wełn -ami	I	
głow -ach	ręk -ach	matk -ach	owc -ach	wełn -ach	L	
głow -y	ręc -e	matk -i	owc -e	wełn -y	V	

Feminine (continued)

SINGULAR

Case	Nouns in **-nia**	Nouns in **-ja**	Nouns in **-i**	∅ — stem in a soft cons. I	∅ — stem in a soft cons. II	∅ — stem in a hardened cons. I	∅ — stem in a hardened cons. II
N	kuchni -a	lekcj -a	gospodyn -i	powieść ∅	jabłoń ∅	podróż ∅	rzecz ∅
G	kuchn -i	-i	-i	powieśc -i	jabłon -i	-y	-y
D	-i	-i	-i	-i	-i	-y	-y
A	kuchni -ę	-ę	gospodyni -ę	powieść ∅	jabłoń ∅	∅	∅
I	-ą	-ą	-ą	powieści -ą	jabłoni -ą	-ą	-ą
L	kuchn -i	-i	gospodyn -i	powieśc -i	jabłon -i	-y	-y
V	kuchni -o	-o	-i	-i	-i	-y	-y

PLURAL

Case	Nouns in **-nia**	Nouns in **-ja**	Nouns in **-i**	∅ soft cons. I	∅ soft cons. II	∅ hard. cons. I	∅ hard. cons. II
N	kuchni -e	lekcj -e	gospodyni -e	powieśc -i	jabłoni -e	podróż -e	rzecz -y
G	kuchn -i	-i	gospodyń ∅	-i	jabłon -i	-y	-y
D	kuchni -om	-om	gospodyni -om	powieści -om	jabłoni -om	-om	-om
A	-e	-e	-e	powieśc -i	-e	-e	-y
I	-ami	-ami	-ami	powieści -ami	-ami	-ami	-ami
L	-ach	-ach	-ach	-ach	-ach	-ach	-ach
V	-e	-e	-e	powieśc -i	-e	-e	-y

3. Neuter

SING.

Case	Nouns in **-o** — stem in **k, g**	Nouns in **-o** — stem in another hard cons.	Nouns in **-e** — stem in a hardened cons.	Nouns in **-e** — stem in a soft cons.	Nouns in **-ę** — stem + the **-ęci-** suffix	Nouns in **-ę** — stem + the **-eni-** suffix	Nouns in **-um**
N	słówk -o	piw -o	serc -e	zdjęci -e	ciel -ę	imi -ę	muze -um
G	-a	-a	-a	-a	-ęci -a	-eni -a	
D	-u	-u	-u	-u	-u	-u	
A	-o	-o	-e	-e	-ę	-ę	
I	słówki -em	-em	-em	-em	-ęci -em	-eni -em	
L	słówk -u	piwi -e	-u	-u	-u	-u	
V	-o	piw -o	-e	-e	-ę	-ę	

PL.

Case	Nouns in **-o** — stem in **k, g**	Nouns in **-o** — stem in another hard cons.	Nouns in **-e** — stem in a hardened cons.	Nouns in **-e** — stem in a soft cons.	Nouns in **-ę** — stem + the **-ęci-** suffix	Nouns in **-ę** — stem + the **-eni-** suffix	Nouns in **-um**
N	słówk -a	piw -a	serc -a	zdjęci -a	ciel -ęt -a	imi -on -a	muze -a
G	słówek ∅	∅	∅	zdjęć ∅	-ąt ∅	∅	-ów
D	słówk -om	-om	-om	zdjęci -om	-ęt -om	-om	-om
A	-a	-a	-a	-a	-a	-a	-a
I	-ami	-ami	-ami	-ami	-ami	-ami	-ami
L	-ach	-ach	-ach	-ach	-ach	-ach	-ach
V	-a	-a	-a	-a	-a	-a	-a

	SING.			φ → e		
	$a \rightarrow e$	$o \rightarrow ó$	$ę \rightarrow ą$	n → en	k → ek	
	miast -o	słow -o	święt -o	okn -o	jabłk -o	N
	miast -a	słow -a	święt -a	okn -a	jabłk -a	G
	miast -u	słow -u	święt -u	okn -u	jabłk -u	D
	miast -o	słow -o	święt -o	okn -o	jabłk -o	A
	miast -em	słow -em	święt -em	okn -em	jabłki -em	I
	mieści -e	słowi -e	święci -e	okni -e	jabłk -u	L
	miast -o	słow -o	święt -o	okn -o	jabłk -o	V

	PL.					
	miast -a	słow -a	święt -a	okn -a	jabłk -a	N
	miast φ	słów φ	świąt φ	okien φ	jabłek φ	G
	miast -om	słow -om	święt -om	okn -om	jabłk -om	D
	miast -a	słow -a	święt -a	okn -a	jabłk -a	A
	miast -ami	słow -ami	święt -ami	okn -ami	jabłk -ami	I
	miast -ach	słow -ach	święt -ach	okn -ach	jabłk -ach	L
	miast -a	słow -a	święt -a	okn -a	jabłk -a	V

4. Irregular

Masculine

	SING.				
dzień φ	brat φ	człowiek φ	rok φ		N
dni -a	-a	-a	-u		G
-owi	-u	-owi	-owi		D
dzień φ	-a	-a	rok φ		A
dni -em	-em	człowieki -em	roki -em		I
-u	braci -e	człowiek -u	rok -u		L
-u	-e	-u	-u		V

	PL.				
dn -i	braci -a	ludzi -e	lat -a		N
-i	brac -i	ludz -i	φ		G
dni -om	braci -om	ludzi -om	-om		D
dn -i	brac -i	ludz -i	-a		A
dni -ami	brać -mi	ludź -mi	-ami		I
-ach	braci -ach	ludzi -ach	-ach		L
dn -i	-a	ludzi -e	-a		V

Neuter

	SING.		
dzieck -o	ok -o		N
-a	-a		G
-u	-u		D
-o	-o		A
dziecki -em	oki -em		I
dzieck -u	ok -u		L
-o	-o		V

	PL.		
dziec -i	ocz -y		N
-i	-u		G
dzieci -om	-om		D
dziec -i	-y		A
dzieć -mi	-ami		I
dzieci -ach	-ach		L
dziec -i	-y		V

II. PRONOUNS

1. Personal

**ja, ty, on, ona, ono
my, wy, oni, one**

		SING.			
		masc.	neut.	fem.	
ja	ty	on	ono	ona	N
mnie	ciebie	jego, niego / go		jej / niej	G
mnie / mi	tobie / ci	jemu, niemu / mu		jej / niej	D
mnie / mię	ciebie / cię	jego, niego / go	je / nie	ją / nią	A
mną	tobą	nim		nią	I
mnie	tobie	nim		niej	L

		PL.			
		masc.		neut.	fem.	
		pers.	non-pers.			
my	wy	oni		one		N
nas	was			ich / nich		G
nam	wam			im / nim		D
nas	was	ich / nich		je / nie		A
nami	wami			nimi		I
nas	was			nich		L

2. Interrogative
kto? co?

Persons		Things		
kt	-o	c	-o	N
k	-ogo	cz	-ego	G
	-omu		-emu	D
	-ogo	c	-o	A
	-im	cz	-ym	I
				L

jaki? jaka? jakie?

SING.				
masc.		neut.	fem.	
animate	inanimate			
jak -i		jaki -e	jak -a	N
jaki -ego			jaki -ej	G
-emu				D
-ego	jak -i	jaki -e	jak -a	A
jak -im				I
			jaki -ej	L

PL.				
masc.		neut.	fem.	
pers.	non-pers.			
jac -y	jaki -e			N
jak -ich				G
-im				D
-ich	jaki -e			A
-imi				I
-ich				L

czyj? czyja? czyje?

SING.				
masc.		neut.	fem.	
animate	inanimate			
czyj ∅		czyj -e	czyj -a	N
-ego			-ej	G
-emu				D
-ego	czyj ∅	czyj -e	-a	A
czy -im				I
			-ej	L

PL.					
masc.		neut.	fem.		
pers.	non-pers.				
czy -i	czyj -e				N
-ich					G
-im					D
-i	czyj -e				A
-imi					I
-ich					L

który? która? które?

SING.				
masc.		neut.	fem.	
animate	inanimate			
któr -y		któr -e	któr -a	N
-ego			-ej	G
-emu				D
-ego	któr -y	któr -e	-ą	A
-ym				I
			-ej	L

PL.					
masc.		neut.	fem.		
pers.	non-pers.				
którz -y	któr -e				N
któr -ych					G
-ym					D
-ych	któr -e				A
-ymi					I
-ych					L

3. Possessive

mój, moja, moje
twój, twoja, twoje[1]
jego, jej[2]
swój, swoja, swoje

SING.				
masc.		**neut.** long / short	**fem.** long / short	
animate long / short	inanimate long / short			
mój ø		moj -e / me	moj -a / ma	N
moj -ego / mego			-ej / mej	G
-emu / memu				D
-ego / mego	mój	moj -e / me	-a / mą	A
mo -im / mym				I
			-ej / mej	L

PL.				
masc.		**neut.** long / short	**fem.** long / short	
pers. long / short	non-pers. long / short			
mo -i	moj -e / me			N
-ich / mych				G
-im / mym				D
-ich / mych	moj -e / me			A
-imi / mymi				I
-ich / mych				L

---

[1] **Twój**, -a, -e and **swój**, -a, -e are declined like **mój**, -a -e.

[2] **Jego** and **jej** are not inflected.

nasz, nasza, nasze
wasz, wasza, wasze[1]
ich[2]

SING.				
masc.		neut.	fem.	
animate	inanimate			
nasz ∅		nasz -e	nasz -a	N
-ego			-ej	G
-emu				D
-ego	nasz ∅	nasz -e	-ą	A
-ym				I
			-ej	L

PL.				
masc.		neut.	fem.	
pers.	non-pers.			
nas -i	nasz -e			N
nasz -ych				G
-ym				D
-ych	nasz -e			A
-ymi				I
-ych				L

---

[1] **Wasz, -a, -e** are declined like **nasz, -a, -e.**

[2] **Ich** is not inflected.

4. Demonstrative

ten, ta, to
tamten, tamta, tamto[1]

SING.					
masc.		neut.	fem.		
animate	inanimate				
ten ∅		t -o	t -a		N
t -ego			-ej		G
-emu					D
-ego	ten ∅	t -o	-ą		A
-ym					I
			-ej		L

PL.				
masc.		neut.	fem.	
pers.	non-pers.			
c -i	t -e			N
t -ych				G
-ym				D
-ych	t -e			A
-ymi				I
-ych				L

---

[1] Tamten, tamta, tamto are declined like **ten, ta, to.**

5. Indefinite

jakiś, jakaś, jakieś

SING.				
masc.		neut.	fem.	
animate	inanimate			
jak -iś		jaki -eś	jak -aś	N
jaki -egoś			jaki -ejś	G
-emuś				D
-egoś	jak -iś	jaki -eś	jak -aś	A
jak -imś				I
			jaki -ejś	L

PL.				
masc.		neut.	fem.	
pers.	non-pers.			
jac -yś	jaki -eś			N
jak -ichś				G
-imś				D
-ichś	jaki -eś			A
-imś				I
-ichś				L

każdy, każda, każde

SING.				
masc.		neut.	fem.	
animate	inanimate			
każd -y		każd -e	każd -a	N
-ego			-ej	G
-emu				D
-ego	każd -y	każd -e	-ą	A
-ym				I
			-ej	L

PL.				
masc.		neut.	fem.	
pers.	non-pers.			
wszysc -y	wszystki -e			N
wszystk -ich				G
-im				D
-ich	wszystki -e			A
-imi				I
-ich				L

żaden, żadna, żadne

SING.				
masc.		neut.	fem.	
animate	inanimate			
żaden ∅		żadn -e	żadn -a	N
żadn -ego			-ej	G
-emu				D
-ego	żaden ∅	żadn -e	-ą	A
-ym				I
			-ej	L

PL.				
masc.		neut.	fem.	
pers.	non-pers.			
żadn -i	żadn -e			N
-ych				G
-ym				D
-ych	żadn -e			A
-ymi				I
-ych				L

nikt, nic

SING.				
Persons		Things		
nikt	∅	nic	∅	N
ni**k**	-ogo	ni**cz**	-ego	G
	-omu		-emu	D
	-ogo	nic	∅	A
	-im	ni**cz**	-ym	I
				L

III. ADJECTIVES

1. Masculine

SING.

Stem in a hard cons.

	k animate	k inanimate	g animate	g inanimate	r animate	r inanimate	another hard cons. animate	another hard cons. inanimate
N	wielk -i		dług -i		star -y		młod -y	
G	wielki -ego		długi -ego		star -ego		młod -ego	
D	-emu		-emu		-emu		-emu	
A	-ego	wielk -i	-ego	dług -i	-ego	star -y	-ego	młod -y
I	wielk -im		dług -im		star -ym		młod -ym	
L	-im		-im		-ym		-ym	
V	-i	wielki -e	-i		-y		-y	

PL.

	k pers.	k non-pers.	g pers.	g non-pers.	r pers.	r non-pers.	another hard cons. pers.	another hard cons. non-pers.
N	wielc -y	wielki -e	dłudz -y	długi -e	starz -y	star -e	młodz -i	młod -e
G	wielk -ich		dług -ich		star -ych		młod -ych	
D	-im		-im		-ym		-ym	
A	-ich	wielki -e	-ich	długi -e	-ych	star -e	-ych	młod -e
I	-imi		-imi		-ymi		-ymi	
L	-ich		-ich		-ych		-ych	
V	wielc -y	wielki -e	dłudz -y	długi -e	starz -y	star -e	młodz -i	młod -e

SING.

	Stem in a hardened cons.						stem in a soft cons.	
	sz		**ż**		**another hardened cons.**			
	animate	inanimate	animate	inanimate	animate	inanimate	animate	inanimate
N	starsz -y		duż -y		obc -y		tan -i	
G	-ego		-ego		-ego		tani -ego	
D	-emu		-emu		-emu		-emu	
A	-ego	starsz -y	-ego	duż -y	-ego	obc -y	-ego	tan -i
I	-ym		-ym		-ym		-im	
L	-ym		-ym		-ym		-im	
V	-y		-y		-y		-i	

PL.

	sz		**ż**		**another hardened cons.**		**soft cons.**	
	pers.	non-pers.	pers.	non-pers.	pers.	non-pers.	pers.	non-pers.
N	starS -i	starsz -e	duż -i	duż -e	obc -y	obc -e	tan -i	tani -e
G	starsz -ych		-ych		-ych		-ich	
D	-ym		-ym		-ym		-im	
A	-ych	starsz -e	-ych	duż -e	-ych	obc -e	-ich	tani -e
I	-ymi		-ymi		-ymi		-imi	
L	-ych		-ych		-ych		-ich	
V	starS -i	starsz -e	duż -i	duż -e	obc -y	obc -e	tan -i	tani -e

2. Feminine

			SING.			
stem in a hard cons.			stem in a hardened cons.	stem in a soft cons.		
k	**g**	another hard cons.				
wielk -a	dług -a	młod -a	duż -a	tani -a	N
wiel**ki** -ej	dłu**gi** -ej	-ej	-ej	-ej	G
-ej	-ej	-ej	-ej	-ej	D
wielk -ą	dług -ą	-ą	-ą	-ą	A
-ą	-ą	-ą	-ą	-ą	I
wiel**ki** -ej	dłu**gi** -ej	-ej	-ej	-ej	L
wielk -a	dług -a	-a	-a	-a	V
PL.						
wiel**ki** -e	dłu**gi** -e	młod -e	duż -e	tani -e	N
wielk -ich	dług -ich	-ych	-ych	tan -ich	G
-im	-im	-ym	-ym	-im	D
wiel**ki** -e	dłu**gi** -e	-e	-e	tani -e	A
wielk -imi	dług -imi	-ymi	-ymi	tan -imi	I
-ich	-ich	-ych	-ych	-ich	L
wiel**ki** -e	dłu**gi** -e	-e	-e	tani -e	V

3. Neuter

	SING.		
stem in			
a hard cons.	a hardened cons.	a soft cons.	
młod -e	duż -e	tani -e	N
-ego	-ego	-ego	G
-emu	-emu	-emu	D
-e	-e	-e	A
-ym	-ym	tan -im	I
-ym	-ym	-im	L
-e	-e	tani -e	V
PL.			
młod -e	duż -e	tani -e	N
-ych	-ych	tan -ich	G
-ym	-ym	-im	D
-e	-e	tani -e	A
-ymi	-ymi	tan -imi	I
-ych	-ych	-ich	L
-e	-e	tani -e	V

1. Cardinal

jeden, jedna, jedno

masc.		neut.	fem.	
animate	inanimate			
jeden ø		jedn -o	jedn -a	N
jedn -ego			-ej	G
-emu				D
-ego	jeden ø / jedn -o		-a	A
-ym				I
			-ej	L

dwaj, dwa

masc.		neut.	fem.	
pers.	non-pers.			
dwaj	dwa		dwie	N
dwóch / dwu				G
dwom / dwu				D
dwóch / dwu	dwa		dwie	A
dwoma			dwoma / dwiema	I
dwóch / dwu				L

trzej, trzy

masc.		neut.	fem.	
pers.	non-pers.			
trzej	trzy			N
trzech				G
trzem				D
trzech	trzy			A
trzema				I
trzech				L

czterej, cztery

masc.		neut.	fem.	
pers.	non-pers.			
czterej	cztery			N
czterech				G
czterem				D
czterech	cztery			A
czterema				I
czterech				L

pięć

masc.	neut.	fem.	
pięć			N
pięciu			G
pięciu			D
pięć			A
pięciu / pięcioma			I
pięciu			L

2. Ordinal

pierwszy, pierwsza, pierwsze

SING.				
masc.		neut.	fem.	
animate	inanimate			
pierwsz -y		pierwsz -e	pierwsz -a	N
-ego			-ej	G
-emu				D
-ego	pierwsz -y	pierwsz -e	-ą	A
-ym				I
			-ej	L

PL.

	masc. pers.	masc. non-pers.	neut.	fem.
N	pierws-i	pierwsz-e	pierwsz-e	pierwsz-e
G	pierwsz-ych			
D	-ym			
A	pierwsz-ych	pierwsz-e	pierwsz-e	pierwsz-e
I	-ymi			
L	-ych			

dwudziesty pierwszy, dwudziesta pierwsza, dwudzieste pierwsze

	masc. animate	masc. inanimate	neut.	fem.
N	dwudziest-y pierwsz-y	dwudziest-y pierwsz-y	dwudziest-e pierwsz-e	dwudziest-a pierwsz-a
G	-ego … -ego	-ego … -ego	-ego … -ego	-ej … -ej
D	-emu … -emu	-emu … -emu	-emu … -emu	-ej … -ej
A	-ego … -ego	-y … -y	-e … -e	-ą … -ą
I	-ym … -ym	-ym … -ym	-ym … -ym	-ą … -ą
L	-ym … -ym	-ym … -ym	-ym … -ym	-ej … -ej

V. VERBS

1. Present Tense

The $\left\{\begin{array}{l}\text{-a-m/ -a-sz}\\ \text{-e-m/ -e-sz}\end{array}\right\}$ Conjugation[1]

stem in a hard cons.		stem in a soft cons.			
inf. in -ać **czytać**		inf. in -eć **umieć**			
czyta	-m	umie	-m	1	Sing.
	-sz		-sz	2	
	ø		ø	3	
czyta	-my	umie	-my	1	Pl.
	-cie		-cie	2	
-j	-ą	-j	-ą	3	

The $\left\{\begin{array}{l}\text{-ę / -isz}\\ \text{-ę / -ysz}\end{array}\right\}$ Conjugation[2]

stem in a soft cons.		stem in a hardened cons.					
		c, dz, sz, ż, dż → soft cons.		cz, sz, ż, żdż, szcz			
inf. in -ić (**robić**)		inf. in -ić (**prosić**) -eć (**siedzieć**)		inf. in -yć (**uczyć**) -eć (**brzęczeć**)			
robi	-ę	prosz	-ę	ucz	-ę	1	Sing.
rob	-isz	pros	-isz		-ysz	2	
	-i		-i		-y	3	
rob	-imy	pros	-imy	ucz	-ymy	1	Pl.
	-icie		-icie		-ycie	2	
robi	-ą	prosz	-ą		-ą	3	

---

[1] For the irregular **mieć, wiedzieć** and **jeść**, see L. 5.

[2] For the irregular **stać, bać się** and **spać**, see L. 8.

The -ę / -esz Conjugation

	stem in a labial soft cons.	stem in a hard cons.					suffix -j-	suffix -uj-
		r (→rz)	k (→cz); g (→ż)	another hard cons. (→ soft cons.)		inf. in -(n)ąć (ciągnąć)		
	inf. in -ać (łapać)	inf. in -ać (brać)	inf. in -c (piec)(móc)	inf. in -ść (nieść)(kłaść)	inf. in -źć (wieźć)		inf. in -yć, -ić, -uć, -eć, -awać (myć)(czuć) (pić) (starzeć się) (dawać)	inf. in -ować, -iwać, -ywać (pracować) (obsługiwać) (pokazywać)
Sing. 1	łapi -ę	bior -ę	piek -ę	nios -ę	wioz -ę	ciągn -ę	pi -j -ę	prac -uj -ę
2	-esz	bierz -esz	piecz -esz	niesi -esz	wiezi -esz	ciągni -esz	-esz	-esz
3	-e	-e	-e	-e	-e	-e	-e	-e
Pl. 1	łapi -emy	bierz -emy	piecz -emy	niesi -emy	wiezi -emy	ciągni -emy	pi -j -emy	prac -uj -emy
2	-ecie	-ecie	-ecie	-ecie	-ecie	-ecie	-ecie	-ecie
3	-ą	bior -ą	piek -ą	nios -ą	wioz -ą	ciągn -ą	-ą	-ą

2. Past Tense

a) derived from the stem of the infinitive

The **-a-m** / **-a-sz** / **-e-m** / **-e-sz** Conjugation

czyta-ć, umie-ć

		czyta-ć masc.	czyta-ć fem.	czyta-ć neut.	umie-ć masc.	umie-ć fem.	umie-ć neut.
Sing.	1	czyta -ł -em	czyta -ł -am		umia -ł -em	umia -ł -am	
	2	-eś	-aś		-eś	-aś	
	3	φ	-a	czyta -ł -o	φ	-a	umia -ł -o
Pl.	1	czyta -l -iśmy	czyta -ł -yśmy		umie -l -iśmy	umia -ł -yśmy	
	2	-iście	-yście		-iście	-yście	
	3	-i	-y	czyta -ł -y	-i	-y	umia -ł -y

391

The -ę / -isz (ysz) Conjugation
robi-ć, prosi-ć, uczy-ć, siedzie-ć, krzycze-ć

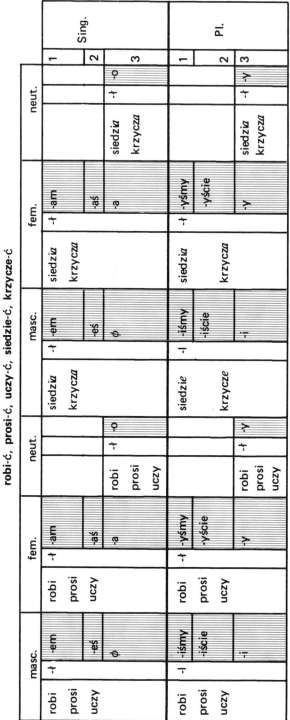

The -ę / -esz Conjugation

łapa-ć, ciągną-ć, dawa-ć, pracowa-ć, obsługiwa-ć, pokazywa-ć, pi-ć, ży-ć, czu-ć

masc.		fem.		neut.				
łapa ciągną dawa pracowa obsługiwa pokazywa pi ży czu	-ł -em	łapa ciągnę dawa pracowa obsługiwa pokazywa pi ży czu	-ł -am				1	Sing.
	-eś		-aś				2	
	φ		-a	łapa ciągnę dawa pracowa obsługiwa pokazywa pi ży czu	-ł -o		3	
łapa ciągnę dawa pracowa obsługiwa pokazywa pi ży czu	-l -iśmy	łapa ciągnę dawa pracowa obsługiwa pokazywa pi ży czu	-ł -yśmy				1	Pl.
	-iście		-yście				2	
	-i		-y	łapa ciągnę dawa pracowa obsługiwa pokazywa pi ży czu	-ł -y		3	

393

The -ę / -esz Conjugation

Infinitives in -c, -ść, -źć

(piec) **piek**-ą, (móc) **mog**-ą, (nieść) **nios**-ą, (kłaść) **kład**-ą, (wieźć) **wioz**-ą

masc.			fem.			neut.				
piek nios wioz	-ł	-em	piek nios wioz	-ł	-am				1	
		-eś			-aś				2	Sing.
piek niós wióz		∅			-a	piek nios wioz	-ł	-o	3	
piek nieś wież	-l	-iśmy	piek nios wioz	-ł	-yśmy				1	
		-iście			-yście				2	Pl.
		-i			-y	piek nios wioz	-ł	-y	3	

INDEX

403

	lekcja
skoro *adv., prep.*	15
słaby, -a, -e	4
słońce	2
słownik	4
słownika *G sing.*	
słówko	4
słówek *G pl.*	
słuchać *-a-m / -a-sz conjug.*	1
słuchają *3rd pers. pl.*	
słynny, -a, -e	18
słyszeć *-ę / -ysz conjug.*	6
smok	18
smoka *G sing.*	
sobota	9
sobót *G pl.*	
sok	3
soku *G sing.*	
sól *f.*	8
soli *G sing.*	
sole *N pl.*	
spać *-ę / -isz conjug.*	6
śpię *1st pers. sing.*	
specjalny, -a, -e	10
bardziej specjalny *comp.*	
spodnie *pl. (no sing.)*	9
spodni *G pl.*	
spokojny, -a, -e	15
sport	21
sportu *G sing.*	
spostrzegać *-a-m / -a-sz conjug.*	2
spostrzegają *3rd pers. pl.*	
spódnica	9
sprawdzać *-a-m / -a-sz conjug.*	18
sprawdzają *3rd pers. pl.*	
sprzątać *-a-m / -a-sz conjug.*	5
sprzątają *3rd pers. pl.*	
sprzedać *perf. -a-m / -a-sz conjug.*	10
sprzedadzą *3rd pers. pl.*	
sprzedawać *-ę / -esz conjug.*	7
sprzedaję *1st pers. sing.*	
stać *-ę / -isz conjug.*	6
stoję *1st pers. sing.*	
stoisz *2nd pers. sing.*	
stać się *perf. -ę / -esz conjug.*	22
stanę się *1st pers. sing.*	
staniesz się *2nd pers. sing.*	
stale *adv.*	6
stary, -a, -e	3
(starszy, -a, -e)	
starzy *N pl. m. pers.*	

	lekcja
starzeć się *-ę / -esz conjug.*	7
starzeję się *1st pers. sing.*	
stawać *-ę / -esz conjug.*	1
staję *1st pers. sing.*	
stawiać *-a-m / -a-sz conjug.*	17
stawiają *3rd pers. pl.*	
stąd *adv., prep.*	10
stopień *m.*	20
stopnia *G sing.*	
strach	12
strachu *G sing.*	
strach na wróble	12
strasznie	8
straszny, -a, -e	5
strona	10
student	3
studentka	1
studentce *D, L sing.*	
studentek *G pl.*	
styczeń *m.*	22
stycznia *G sing.*	
sukienka	9
sukience *D, L sing.*	
sukienek *G pl.*	
suknia	16
sufit	22
sufitu *G sing.*	
sweter	9
swetra *G sing.*	
swetrze *L, V sing.*	
swetry *N pl.*	
swój, -a, -e	4
sympatyczny, -a, -e	2
syn	5
synowie *N pl.*	
sypialnia	17
szacunek	23
szacunku *G sing.*	
szafa	2
szafka *dim.* (szafa)	17
szafce *D, L sing.*	
szafek *G pl.*	
szafka na naczynia	17
szanowny, -a, -e	23
szczególnie	8
szczekać *-a-m / -a-sz conjug.*	10
szczekają *3rd pers. pl.*	
szczęście	6
szczupły, -a, -e	16
szczupli *N pl. m. pers.*	

PROPER NAMES

Forenames and Surnames

Adaś (Adam)	15	Władek (Władysław)		21
Andrzej	3	Władka *G sing.*		
Antek (Antoni)	10	Witek (Witold)		15
Antka *G sing.*		Witka *G sing.*		
Bolek (Bolesław)	13			
Bolka *G sing.*				
Ela (Elżbieta)	22			
Ewa	3			
Hanka (Anna, Hanna)	13	Frycz *m. / f.*, Fryczowa *f.*		1
Hance *D, L sing.*		Fryczowie		
Janek (Jan)	10	Górski *m.*, Górska *f.*		1
Janka *G sing.*		Górscy		
Józek (Józef)	10	Jagiełło *m. / f.*, Jagiełłowa *f.*		1
Józka *G sing.*		Jagiełłowie		
Jurek (Jerzy)	15	Kotarski *m.*, Kotarska *f.*		4
Jurka *G sing.*		Kotarscy		
Krzyś (Krzysztof)	15	Lipiński *m.*, Lipińska *f.*		1
Krzysia *G sing.*		Lipińscy		
Krysia (Krystyna)	22	Mickiewicz *m. / f.*, Mickiewiczowa *f.*		18
Leszek	1	Mickiewiczowie		
Leszka *G sing.*		Malicki *m.*, Malicka *f.*		4
Małgosia (Małgorzata)	16	Maliccy		
Mirek (Mirosław)	15	Rudzki *m.*, Rudzka *f.*		4
Mirka *G sing.*		Rudzcy		
Stefek (Stefan)	15	Rupik *m.*, Rupikowa *f.*		15
Stefka *G sing.*		Rupikowie		
Staszek (Stanisław)	1	Wyspiański *m.*, Wyspiańska *f.*		4
Staszka *G sing.*		Wyspiańscy		

Names of Continents, Countries, Cities and Nationalities

Afryka	23	Norweg	4
Afryce *D, L*		Norwedzy / Norwegowie *N pl.*	
Ameryka	23	Polak	3
Ameryce *D, L*		Polacy *N pl.*	
Australia	23	Polka	3
Australii *D, L*		Polce *D, L sing.*	
Azja	23	Polek *G pl.*	
Azji *D, L*		Stany Zjednoczone	23
Europa	23	Stanów Zjednoczonych *G*	
Europie *D, L*		Śląsk	18
Anglia	23	Śląska *G*	
Anglii *D, L*			
Anglik	4		
Anglicy *N pl.*			
Arab	6		
Arabowie *N pl.*		Chochołów	10
Belg	6	Chochołowa *G*	
Belgowie *N pl.*		Katowice	14
Francuz	4	Katowic *G*	
Francuzi *N pl.*		Kraków	18
Japończyk	4	Krakowa *G*	
Japończycy *N pl.*		Londyn	23
Kanada	1	Londynu *G*	
Kanadyjka		Nowy Jork	23
Kanadyjce *D, L sing.*		Nowego Jorku *G*	
Kanadyjek *G pl.*		Wilanów	6
Niemcy	23	Wilanowa *G*	
Niemiec *G*		Warszawa	1

Miscellaneous

„Barbórka"	13	Pałac Kultury	6
„Barbórki" *G*		Pałacu Kultury *G*	
Kolumna Zygmunta	6	Sukiennice	18
Kolumny Zygmunta *G*		Sukiennic *G*	
Kościół Mariacki	18	„Toto Lotek"	17
Kościoła Mariackiego *G*		„Toto Lotka" *G*	
Krakowskie Przedmieście 19	19	Wawel	18
Krakowskiego Przedmieścia *G*		Wawelu *G*	
„LOT"	23	Zamek	6
„LOT"-u *G*		Zamku *G*	

KEY TO THE EXERCISES

Lesson 1

*1.11   1. Tak, jest wolny pokój.
        2. Tak, to jest Szkoła Letnia.
        3. Tak, to jest pani Brown.
        4. Tak, to jest dworzec.

*1.12   1. Nie, to nie jest kierowniczka.
        2. Nie, to nie jest dworzec.
        3. Nie, to nie jest Szkoła Letnia.
        4. Nie, to nie jest Staszek Górski.

1.14   1. A. Czy to jest kierowniczka? / Czy to kierowniczka? / To kierowniczka?
          B. Tak, to jest kierowniczka. / Tak, to kierowniczka. / Tak, kierowniczka.

      2. A. Czy to jest Leszek Górski? / Czy to Leszek Górski? / To Leszek Górski?
          B. Tak, to jest Leszek Górski. / Tak, to Leszek Górski. / Tak, Leszek Górski.

      3. A. Czy to jest dworzec? / Czy to dworzec? / To dworzec?
          B. Tak, to jest dworzec. / Tak, to dworzec. / Tak, dworzec.

      4. A. Czy to jest Szkoła Letnia? / Czy to Szkoła Letnia? / To Szkoła Letnia?
          B. Tak, to jest Szkoła Letnia. / Tak, to Szkoła Letnia. / Tak, Szkoła Letnia.

      5. A. Czy to jest dom akademicki? / Czy to dom akademicki? / To dom akademicki?
          B. Tak, to jest dom akademicki. / Tak, to dom akademicki. / Tak, dom akademicki.

1.15   1. Kto to (jest)?   2. Czy jest wolny pokój?   3. Co to (jest)?   4. Kto to?   5. (Czy) to ona?   6. Czy to (jest) telefon?   7. (Czy) to ty?

Lesson 2

2.7   Pociąg staje. Dzień jest długi, słońce jasne. Szkoła jest tania. Pokój jest duży. Łóżko jest miękkie. Ktoś puka. Proszę bardzo. Mary rozgląda się.

2.8   1. duży   2. małe   3. niezła   4. tani   5. dobry   6. wielkie

2.10   1. Jaka   2. Jaki   3. Jaki   4. Jaka   5. Jakie   6. Jaki   7. Jaka   8. Jakie

2.12   1. Jaka jest siostra?   2. Jaki jest brat?   3. Jaka jest matka?   4. Jakie jest łóżko?   5. Jaki jest pokój?   6. Jaki jest pociąg?   7. Jakie jest zdjęcie?

2.13   1. Czy to (jest) pokój nr 2?   2. Czy to (jest) Mary?   3. Kto to (jest)?   4. Co to (jest)?   5. Czy to (jest) on?   6. Czy to (jest) ona?

2.14   Jaka ładna / sympatyczna siostra! Jaki czysty / ładny / mały dworzec! Jaka sympatyczna rodzina! Jaki długi numer! Jaki sympatyczny brat! Jaka sympatyczna pani! Jaki sympatyczny pan! Jaki czysty / mały / ładny / tani / długi pokój! Jaka ładna / tania szafa! Jaki mały / tani / ładny fotel! Jakie ładne zdjęcie! Jaka ładna szkoła!

2.16   *masculine:* stół, pies, sen, wóz, sąsiad, klucz
      feminine: torba, kolacja, podłoga, ręka, koza
      neuter: dziecko, śniadanie, okno, wesele, drzewo

2.17 **duża** szafa / rodzina / szkoła; **miękkie** łóżko; **małe** łóżko / biurko / krzesło / zdjęcie; **długi** pokój; **długa** lekcja; **wygodny** fotel; **ładna** szafa / szkoła; **sympatyczna** rodzina; **sympatyczny** brat; **dobre** biurko / krzesło / zdjęcie / łóżko; **dobry** brat / fotel / pokój; **wielki** pokój / dworzec; szkoła **letnia**; **czyste** łóżko

2.18 1. Tak, to jest telefon. 2. Nie, to nie jest krzesło. To jest morze. 3. Nie, to nie jest Kanadyjka. To jest szafa. 4. Tak, to jest dworzec. 5. Nie, to nie jest pani. To jest chłopiec. 6. Nie, to nie jest szafa. To jest łóżko. 7. Nie, to nie jest morze. To jest słońce. 8. Nie, to nie jest fotel. To jest biurko.

Lesson 3

3.6 Państwo Górscy są głodni i źli. Pani Górska jest miła, ale poważna. Ewa i Basia są też miłe.

3.7 Państwo Górscy są głodni. Jest już obiad? Jesteście niepoważni. Starzy i niepoważni. Najpierw panie. Przepraszam. Herbata dla mnie. Piwa duże czy małe? O nie, ja płacę.

3.8 *Nom. pl.* kuzyni, chłopi, murzyni, studenci, sąsiedzi;
  Masc. pers. pracowici, młodzi, łysi, prości

3.10 1. jesteś 2. jest 3. są 4. jest 5. jestem 6. jesteście

*3.11 To są telefony / ciastka / kawiarnie / zdjęcia / kobiety / koty / studentki / gospodynie.

*3.12 Przepraszam, jaka szafa? Przepraszam, jaki fotel? Przepraszam, jakie biurko? Przepraszam, jaki kot? Przepraszam, jaka gospodyni?

*3.13 1. Wcale nie jesteś stary! / Wcale nie jesteście starzy! 2. Wcale nie jesteś nerwowa! / Wcale nie jesteście nerwowe! 3. Wcale nie jesteś mały! / Wcale nie jesteście mali! 4. Wcale nie jesteś niecierpliwy! / Wcale nie jesteście niecierpliwi!

3.14 1. Jakie 2. Jakie 3. Jaki 4. Jaka 5. Jacy 6. Jakie 7. Jakie 8. Jacy

3.15 1. Gdzie jesteście? 2. Kto to jest? 3. Czy to jest Staszek? 4. Czy to ona? 5. (Nie) jesteś głodna? 6. Jaki jest Leszek?

3.16 1. Jaka jestem? / Jaki jestem? 2. Jakie jesteśmy? / Jacy jesteśmy? 3. Jaka jestem? / Jaki jestem? 4. Jakie jesteśmy? / Jacy jesteśmy?

3.18 drewniany stół: *masc. sing.*   zielone pola: *neut. pl.*
  grzeczni chłopcy: *masc. pl.*   brudne nogi: *fem. pl.*
  trudne życie: *neut. sing.*   głupie kozy: *fem. pl.*
  mili Francuzi: *masc. pl.*   bogata ciocia: *fem. sing.*

Lesson 4

4.5 *Justified by a rule:* aktorzy (aktor), dobrzy (dobry), powtarzać (powtórka), starzy (stary), dobrze (dobry), którzy (który), fryzjerzy (fryzjer)

4.6 *Justified by a rule:* wieczór (wiecz**o**ry), słówko (sł**o**wo), pokój (pok**o**je), wóz (w**o**zy), mróz (mr**o**zy), lód (l**o**dy)

4.7 wyso**c**y, pols**c**y, dro**dz**y, mą**drz**y, sta**rz**y

4.8 szafa, łóżko, krzesło, jeszcze, starzy, Leszek, dworzec, przepraszam, trzeba, powtarzają, rzecz, poważny, aktorzy

4.9 *nouns:* kierowniczki, kuzynki, studentki, nogi, drogi
   adjectives: krótkie, długie, drogie, eleganckie, miękkie

4.10 brudni, uroczy, wysocy, cali, wielcy, tragiczni, ubodzy, duzi, starzy, grubi, sympatyczni

4.11 1. On? Miły? 2. Ona? Miła? 3. Oni? Mili? 4. Ona? Miła?

4.12 **Który** student / profesor / kot / zegarek / brat / pokój / dworzec / numer?
   Która dziewczyna / Kanadyjka / szkoła / pani / lekcja?

*4.13 1. Nie, to nie oni. 2. Nie, to nie oni. 3. Nie, to nie one. 4. Nie, to nie oni.

*4.14 1. Ten. 2. Ta. 3. To. 4. Ten. 5. To. 6. Ta. 7. To.

4.15 1. Jacy są państwo Górscy? 2. Jacy są pan Górski i Staszek? 3. Jaki jest Jean? 4. Jaki jest pan Górski? 5. Jakie są kobiety? 6. Jaka jest pani Górska?

*4.16 Tak, to on.   Tak, to oni.   Tak, to my.
    Tak, to ja.   Tak, to ona.   Tak, to one.

4.17 **Który** słownik / ołówek / brat / fotel / ser / pan / Anglik / kot?
   Które dziecko / zdjęcie / słówko / ciastko?

*4.18 1. Te. 2. Ci. 3. Te. 4. Te. 5. Ci. 6. Ci.

4.19 1. zobaczyć 2. powtarzać 3. się uczyć

4.20 To jest Kanadyjczyk, Francuz, Japończyk, Anglik.
   To są Kanadyjczycy, Francuzi, Japończycy, Anglicy.

4.21 **którzy** studenci / aktorzy / Francuzi?
   które: *all the rest*

4.22 1. aktorzy 2. Wieczory 3. zegarki 4. ten słownik 5. Polacy, Francuzi,
   Kanadyjczycy 6. Japończycy 7. Kanadyjki

4.23 1. tytuł 2. afisz 3. dramat narodowy 4. cudzoziemcy 5. aktorzy

4.24 1. Anglicy. 2. Pracowici. 3. Słówka. 4. Urocze. 5. Ciekawy.

4.25 1. Kto? Te Angielki? 2. Kto? Ta dziewczyna? 3. Kto? Ten student? 4. Kto? Ci Anglicy? 5. Kto? Ten pan? 6. Kto? Te Kanadyjki?

*4.26 1. To okno jest duże. 2. Która dziewczyna jest sympatyczna? 3. Ten student jest niecierpliwy? 4. Czy ten zegarek jest dobry? 5. Jaki jest ten pokój? 6. Gdzie jest ołówek? 7. Jaki wspaniały aktor! 8. Ten robotnik jest pracowity.

4.27 B. 1. Cześć! 2. Dzień dobry! 3. Proszę. 4. (*your name*) Słucham. 5. Do widzenia. 6. Bardzo mi
przyjemnie. / Bardzo mi miło.

Lesson 5

5.5. Pani Górska urządza pojutrze przyjęcie. Właśnie sprząta mieszkanie. Zaproszony jest inżynier Maliński a
także jakiś lekarz.

5.6 długa, powieść, mężczyźni, masło, mąka, sprzątać, ołówek, jeść, gęś, właśnie, złodzieje

5.8 duzi, głusi, drodzy, słabi, dobrzy, źli, ubodzy, łysi, chorzy, cisi, starsi

5.10 grzeczni studenci, niecierpliwi kuzyni, starzy panowie, długie pociągi, krótkie ołówki, dobre obiady,
niepoważni chłopcy

*5.11 1. Ja? Nerwowa? 2. My? Dziwni? 3. Oni? Mili? 4. One? Pracowite? 5. On? Uroczy?

5.12 1. Jakie 2. Jakie 3. Jacy 4. Jakie 5. Jakie 6. Jakie 7. Jakie 8. Jaki

5.13 (a) przeprasza, słucha, rozumie, spostrzega, powtarza, opowiada, pamięta
(b) przepraszają, słuchają, rozumieją, spostrzegają, powtarzają, opowiadają, pamiętają

*5.14 1. Już jem. 2. Już siadam. 3. Już czytam. 4. Już otwieram. 5. Już opowiadam. 6. Już pukam.

*5.15 1. Owszem, czytam. 2. Owszem, wiem. 3. Owszem, czekamy. 4. Owszem, mam. 5. Owszem, jemy.
6. Owszem, pamiętamy.

5.16 1. powtarza, słuchamy 2. czyta, przegląda 3. pamiętają 4. znacie 5. jedzą 6. nazywa się 7. wie
8. jem

5.17 1. cudzoziemcy 2. język 3. robotnicy 4. dziewczyny 5. poeta

5.18 **Który** dworzec / uniwersytet / pan / ołówek?
Która dziewczyna / Kanadyjka / gospodyni / kawiarnia / sztuka?
Które języki / słówko / biurko / pokoje / gęsi / studentki / szafy /
lody / zegarki / zdjęcie?
Którzy Polacy / państwo Górscy / aktorzy / robotnicy?

5.20 1. Co czyta pani Górska? 2. Jaka jest komedia? 3. Co oglądają profesor i Staszek? 4. Jakie są
wiadomości? 5. Jacy są profesor i Staszek?

*5.23 1. Które to numery? 2. Jakie są te słowniki? 3. Tamte ołówki nie są dobre. 4. Tamte sery są
niedobre. 5. Ale ci robotnicy są pracowici! 6. Mamy ładne zegarki.

*5.24 1. Nie, tamten. 2. Nie, tamto. 3. Nie, tamte. 4. Nie, tamto. 5. Nie, tamte. 6. Nie, tamten.

5.25 1. A. czyta B. czytam 2. A. się nazywasz B. Nazywam się 3. A. macie B. mamy 4. A. Przepraszam
B. nie ma 5. A. Wiesz B. wiem 6. słucham 7. A. zna B. zna

6.3 pokoje, stoły, wieczory, wozy, rogi, progi

ó → o

6.4 1. Staszek Górski jest też niecierpliwy. 2. Trzeba zamówić duże piwa. 3. Ciągle ktoś puka. 4. To łóżko jest niewygodne. 5. Jakie ładne zdjęcie! 6. Gdzie jest mój ołówek? 7. Pani Górska czyta powieść, a Staszek reportaż. 8. Ci mężczyźni mówią głośno. 9. To piękna książka.

6.5 *Because of the* o *in* moje *and* twoje.

6.6 zegarki, budynki, domki, zamki, słowniki, ołówki, dzienniki

6.7 1. Moja. / Twoja. 2. Mój. / Twój. 3. Moje. / Twoje. 4. Moje. / Twoje. 5. Moja. / Twoja. 6. Mój. / Twój.

6.8 1. Która 2. Który 3. Którzy 4. Która 5. Który 6. Który 7. Którzy 8. Które

*6.9 1. Ależ słuchamy! 2. Ależ pomagamy! 3. Ależ czytamy! 4. Ależ sprzątamy! 5. Ależ płacimy! 6. Ależ robimy!

6.10 1. Mój. / Jego. 2. Moja. / Jej. 3. Jej. / Jego. 4. Twoja. / Jego. 5. Jej. / Twój.

6.11 1. Państwo Mikołajczakowie zwiedzają miasto. 2. To są inżynierowie. 3. Państwo Jagiełłowie są niecierpliwi. 4. Państwo Rawiczowie dużo czytają. 5. To są Belgowie.

6.12 1. Moje. 2. Moi. 3. Twoje. 4. Twoje. 5. Moi. 6. Moje. 7. Twoje. 8. Twoi.

6.13 1. powieść 2. Dziennik telewizyjny 3. wiadomości 4. film, reportaż

6.14 1. Chyba jego. / Chyba jej. 2. Chyba moi. / Chyba twoi. / Chyba jej. 3. Chyba jej. / Chyba jego. / Chyba twoi. 4. Chyba moje. / Chyba twoje. / Chyba jego.

*6.15 Ci. / Te. / Ta. / Ten. / Ci. / Ten. / Te. / To. / Ten. / Ta. / Ten.

6.16 1. umiesz 2. wiem 3. zna 4. znam 5. wiesz

*6.17 brunetka, mała, wieś, dzień, matka
krótki, ciekawy, stary, mężczyzna, głośno

6.18 1. wiesz 2. sprząta 3. A. pamięta B. pamiętam 4. puka 5. je

6.19 1. Jaki jest twój pokój? 2. Gdzie jest Mary? 3. Dlaczego nie pracują? 4. Czyi to są studenci? 5. Które chcesz ołówki? 6. Co to jest? 7. Czy Ewa pracuje?

6.20 1. B. Która? A. Ta nowa. 2. B. Które? A. Te duże. 3. B. Którzy? A. Ci Francuzi. 4. B. Które? A. Te Kanadyjki. 5. B. Który? A. Ten cudzoziemiec. 6. B. Która? A. Ta nowa.

*6.21 1. Oni zwiedzają dziś miasto. 2. One muszą się uczyć. 3. Te książki są ciekawe. 4. Jakie są te filmy? 5. Które mieszkania są tanie?

7.3 przyjęcie, straszne, lekarz, sprzątać, przepraszam, już, książka, urządzać, inżynier, żona, rzecz, aktorzy

7.4 (a) płacę, ważę, potrzebuję, czuję, starzeję się, myślę
(b) płacą, ważą, potrzebują, czują, starzeją się, myślą

7.6 1. Mój. 2. Moje. 3. Moja. 3. Moja. 4. Moje. 5. Mój.

7.7 1. Nie, ich. 2. Nie, jego. 3. Nie, jego. 4. Nie, mój. 5. Nie, jej. 6. Nie, ich.

*7.8 Nie, to nie oni. / ona. / on. / oni. / one. / oni. / one. / ono.

7.9 1. Nasze. 2. Moje. 3. Nasze. 4. Nasi. 5. Moi. 6. Nasza. 7. Nasz.

7.10 1. ciekawie 2. długo 3. ładnie 4. nudnie 5. słabo 6. nerwowo

7.11 ojcowie, synowie, mężczyźni, królowie, profesorowie, ministrowie, Belgowie, Arabowie, poeci, koledzy

*7.12 1. A czyi? 2. A czyja? 3. A czyje? 4. A czyj? 5. A czyje? 6. A czyje? 7. A czyj?

*7.13 1. Nące są długie. 2. Te grube rzeczy to moje reportaże. 3. To słabe powieści. 4. Nasi nauczyciele są starzy. 5. Gdzie są lekarze? 6. Oto nasi goście. 7. Te fotele są niewygodne.

*7.14 1. Nic nie sprzedaję. 2. Nic nie mówię. 3. Nic nie kupuję. 4. Nic nie mam. 5. Nic nie myślę. 6. Nic nie czytam.

*7.15 1. Te uniwersytety są bardzo dobre. 2. Jacy jesteśmy głodni! 3. Nie pamiętamy, jak oni się nazywają. 4. Widzicie te małe domki? 5. Wiemy, że jesteśmy niecierpliwe. 6. Te zwierzęta są bardzo złe.

7.16 1. Nic nie sprzedajemy. 2. Nic nie kupujemy. 3. Nic nie mówimy. 4. Nic nie mamy. 5. Nic nie powtarzamy. 6. Nic nie zamawiamy.

7.17 1. Myjemy się. 2. Śpią. 3. Myję się. 4. Śpi. 5. Zwiedzamy miasto. 6. Oglądam Dziennik telewizyjny. 7. Kupuje owoce.

7.18 *Tangible objects*: głowa, pociąg, dom, krzesło, kawiarnia, portfel, noga, cukier, mąka, napój, zwierzę

7.22 1. Co zamawiamy? 2. Dlaczego Staszek jest zły? 3. Czyja jest ta torba? 4. Co sprzedają kobiety? 5. Ile kosztują jabłka?

Lesson 8

8.3 Staszek żartuje. Mięso i jarzyny są gotowe. Kto pije, ten żyje. Daj spokój. Gdzie jest sól? Dokąd niesiesz te filiżanki? Każdy orze, jak może.

8.5 noże, stoły, widelce, sole, garnki, poniedziałki

ó → o, e → ∅

8.6 **pisać:**   piszę, piszesz, pisze, piszemy, piszecie, piszą
   nieść: niosę, niesiesz, niesie, niesiemy, niesiecie, niosą
   prać: piorę, pierzesz, pierze, pierzemy, pierzecie, piorą
   brać: biorę, bierzesz, bierze, bierzemy, bierzecie, biorą
   tłuc: tłukę, tłuczesz, tłucze, tłuczemy, tłuczecie, tłuką
   móc: mogę, możesz, może, możemy, możecie, mogą

*8.7 1. Piję. 2. Pracuję. 3. Gotuję. 4. Mogę. 5. Biorę. 6. Wyjmuję. 7. Rozumiem.

*8.8 1. Ależ jemy. 2. Ależ bierzemy. 3. Ależ chcemy. 4. Ależ pijemy. 5. Ależ piszemy.

8.9 1. widelce 2. zupy 3. ziemniaki 4. garnki 5. noże i widelce 6. kawałki

8.10 1. gotuje, piecze 2. denerwuje się, robi, żartuje 3. nakryć 4. Dzwoni, Wchodzą

8.11 (a) nudny, tragiczny, słaby, straszny, głodny, zły, nerwowy, niecierpliwy, brzydki, brudny

8.12 **jechać:**   jadę, jedziesz, jedzie
   iść: idę, idziesz, idzie
   jeść: jem, jesz, je

*8.13 My nie pomagamy?   My nic nie wiemy?
   My nie sprzątamy?   My się nie uczymy?
   My nie gotujemy dobrze?   My nic nie rozumiemy?
   My nic nie czytamy?

8.14 1. sprząta 2. Kanadyjka 3. powieści 4. zwiedzają 5. orze, może 6. filiżanki

8.15 1. Czyj 2. Czyi 3. Czyja 4. Czyj 5. Czyje 6. Czyje 7. Czyj

*8.16 piszę — **pisać**, żartują — **żartować**, wie — **wiedzieć**, je — **jeść**, idziesz — **iść**, kładą — **kłaść**,
   widzimy — **widzieć**, umieją — **umieć**, kraję — **krajać**, lubi — **lubić**, chce — **chcieć**

8.17 1. iść, jechać 2. je 3. jedzie 4. jechać 5. jedzą

8.18 1. wesoło, interesująco 2. dobrze 3. szybko 4. grzecznie 5. długo 6. wspaniale 7. nerwowo

*8.19 1. Nasi lekarze są dobrzy. 2. Twoi nauczyciele są nudni. 3. Czytamy ich powieści. 4. Gdzie są twoje
   ołówki? 5. Ich sery są niedobre. 6. Wasze mieszkania są piękne. 7. Te rzeczy są nasze.
   8. Dlaczego wasi goście nie wchodzą?

8.20 piszę, skaczę, plotę, kładę, wiozę, piekę, biorę, każę

8.23 1. Proszę. 2. Bardzo mi przyjemnie. 3. Dziękuję. 4. Proszę (bardzo). 5. Przepraszam, czy pan Frycz?

Lesson 9

9.1 głupia gęś, szczęście, gość, stare jak świat, matka i ojciec, noc i dzień, dziś i jutro, Polacy i cudzoziemcy,
   miasto i wieś, kobiety i mężczyźni, centrum i przedmieścia

9.4 wiedzą, umieją, jedzą, niosą, piszą, kładą, widzą, słyszą, biorą, jadą

*9.5 Jakie? / Jaką? / Jakie? / Jaką? / Jakie?

9.6 dobrze, biało, źle, sympatycznie, wspaniale, szybko, ciepło, lekko, grubo, pięknie, nudnie, słabo, poważnie

*9.7 Na którego? / Na którą? / Na którego? / Na którą? / Na którego / Na którą? / Na którego?

*9.8 1. Owszem, mogę. 2. Owszem, musimy. 3. Owszem, chcę. 4. Owszem, chcemy.
5. Owszem, mogę. 6. Owszem, muszę.

*9.9 Który? / Które? / Które? / Który? / Które?

9.10 Jaką? / Jakiego? / Jaką? / Jaką?

*9.11 1. Już go proszę. 2. Już ją proszę. 3. Już ją biorę. 4. Już go biorę. 5. Już ją biorę. 6. Już go biorę.

9.12 1. Nie, ich. 2. Nie, jego. 3. Nie, ich. 4. Nie, jego. 5. Nie, twój. 6. Nie, moje.

*9.13 1. Proszę uprzejmie, jakie?   2. Proszę uprzejmie, jaką?
3. Proszę uprzejmie, jaką?   4. Proszę uprzejmie, jakie?
5. Proszę uprzejmie, jaką?   6. Proszę uprzejmie, jakie?
7. Proszę uprzejmie, jaki?   8. Proszę uprzejmie, jaki?

9.14 **skakać:**   skaczę, skaczesz, skacze, skaczemy, skaczecie, skaczą
      płynąć: płynę, płyniesz, płynie, płyniemy, płyniecie, płyną
      płakać: płaczę, płaczesz, płacze, płaczemy, płaczecie, płaczą
      prać: piorę, pierzesz, pierze, pierzemy, pierzecie, piorą

9.15 1. Nowe? 2. Jasną? 3. Duży? 4. Ładnego? 5. Ciepły? 6. Nową?

9.16 1. Chwileczkę, już idą. 2. Chwileczkę, już idę. 3. Chwileczkę, już idzie. 4. Chwileczkę, już idą.
5. Chwileczkę, już idziemy. 6. Chwileczkę, już idą.

9.17 1. Proszę bardzo, jaki? 2. Proszę bardzo, jaki? 3. Proszę bardzo, jakie? 4. Proszę bardzo, jaką?
5. Proszę bardzo, jaką? 6. Proszę bardzo, jaki? 7. Proszę bardzo, jakie? 8. Proszę bardzo, jaką?

9.18 1. jecie 2. jadą 3. jedzą 4. iść 5. jedziesz, jadę 6. idziesz, idę

9.19 1. B. Jaki? A. ...ciepły.   2. B. Jaki? A. ...wygodny.
3. B. Jaką? A. ... dużą.   4. B. Jakie? A. ... duże.
5. B. Jaką? A. ... dobrą.   6. B. Jakiego? A. ... dobrego.

9.20 1. starą 2. ciepłą 3. dobrego 4. polski 5. lekką

9.21 1. Tego. 2. Ten. 3. Tę. 4. Ten. 5. To. 6. Tę. 7. To. 8. Tego.

9.22 1. Przepraszam, co czytasz? 2. Co masz? 3. Kogo zapraszasz? 4. Kogo dziś odwiedzasz? 5. Co dziś kupujesz? 6. Co sprzedajesz?

10.2 1. Janek i Burek idą nad rzekę. 2. (Oni) biegną przez łąkę. 3. Basia i Mary odwiedzają wujków i ciotki. 4. Domy są tu przeważnie drewniane. 5. Babcia sprzedaje wełnę. 6. Znacie tych eleganckich panów?

10.4 kretonową bluzkę, tę miłą dziewczynę, tę dobrą zupę, srebrną łyżkę, porcelanową filiżankę

10.5 imiona 2. mieszkania 3. biurka 4. łóżka 5. zwierzęta

*10.6 1. Pan ma syna? 2. Pan ma siostrę? 3. Pan ma pole? 4. Pan ma dom? 5. Pan ma psa? 6. Pan ma konie?

10.8 1. krowy 2. jarzyny 3. panią 4. dziewczynę 5. studentkę 6. Polkę

*10.9 1. Nie musicie, ale możecie. 2. Nie musimy, ale możemy. 3. Nie musi, ale może. 4. Nie muszę, ale mogę. 5. Nie muszą, ale mogą. 6. Nie muszę, ale mogę.

10.10 1. panów / wujków / synów / lekarzy / fryzjerów / aktorów
2. stoły / fotele / kwiaty / koty / psy / swetry

10.11 1. wujków 2. domy, mieszkanie 3. imiona 4. krowy, mleko 4. miasta 6. gości

*10.12 1. Już go biorę. 2. Już ją biorę. 3. Już go biorę. 4. Już je biorę. 5. Już je biorę. 6. Już ją biorę. 7. Już je biorę. 8. Już je biorę.

10.13 1. na 2. na 3. w 4. na 5. w 6. na 7. przez 8. nad 9. na

*10.14 1. Którego chcesz? 2. Który chcesz? 3. Które chcesz? 4. Którą chcesz? 5. Którego chcesz? 6. Którą chcesz? 7. Które chcesz?

10.15 1. Co jest na obiad? 2. Na kogo czekacie? 3. Dokąd / Gdzie idzie Mary? 4. Na co jest ta wełna? 5. Kiedy jest przyjęcie?

*10.16 1. Tę. 2. Te. 3. To. 4. Tę. 5. Te. 6. Ten. 7. To. 8. Te.

10.17 1. umie 2. znacie 3. wiesz 4. zna 5. umie 6. wiesz

10.18 1. Nie, nie moi. 2. Nie, nie nasze. 3. Nie, nie mój. 4. Nie, nie moja. 5. Nie, nie nasi. 6. Nie, nie moje.

10.19 Którą? Tę? / Które? Te? / Które? To? / Który? Ten? / Którą? Tę? / Które? Te? / Którą? Tę?

*10.20 1. Nie, nie uczymy się. 2. Nie, nie płacę. 3. Nie, nie żartujemy. 4. Nie, nie żartuję. 5. Nie, nie chcę. 6. Nie, nie cieszę się. 7. Nie, nie myślę. 8. Nie, nie musimy. 9. Nie, nie lubię. 10. Nie, nie wychodzimy.

10.21 Którą Teresę? / Którego Leszka? / Których państwa Nowaków? / Którą panią Hanię? / Którego pana profesora? / Których studentów? / Które Angielki? / Których Francuzów?

11.2 1. Lubię żółte kwiaty. 2. Potrzebuję jeszcze dżemu. 3. Jutro wyjeżdżamy na wieś. 4. Państwo Jagiełłowie mają niegrzecznych synów. 5. Pan Górski często żartuje. 6. Basia jest brzydka, ale sympatyczna. 7. Ci mężczyźni czekają na żony. 8. Pojutrze jest niedziela.

11.4 wujków, ojców, pokoi, numerów, kuzynów, synów, domów, Norwegów

*11.5 1. Idę. 2. Jedziemy. 3. Biorę. 4. Mogę. 5. Bierzemy. 6. Żyję. 7. Piszę. 8. Czekamy.

11.6 1. Czyj 2. Czyje 3. Czyi 4. Czyja 5. Czyje 6. Czyje

11.7 1. wtorek 2. piątek 3. czwartek 4. niedzielę 5. sobotę 6. poniedziałek 7. środę

11.8 1. czerwony 2. biały 3. żółty 4. niebieski 5. czarny 6. brązowy 7. zielony 8. liliowy

11.9 1. Tego. 2. Tę. 3. Ten. 4. Tę. 5. To. 6. Ten. 7. Te. 8. Tę. 9. Te.

11.10 1. Tylko mnie. 2. Tylko ciebie. 3. Tylko jego. 4. Tylko was. 5. Tylko ich. 6. Tylko ją.

*11.11 jeść, pisać, znać, wieźć, stać
pomagać, chcieć, widzieć, kłaść, spać

11.12 1. Nasz. 2. Moje. 3. Twój. 4. Jej. 5. Wasza. 6. Jego.

11.13 **elegancka** kobieta, babcia, sukienka; **nudna** historia, kobieta, babcia, szkoła; **brzydkie** zwierzę; **ciepła** sukienka; **miejscowy** dom, pałac, budynek; dom **akademicki**; **brudny** dom, brzeg, kolor, budynek, pałac, afisz; **nowoczesna** kobieta, szkoła, abstrakcja, babcia; **mały** domek, dom, budynek, afisz; **modny** kolor; **czarna** plama, sukienka; **zdrowe** zwierzę; Dziennik **telewizyjny**; **trudne** słówko; **straszny** hałas, kolor; afisz; **dziwne** słówko, zwierzę; **pracowita** kobieta, babcia; **wysoki** dom, brzeg, pałac, budynek

*11.14 Nie, nie ma miodu. / cukru. / dżemu. / sera. / soku. / obiadu.

11.15 Numer trzeci nie zgłasza się. / Numer szósty nie zgłasza się. / Numer dziewiąty nie zgłasza się. / Numer jedenasty nie zgłasza się. / Numer dziewiętnasty nie zgłasza się. / Numer piętnasty nie zgłasza się. / Numer trzynasty nie zgłasza się. / Numer dwudziesty nie zgłasza się. / Numer pierwszy nie zgłasza się. / Numer dwunasty nie zgłasza się.

11.16 1. Talerza. 2. Zegarka. 3. Słownika. 4. Kwiatu. 5. Ołówka.
       1. Profesora. 2. Ojca. 3. Brata. 4. Wujka. 5. Leszka.

11.17 1. ojca 2. pocztę 3. wujka 4. uniwersytet 5. domu 6. dworzec 7. akademika 8. sklepu
       9. lekarza

11.18 1. Kto to jest? 2. Czego szukają? 3. Czego potrzebują? 4. Co kupujesz? 5. Kogo proszą?
       6. Kogo nie lubią? 7. Którego płaszcza nie chcesz? / Czego nie chcesz?

11.19   1. Jej.   2. Jego.   3. Moi.   4. Ich.   5. Ich.   6. Mój.   7. Nasze.   8. Twój.

11.20   1. odwiedzają   2. pokazuje   3. ma   4. jedzą   5. zna   6. wie   7. idziemy, robicie   8. jadą

*11.21   1. Gdzie? Nie widzę żadnego chłopta!   2. Gdzie? Nie widzę żadnego kwiatu!   3. Gdzie? Nie widzę żadnego kilimu!   4. Gdzie? Nie widzę żadnego garnka!   5. Gdzie? Nie widzę żadnego Janka!   6. Gdzie? Nie widzę żadnego studenta!

11.22   1. A. na   2. A. do B. w   3. B. nad   4. B. na   5. A. na B. na   6. A. na B. na

*11.23   Niestety, w ogóle nie mam 1. słownika.   2. fotela.   3. stołu.   4. noża.   5. pokoju.   6. swetra.

*11.24   1. Moja sąsiadka dobrze gotuje i piecze.   2. Ta pani często urządza przyjęcia.   3. Ten Arab jest bardzo elegancki.   4. Na którego studenta czekasz?   5. Jaką książkę chcesz?

Lesson 12

12.2   1. Brzydki wzór.   2. To rzecz gustu.   3. Wyglądasz jak strach na wróble.   4. Ten chłopiec ma charakter ojca.   5. Tu jest cukier a tam miód.   6. Kto kupi owoce i jarzyny?   7. Znasz już tę historię.   8. Jedziemy do Chochołowa, bo nasza córka bardzo lubi góry.   9. To inżynier Gałązka i jego żona.   10. Jaki ten pies jest głupi!

12.4   1. Czytam interesującą książkę.   2. Widzę wysokiego chłopca.   3. Mam tego dużego psa.   4. Kupuję niebieską sukienkę.   5. Robię ciepły sweter.   6. Znam wielkiego aktora.

*12.5   jasnego pokoju   długiego numeru
        dużego dworca   roztargnionego profesora
        wysokiego pokoju   dobrego lekarza
        nowego telefonu   młodego inżyniera

12.6   Nie znam jeszcze lekcji trzeciej. / drugiej. / jedenastej. / dziewiętnastej. / dwudziestej. / siódmej.

12.7   (a)   dużej szafy   ciekawej powieści
             wielkiej rodziny   nowej drogi
             jasnej kuchni   głupiej gęsi
             dobrej gospodyni   wesołej babci

       (b)   zepsutego pióra   dobrego piwa
             zdrowego cielęcia   ładnego zdjęcia
             polskiego imienia   miękkiego łóżka

12.8   1. Ten sweter jest czarny.   2. Ten płaszcz jest brązowy.   3. Ta sukienka jest niebieska.   4. Ten kwiat jest liliowy.   5. Ta spódnica jest czerwona.   6. Ta torba jest żółta.   7. Ten stół jest zielony.

12.9   1. U brata.   2. U ciotki.   3. U babci.   4. U ojca.   5. U córki.   6. U wujka.

12.10   cienkiej, ciepłego, dobrego, ładnej, wygodnego, dużego

12.11   drugiego, trzynastego, trzeciej, czwartego, dwunastego, szóstego, drugiej, drugiego

12.12   Innego słownika / wzoru / dżemu / chleba / cukru / sera / soku pan nie ma?

12.13 1. O tu, obok domu towarowego. 2. O tu, obok poczty. 3. O tu, obok Pałacu Kultury. 4. O tu, obok katedry. 5. O tu, obok Zamku. 6. O tu, obok uniwersytetu. 7. O tu, obok szkoły. 8. O tu, obok tego budynku.

12.14 1. Której 2. Którego 3. Którego 4. Której 5. Której 6. Której

12.15 1. Mój. / Jego. / Wasz. 2. Jej. / Ich. / Moje. 3. Moja. / Wasza. / Nasza. 4. Twoi. / Jego. / Nasi. 5. Nasze. / Jego. / Jej. 6. Mój. / Jej. / Ich.

*12.16 Jeszcze jej tu nie ma? / Jeszcze go tu nie ma? / Jeszcze ich tu nie ma? / Jeszcze jej tu nie ma? / Jeszcze ich tu nie ma? / Jeszcze go tu nie ma? / Jeszcze ich tu nie ma? / Jeszcze ich tu nie ma?

*12.17 Którego płaszcza? / Której popielniczki? / Którego pióra? / Którego kilimu? / Której walizki? / Którego wina?

12.18 1. Pewnie się kłócą. 2. Pewnie się myją. 3. Pewnie się pakują. 4. Pewnie jedzą. 5. Pewnie piją piwo. 6. Pewnie się golą.

*12.19 1. Jakiego mieszkania? 2. Jakiego słownika? 3. Jakiej torby? 4. Jakiego języka? 5. Jakiego wina? 6. Jakiego pokoju?

12.20 1. Jakiego koloru jest ten sweter? 2. Co robi Staszek? 3. Czego Staszek szuka? 4. Jakiego koloru jest kilim babci? 5. Kogo Basia nie lubi? 6. Czyja jest ta książka? 7. Ile kosztują te jabłka? 8. Jak się nazywasz?

12.21 ogromne jezioro: *neut., nom. sing.*
dzikiej puszczy: *fem., gen. sing.*
łagodnego żubra: *masc., gen. / acc. sing.*
obfitej kolacji: *fem., gen. sing.*
mądrzy sędziowie: *masc., nom. pl.*
utalentowanych pisarzy: *masc., gen. / acc. pl.*
biednego kaleki: *masc., gen. sing.*
krzykliwe pisklęta: *neut., nom. pl.*
wystawną ucztę: *fem., acc. sing.*
skomplikowanego planu: *masc., gen. sing.*

12.22 1. Jaki 2. Czyje 3. Który 4. Jakie 5. Czyi 6. Który 7. Którą 8. Które

*12.23 Nie, tego nie chcę. / Nie, tego nie chcę. / Nie, tego nie chcę. / Nie, tej nie chcę. / Nie, tego nie chcę. / Nie, tego nie chcę. / Nie, tej nie chcę.

12.24 1. czasu 2. noża 3. łyżki 4. książki 5. mąki 6. telefonu

Lesson 13

*13.3 swetrów, płaszczy, telefonów, złodziei, panów, Polaków, owoców, pociągów, lekarzy, akademików, domów, gości, Francuzów, cudzoziemców, reportaży, kwiatów, nauczycieli, ojców, górników, aktorów, chłopców

13.4 Jurek: 1. Nie, siostry. 2. Nie, ciotki. 3. Nie, kuzynów. 4. Nie, wujków. 5. Nie, babci. 6. Nie, sąsiadki.

13.5 1. Ile 2. Ilu 3. Ile 4. Ilu 5. Ile 6. Ile 7. Ile 8. Ile

*13.6 1. Nie ma tu jeszcze tych starszych panów? 2. Szukamy tych wysokich studentów. 3. Nie mamy dobrych lekarzy. 4. Szukamy tanich pokoi. 5. Nie chcemy tych znaczków. 6. Nie mamy cienkich swetrów. 7. Uczymy się trudnych języków. 8. Profesorów już nie ma. 9. Czemu nie słuchacie nauczycieli? 10. Nie lubimy jasnych kolorów.

13.7 Mam 1. Pięć ołówków. 2. cztery znaczki. 3. siedem kotów. 4. dwóch studentów. 5. dwa psy. 6. trzy studentki. 7. ośmiu kuzynów.

13.8

masc. sing.	neut. sing.	masc. pers. pl.	masc. non-pers. pl.	neut. pl.
biały	białe	biali	białe	białe
miły	miłe	mili	miłe	miłe
wesoły	wesołe	weseli	wesołe	wesołe
brzydki	brzydkie	brzydcy	brzydkie	brzydkie
duży	duże	duzi	duże	duże
nowy	nowe	nowi	nowe	nowe
ubogi	ubogie	ubodzy	ubogie	ubogie
stary	stare	starzy	stare	stare
głuchy	głuche	głusi	głuche	głuche
elegancki	eleganckie	eleganccy	eleganckie	eleganckie

13.9 Idę do biblioteki / teatru / babci / domu / lasu.
Idę na pocztę / uniwersytet / herbatę / film / targ.

13.10 Nie chcę tego piwa. / mleka. / chleba. / ciasta. / sera. / miodu. / dżemu.

13.11 1. Która jest godzina? 2. Ile waży Mary? 3. Ile kosztują te swetry? 4. Którego tomu tej książki Mary nie ma? / Czego Mary nie ma? 5. Jakiego płaszcza Basia szuka? 6. Do kogo idzie Leszek? / Gdzie idzie Leszek?

13.12 starego wujka, mali chłopcy, czarne psy, leniwi studenci, duzi studenci, duże domy, smutną dziewczynę, duzi chłopcy, weseli panowie, białego psa, starej babci, sympatycznej dziewczyny

*13.13 1. Którego Janka? 2. Od którego brata? 3. Dla którego wujka? 4. Od której siostry? 5. Od którego kuzyna? 6. Od której ciotki?

*13.14 1. Dla nich? Po co? 2. Do nich? Po co? 3. Do niej? Po co? 4. Dla nich? Po co? 5. U mnie? Po co? 6. Do nas? Po co?

13.15 1. Tak? Jakiej? 2. Tak? Jakiego? 3. Tak? Jakiego? 4. Tak? Jakiego? 5. Tak? Jakiego? 6. Tak? Jakiej?

*13.16 1. Przepraszam, kto to jest? 2. Przepraszam, czego nie masz? 3. Przepraszam, co czytasz? 4. Przepraszam, co kupujesz? 5. Przepraszam, czego nie lubisz? 6. Przepraszam, co to jest? 7. Przepraszam, kogo nie widzisz? 8. Przepraszam, czego nie chcesz?

13.17 1. Nie, jeszcze ich nie ma. 2. Nie, jeszcze go nie ma. 3. Nie, jeszcze ich nie ma. 4. Nie, jeszcze jej nie ma. 5. Nie, jeszcze go nie ma. 6. Nie, jeszcze ich nie ma.

13.18 Idę do profesora / siostry / kawiarni / szkoły / domu / teatru / doktora / sąsiadki / sklepu / biblioteki.

Idę na   targ / kawę / ciastko / obiad / lody / piwo /
uniwersytet / dworzec / wesele / sztukę.

13.19   Więc nie bierze pan 1. tej bluzki?   2. tego swetra?   3. tego biurka?   4. tego płaszcza?   5. tej spódnicy?   6. tego fotela?

*13.20   1. Owszem, dla niego.   2. Owszem, dla niej.   3. Owszem, dla was.   4. Owszem, dla ciebie.   5. Owszem, dla niej.   6. Owszem, dla mnie.   7. Owszem, dla nas.   8. Owszem, dla nich.

13.21   1. Której studentki?   2. Której córki?   3. Którego profesora?   4. Którego dziecka?   5. Której siostry?   6. Którego brata?

13.22   1. ojca   2. pocztę, telegram   3. aktorów   4. pracy   5. zegarka

13.23   1. Niestety, nie ma ich tu.   2. Niestety, nie ma jej tu.   3. Niestety, nie ma jej tu.   4. Niestety, nie ma go tu.   5. Niestety, nie ma ich tu.   6. Niestety, nie ma go tu.

13.24   zarośnięty, się ostrzyc, maszynki do golenia, żyletki, zepsuta, fryzjera

13.25   nie rozumieć rodziny, wujka, gramatyki, filmu, narzeczonej, babci
nie pamiętać rodziny, pokoju, wujka, gramatyki, rzeczowników, filmu, babci
otrzymywać listy od rodziny, od wujka, od narzeczonej, od babci
prosić wujka o znaczki, narzeczoną o list, babcię o krzesło
wchodzić na pocztę, na krzesło
wchodzić do rodziny, do pokoju, do sklepu
pisać do rodziny, do wujka, do narzeczonej, do babci
przyjeżdżać w niedzielę
podchodzić do wujka, do okienka, do narzeczonej, do babci
wybrać pokój, okienko, rzeczownik, film, znaczek, sklep
zobaczyć rodzinę, pocztę, pokój, wujka, film, znaczek, narzeczoną, krzesło, sklep, babcię

Lesson 14

14.1   1. Niestety, miejscówek już nie ma.   2. Ile tu jest peronów?   3. To nie kopalnia, to huta.   4. Górnicy mają dziś wielkie święto.   5. Chcesz tę pocztówkę?   6. Moja córka nie lubi cukru.   7. Żona profesora nie lubi żartować.   8. Leszek ma dobry charakter.   9. Znasz jego narzeczoną?   10. Kiedy przyjeżdża pan inżynier?

14.2

pokój	nom. pl.: pokoje	wzór	nom. pl.: wzory
	gen. sing.: pokoju		gen. sing.: wzoru
	gen. pl.: pokoi		gen. pl.: wzorów
kuzyn	nom. pl.: kuzyni	wieczór	nom. pl.: wieczory
			gen. sing.: wieczoru / wieczora
			gen. pl.: wieczorów
Francuz	nom. pl.: Francuzi	minister	nom. pl.: ministrowie
			gen. / acc. sing.: ministra
			gen. pl.: ministrów
budynek	nom. pl.: budynki	cielę	nom. pl.: cielęta
	gen. sing.: budynku		gen. sing.: cielęcia
	gen. pl.: budynków		gen. pl.: cieląt

student	nom. pl.: studenci	ząb	nom. pl.: zęby
			gen. sing.: zęba
			gen. pl.: zębów
sąsiad	nom. pl.: sąsiedzi	aktor	nom. pl.: aktorzy
święto	gen. pl.: świąt	wieś	nom. pl.: wsie / wsi
			gen. sing.: wsi
			gen. pl. wsi
pies	nom. pl.: psy	nóż	nom. pl.: noże
	gen. / acc. sing.: psa		gen. sing.: noża
	gen. pl.: psów		gen. pl.: noży
stół	nom. pl.: stoły	cukier	gen. sing.: cukru
	gen. sing.: stołu		
	gen. pl.: stołów		

14.3 bogiń, tragedii, komedii, historii, prac, okazji, lekcji, pralni, kopalni / kopalń, wiadomości, gęsi, ciotek, sióstr, paczek, rzeczy, łodzi, torebek, róż, kobiet, żon, matek

*14.4 (a) robi, mówi, pisze, jedzie, je, pierze, bierze, idzie, kładzie, pije, starzeje się, sprzedaje, czuje, kupuje, ma, chce

(b) robicie, mówicie, piszecie, jedziecie, jecie, pierzecie, bierzecie, idziecie, kładziecie, pijecie, starzejecie się, sprzedajecie, czujecie, kupujecie, macie, chcecie

14.5 starej wsi: *fem., gen. sing.*; wesołą kobietę: *fem., acc. sing.*; starego konia: *masc., gen. / acc. sing.*; długich nocy: *fem., gen. pl.*; dobrych synów: *masc., gen. / acc. pl.*; tego płaszcza: *masc., gen. sing.*; tę wiadomość: *fem., acc. sing.*; tych talerzy: *masc., gen. pl.*

*14.6 Nie, tego psa nie chcę. / Nie, tego płaszcza nie chcę. / Nie, tego pióra nie chcę. / Nie, tej torby nie chcę. / Nie, tego zdjęcia nie chcę. / Nie, tego konia nie chcę. / Nie, tej bluzki nie chcę. / Nie, tego ołówka nie chcę.

*14.7 1. Nie ma już biletów. 2. Nie ma już filmu. 3. Nie ma już lodów. 4. Nie ma już mięsa. 5. Nie ma już pierogów. 6. Nie ma już zupy. 7. Nie ma już mleka. 8. Nie ma już soku.

*14.8 1. Dlaczego jej nie chcesz? 2. Dlaczego go nie lubisz? 3. Dlaczego mnie nie lubisz? 4. Dlaczego go nie chcesz? 5. Dlaczego nas nie lubisz? 6. Dlaczego ich nie lubisz?

*14.9 Nie, nie ma paczki. / miodu. / masła. / cukru. / sera. / mleka. / mąki. / chleba. / ciastka. / mięsa. // owoców. / jabłek. / gruszek. / jarzyn. / cukierków. / jajek. / lodów.

*14.10 Którego? / Której? / Której? / Którego? / Którego? / Której? / Którego?

14.11 1. Skąd są te książki? 2. Gdzie / Dokąd idzie ojciec? 3. Od kogo masz tę torbę? 4. Gdzie / Dokąd idziesz? 5. Skąd wracasz? 6. Dla kogo są te buty? 7. Do kogo / Gdzie idziemy jutro?

14.12 1. studentów 2. czasu 3. znaczków 4. masła 5. chlebów 6. książek 7. kopalni / kopalń 8. fabryk

14.13 1. Wracam **od** Staszka / babci / profesora / pana Rupika / Basi.
2. Wracam **z** domu / lasu / teatru / biblioteki / poczty / pracy.

14.14 1. Ładnie. 2. Słabo. 3. Serdecznie. 4. Źle. 5. Nerwowo.

*14.15 Owszem, mam jeszcze trochę 1. soli. 2. mąki. 3. jajek. 4. sera.
Owszem, mamy jeszcze trochę 5. mięsa. 6. jarzyn. 7. ciasta. 8. cukierków.

14.16 Nie chcemy ani jajek, ani sera. / ani chleba, ani ciasta. / ani mleka, ani herbaty. / ani mięsa, ani pierogów. / ani zupy, ani ziemniaków.

14.17 1. Proszę dwa kilogramy cukru. 2. Proszę kilogram mięsa. 3. Proszę pięć kilogramów wełny. 4. Proszę dziesięć jajek. 5. Proszę pięć litrów mleka. 6. Proszę cztery kawałki masła. 7. Proszę osiem ciastek.

14.19 Nie, białego nie ma. / Nie, jasnego nie ma. / Nie, białej nie ma. / Nie, młodych nie ma. / Nie, elektrycznych nie ma. / Nie, letnich nie ma. / Nie, nowych nie ma.

14.20 Wręcz przeciwnie, bardzo ją lubię. / ... bardzo ich lubię. / ... cię lubię. / ... je lubię. / ... ich lubię. / ... was lubię.

*14.21
1. Nie mamy ładnych torebek.
2. Dlaczego nie otwieracie okien?
3. Nie ma jeszcze ciotek?
4. Szukamy maszynek do golenia.
5. Nie chcemy tych jajek.
6. Szukamy pocztówek i kopert.
7. Nie lubimy tych świąt.
8. Nie znamy ich córek.
9. Nie widzimy nigdzie łyżek.
10. Nie lubimy tych powieści.

14.23
1. Leszek i Mary śpieszą się, bo niedługo odjeżdża ich pociąg do Katowic. / bo chcą zdążyć na pociąg.
2. Przez megafon słyszą, że pociąg pośpieszny do Katowic odjeżdża z peronu szóstego.
3. Wsiadają do wagonu drugiej klasy.
4. Mary nie pali, bo to przedział dla niepalących.
5. Konduktor pyta o bilety.
6. Mary denerwuje się, bo nie może znaleźć biletu.

Lesson 15

15.2 ten ładny pies, dobry lekarz, stara kopalnia, wasza ciocia, moja nowa sukienka, ta zielona wełna, ten pierwszy kwiat, drugie pióro, ta ciekawa wiadomość, twoje dziecko

*15.3 moje dziecko, moi profesorowie, moje mieszkanie, moje sukienki, moje biurka, moja książka, mój pokój, moi chłopcy, mój słownik, moja torba, moi studenci, moja wieś, moje miasto, mój zegarek

15.4 A. Lubię wasze wina. / wasze miasta. / waszych studentów. / wasze lody. / waszych profesorów. / wasze filmy.
B. Nie lubię waszych win. / waszych miast. / waszych studentek. / waszych lodów. / waszych filmów. / waszych dziewczyn.

*15.5 spokojniejszy — najspokojniejszy, brudniejszy — najbrudniejszy, grubszy — najgrubszy, milszy — najmilszy, głębszy — najgłębszy, brzydszy — najbrzydszy, droższy — najdroższy, jaśniejszy — najjaśniejszy, nowocześniejszy — najnowocześniejszy, cieplejszy — najcieplejszy, nowszy — najnowszy, czystszy — najczystszy, głupszy — najgłupszy, cieńszy — najcieńszy, dłuższy — najdłuższy, większy — najmiększy

15.6 1. Gotuję obiad. 2. Pakuję ubrania. 3. Czekam na brata. 4. Jem obiad. 5. Czytam książkę. 6. Piszę list. 7. Sprzątam mieszkanie.

15.7 1. Jaką 2. Jakie 3. Jaką 4. Jakie 5. Jakich 6. Jakiego 7. Jakiego 8. Jakich 9. Jakie 10. Jaki 11. Jakiej 12. Jakiego

15.8 Lubię. Jadę. Mogę. Muszę. Wiem.

15.9 1. a) Znasz naszą córkę? / naszego wujka? / naszego brata?
b) Nie znasz naszej córki? / naszego wujka? / naszego brata?
2. a) Widzisz naszego psa? / nasze auto? / nasz dom? / naszą szkołę?
/ nasze dziecko? / nasz las? / naszego konia?
/ naszą owcę? / nasze gospodarstwo?
b) Nie widzisz naszego psa? / naszej szkoły? / naszego domu? / naszej gospodyni?
/ naszego dziecka? / naszego konia? / naszego lasu?
/ naszej owcy? / naszego auta?

*15.10 Których spodni? / Którego płaszcza? / Którego ubrania? / Której koszuli? / Którego ręcznika?
/ Której czapki? / Których skarpet? / Którego krawatu? / Których ręczników? / Których koszul?

*15.11 1. Przepraszam, ile serów? 2. Przepraszam, ile garnków? 3. Przepraszam, ile słowników? 4. Przepraszam, ile talerzy? 5. Przepraszam, ile płaszczy / płaszczów? 6. Przepraszam, ile kartonów?

15.12 1. Skąd wracają? 2. Dokąd jedzie ten pociąg? 3. Dla kogo są te kwiaty? 4. Jakiego koloru jest sukienka Basi? 5. Która jest godzina? 6. Kiedy jest wesele? 7. Od kogo masz list? 8. Dokąd idą Leszek i Mary?

15.13 stary, dobry, brzydki, cichy, szeroki, pełny, głupi, czysty, tani, ciekawy / interesujący, lekki

*15.15 One też lubią. / One też idą. / One też wiedzą. / One też chcą. / One też mogą. / One też nie jedzą.

15.16 brudna, posprzątać, czasu, gotować, roboty, cały dzień

15.17 Gdzie / Dokąd, Do, od, gdzie / dokąd, Na, do

*15.18 1. Ile łóżek? 2. Ile biurek? 3. Ile jajek? 4. Ile win? 5. Ile ciastek? 6. Ile zdjęć?

15.19 Czyją córkę? / Czyjego numeru? / Czyjej rodziny? / Czyjego brata? / Czyich książek? / Czyjej ciotki?

15.20 wyższy, najwyższy; droższa, najdroższa; niższa, najniższa; dłuższa, najdłuższa

15.21 a) twoje córki / jego studentów / waszych gości / naszych kuzynów / jej ciotki
b) moje książki? / mój zegarek? / nasze słowniki? // moją / naszą / torbę?
c) naszych / moich / jej synów? // ich / ich filmy? // jego / jej / ich powieści?

*15.22 1. Gdzie są moje koszule? 2. Nie możemy znaleźć skarpetek. 3. Nie macie ładniejszych krawatów? 4. Czemu te obrusy są takie brudne? 5. Mamy dziś dobre kiełbasy. 6. Nie ma miejscówek.

15.23 1. od 2. z 3. niż 4. niż 5. od 6. od 7. z 8. od

15.24 1. Jej. / Jego. 2. Twoje. / Moje. 3. Ich. / Jej. 4. Twoje. / Ich. 5. Nasze / Moje. 6. Wasze. / Nasze.

16.2 1. dobrą dziewczyną 2. dobrą dziewczynę 3. zdolną studentką 4. zdolną studentkę 5. ciemną brunetką 6. ciemną brunetkę 7. elegancką dziewczyną 8. elegancką dziewczynę

16.3 Dwunasta dziesięć. *or* Dziesięć po dwunastej.
Jedenasta dwadzieścia. *or* Dwadzieścia po jedenastej.
Pierwsza czterdzieści pięć. *or* Za piętnaście / kwadrans druga.
Sześć po czwartej. *or* Czwarta sześć.
Czternasta dwadzieścia.
Siódma pięćdziesiąt pięć. *or* Za pięć ósma.
Piąta piętnaście. *or* Piętnaście / kwandrans po piątej.
Szósta trzydzieści. *or* Wpół do siódmej.
Dziewiąta trzydzieści pięć. *or* Za dwadzieścia pięć dziesiąta.
Dwudziesta druga trzydzieści.

16.4 Piórem. / Nożem. / Grzebieniem. / Szminką. / Pociągiem. / Łyżką.

16.5 1. wieś, wsi(e) 2. płaszcz, płaszcze 3. siostra, siostry 4. but, buty 5. zegarek, zegarki 6. rodzina, rodziny 7. jajko, jajka 8. biurko, biurka 9. okno, okna 10. garnek, garnki

16.6 Potrzebuję dziesięciu talerzy. / sześciu filiżanek. / dwóch lekarzy. / siedmiu aktorów. / ośmiu inżynierów. / sześciu koni.

16.7 1. Odwiedzam 2. Opowiadam 3. Pomagam 4. Urządzam 5. Wybieram

16.8 B. Kanadyjką. / Studentem. / Inżynierem. / Kierowniczką. / Studentką. / Lekarzem.

*16.9 Ma pan może jeszcze 1. grubszy? 2. jaśniejsze? 3. ciemniejszy?
4. cieplejsze? 5. lżejsze? 6. cieńszą?

*16.11 1. Nasz lekarz jest dobry. 2. Czytam jego powieść. 3. Gdzie jest mój ołówek? 4. Oto twój nauczyciel. 5. Dlaczego wasz gość nie wraca? 6. Czyja jest ta rzecz?

*16.12 1. Owszem, ja jestem kierowniczką. O co chodzi? 2. Owszem, ja jestem konduktorem. O co chodzi? 3. Owszem, ja jestem profesorem. O co chodzi? 4. Owszem, ja jestem inżynierem. O co chodzi? 5. Owszem, ja jestem studentką. O co chodzi? 6. Owszem, ja jestem górnikiem. O co chodzi?

*16.13 jego słowniki / ich słowniki / jego słownik / ich słowniki / ich słownik / jej słownik

*16.14 Nasze jest jeszcze większe. / Nasze są jeszcze gorsze. / Nasze są jeszcze brudniejsze. / Nasi są jeszcze lepsi. / Nasze są jeszcze zdolniejsze. / Nasze są jeszcze mniejsze. / Nasz jest jeszcze wyższy.

16.15 1. Przepraszam kogo trzeba zaprosić? 2. Przepraszam, co trzeba kupić? 3. Przepraszam, kogo trzeba odwiedzić? 4. Przepraszam, co trzeba podać? 5. Przepraszam, co trzeba posprzątać? 6. Przepraszam, co trzeba kupić?

16.17 1. Czego szuka Małgosia? 2. Jakiego koloru jest sweter Janka? 3. Kto może pomóc? 4. Kogo jeszcze nie ma? 5. Na co czekasz? 6. Dla kogo jest ten kilim? 7. Kim / Czym jest ojciec Staszka?

*16.18 1. Przepraszam, ilu studentów zaprasza? 2. Przepraszam, ile ma psów? 3. Przepraszam, ile masz (ma pan / pani) córek? 4. Przepraszam, ile zna języków? 5. Przepraszam, ile rodzin mieszka? 6. Przepraszam, ile jest kierowniczek?

16.19 Nie, nie piekę dziś ciasta. / Nie, nie gotuję dziś obiadu. / Nie, nie jem dziś kiełbasy. / Nie, nie robię dziś zakupów. / Nie, nie myję dziś auta. / Nie, nie czytam dziś książki.

16.20 1. Chyba z nimi. 2. Chyba dla nich. 3. Chyba ich znam. 4. Chyba oni. 5. Chyba je znam. 6. Chyba z nimi. 7. Chyba one.

16.21 1. Właśnie ciebie. 2. Właśnie od ciebie. 3. Właśnie dla ciebie. 4. Właśnie z tobą. 5. Właśnie na ciebie. 6. Właśnie twoja. 7. Właśnie do ciebie.

16.22 ... z pięcioma synami, ... z córką, ... z dziećmi, ... z siostrą, ... z bratem, ... z sześcioma synami, ... z ojcem.

Lesson 17

17.2 urządzać, mieszkanie, drzewo, dużo, najlepszy, obejrzeć, inżynier, ułożyć, herbata, lodówka, charakter, podwórko, hałas, historia

*17.3 okazji, tragedii, Marii, historii, lekcji, racji, komedii, kolacji

*17.4 tangiem, katalogiem, słownikiem, kwiatkiem, okiem, środkiem, sokiem

    g → gi,k → ki

*17.5 słodszy, wyższy, droższy, mądrzejszy, starszy, bielszy

17.6 1. Którymi , 2. którą 3. którymi 4. którym 5. którym 6. Którymi

17.7 Jadę } do   Warszawy / Krakowa / sklepu / teatru / matki / kina / ojca
    Idę }   siostry / rodziny.

    Wracam } z   Warszawy / Krakowa / sklepu / teatru / kina /
    Jadę }   uniwersytetu / targu.

    Jadę   od   matki / ojca / siostry / rodziny.

    Mieszkam u   matki / ojca / siostry / rodziny.

    Jestem   z   Warszawy / Krakowa.

17.8 1. bardziej dynamiczny 2. wyższy 3. grzeczniejsze 4. bardziej interesujący 5. bardziej roztargniony 6. bardziej towarzyski 7. ładniejsze 8. bardziej dynamiczne 9. bardziej kolorowy

17.9 nożem i widelcem, łyżką / autem, samochodem, pociągiem, tramwajem, wozem / ciastem, obiadem, zupą, ciastkami, kawą, sokiem, herbatą, winem, piwem / piłką, zabawkami (toys), lalką (doll) / żyletką, maszynką do golenia

17.10 je →jeść, jadą →jechać, idę → iść, kupuje →kupować, niosą →nieść, pijemy→ pić, żyjesz →żyć, śpią →spać, piszecie →pisać, stoją —→stać

*17.11 1. Ze mną. 2. Ode mnie. 3. Mnie. 4. Ja. 5. Ja. 6. Ze mną. 7. Moje. 8. U mnie.

17.12 pomagam ← pomagać, wraca ← wracać, kupuję ← kupować, opowiadasz ← opowiadać, odwiedzamy ← odwiedzać, pomaga ← pomagać, rzucają ← rzucać, urządzacie ← urządzać

17.13 (6) sześciu, (7) siedmiu, (8) ośmiu, (9) dziewięciu, (10) dziesięciu, (5) pięciu, (15) piętnastu, (20) dwudziestu

17.14 1. A co oni piją? 2. A co oni jedzą? 3. A co oni gotują? 4. A co oni pieką? 5. A co oni biorą? 6. A czego oni chcą?

17.15 (Staszek jedzie na wieś)   z nim. (on) / z nami. (my) / z nimi. (oni) / z nimi. (one)
(Chcemy oglądać telewizję)   z tobą. (ty) / z wami. (wy) / z nimi. (oni) / z nią. (ona)
(Jean interesuje się)   nią. (ona) / tobą. (ty) / nimi. (one) / wami. (wy)

17.16 1. najbardziej zajęty 2. najinteligentniejszy, najbardziej inteligentny, 3. najmłodszy 4. najbardziej arogancki 5. najbardziej towarzyski 6. najlepszy 7. najmłodszy 8. najgorszy

17.17 1. piątego / ósmego 2. drugiego 3. drugiego / trzeciego 4. czterdziestego szóstego / siedemdziesiątego pierwszego 5. sto dwudziestego dziewiątego / trzysta osiemdziesiątego siódmego 6. jedenastego / dwunastego

17.18 1. nad stołem 2. pod stołem 3. pod drzewem 4. za telewizorem 5. przed domem

17.19 zły ↔ dobry, ciemny ↔ jasny, mądry ↔ głupi, biały ↔ czarny, wysoki ↔ niski, gruby ↔ cienki, czysty ↔ brudny, brzydki ↔ ładny, wesoły ↔ smutny, szczupły ↔ gruby, drogi ↔ tani, wąski ↔ szeroki, głośny ↔ cichy, pusty ↔ pełny, pierwszy ↔ ostatni, lekki ↔ ciężki, nudny ↔ ciekawy, nudny ↔ interesujący, młody ↔ stary, mały ↔ duży, wolny ↔ zajęty

17.20 1. końmi 2. kości, kośćmi 3. gośćmi 4. mali 5. pióra, ołówkiem 6. grzebienia

*17.21 1. Ale tamta jest gorsza. 2. Ale tamci są lepsi. 3. Ale tamten jest (jeszcze) większy. 4. Ale tamta jest (jeszcze) mniejsza. 5. Ale tamta jest lepsza. 6. Ale tamte są jeszcze mniejsze.

17.22 1. nożem i widelcem 2. profesorem 3. studentem 4. pieniędzy 5. osioł / osłem

Lesson 18

18.2 biec / biegnąć, piec, móc, chcieć, brać, jechać, iść, wiedzieć, jeść, bać się

*18.3 1. fajce 2. zwierzęciu 3. zamkowi 4. kobiecie 5. koledze 6. mężowi i Staszkowi 7. dziewczynie

18.4 aktorce, bluzce, chłopcu, wsi, swetrowi, córce

18.5
pamiętaliście	wiedzieli	pamiętałeś
czytałem	umiał	jedli
jadłeś	byłeś	siadaliście
wiedziałem	słuchał	mieli
mieliście	miałeś	grali
jadł	miał	jedliście

18.6
samochód	Gen. pl.	samochodów		
tramwaj	Gen. pl.	tramwajów		
kościoły	Gen. pl.	kościołów	Instr. pl.	kościołami
córka	Gen. pl.	córek	Dat. sing.	córce

siostra	Gen. pl.	sióstr	Dat. sing.	siostrze
wiara	Dat. sing.	wierze		
góra	Dat. sing.	górze		
wieża	Dat. sing.	wieży		
Krakowem	Nom. sing.	Kraków		
Warszawa	Dat. sing.	Warszawie		

*18.7 1. Był, ale nie jest. 2. Była, ale nie jest. 3. Byłem, ale nie jestem. 4. Byli, ale nie są. 5. Byliśmy, ale nie jesteśmy. 6. Były, ale nie są. 7. Byłyśmy, ale nie jesteśmy. 8. Byłam, ale nie jestem.

18.8 1. Której studentce ufacie? 2. Któremu studentowi pomagacie? 3. Czemu się przyglądasz? 4. Któremu dziecku teraz dajesz jeść? 5. Komu pomagasz? 6. Komu wysyłasz tę paczkę?

18.9 1. było 2. było 3. wiedziała 4. umiał 5. jadły 6. miałyśmy 7. sprzedali 8. jadło 9. byliście 10. wiedziałeś 11. miałaś 12. miało

*18.10 1. Ale tamten jest weselszy. 2. Ale tamta jest większa. 3. Ale tamto jest mniejsze. 4. Ale tamten jest lepszy. 5. Ale tamta jest ciekawsza. 6. Ale tamten jest gorszy.

18.11 1. A. Której ...   B. Tej.   2. A. Któremu ...   B. Temu.
3. A. Której ...   B. Tej.   4. A. Któremu ...   B. Temu.
5. A. Któremu ...   B. Temu.   6. A. Któremu ...   B. Temu.

18.12 1. niedziela 2. poniedziałek 3. piątek 4. piątek 5. czwartek 6. poniedziałek 7. piątek 8. środa

18.13 ... psu, krowie, koniowi, kotu, owcy.

18.14 był / była / było, kochał / kochała / kochało, umiał / umiała / umiało,
wiedział / wiedziała / wiedziało, jadł / jadła / jadło
2nd pers. byłeś / byłaś, kochałeś / kochałaś, umiałeś / umiałaś,
wiedziałeś / wiedziałaś, jadłeś / jadłaś

18.15 Jemy. / Pijemy. / Gotujemy. / Myjemy się. / Ubieramy się.

*18.16 Z nimi, o nie! / Z nim, o nie! / Z nimi, o nie! / Z nią, o nie! / Z nim, o nie! / Z wami, o nie! / Z tobą, o nie! / Z nimi, o nie!

*18.17 1. Byli, ale już nie są. 2. Były, ale już nie są. 3. Były, ale już nie są. 4. Byli, ale już nie są. 5. Były, ale już nie są. 6. Były, ale już nie są.

18.18 1. Co? Twoja torba jest lżejsza niż moja? 2. Co? Janek jest zdolniejszy niż ty? 3. Co? Janek jest przystojniejszy niż on? 4. Co? Te książki są ciekawsze niż tamte? 5. Co? Ten reportaż jest lepszy niż tamten? 6. Co? On jest sympatyczniejszy niż ona?

*18.19 1. Przepraszam, ile toreb mogę wziąć? 2. Przepraszam, ile sukienek mogę kupić? 3. Przepraszam, ile kaw mogę zamówić? 4. Przepraszam, ile ciastek mogę zamówić? 5. Przepraszam, ile herbat mogę zamówić? 6. Przepraszam, ile łyżek mogę podać? 7. Przepraszam, ile powieści mogę wziąć? 8. Przepraszam, ile nocy mogę tam spać? 9. Przepraszam, ile kiełbas mogę zjeść? 10. Przepraszam, ile koszul mogę wybrać?

18.20 zaproszenie, fryzjera, żyletki lub elektrycznej maszynki do golenia, listonosz, plan, baru mlecznego lub restauracji

1. Ale Kanadyjki są chyba ładniejsze od Angielek.

      2. Ale Teresa jest chyba inteligentniejsza od Mary.

      3. Ale Leszek jest chyba mądrzejszy od Staszka.

      4. Ale Japończycy są chyba pracowitsi od Amerykanów.

      5. Ale Janek jest chyba milszy od Ewy.

      6. Ale Górscy są chyba sympatyczniejsi od Jagiełłów.

18.24   1. spakować 2. zgubiła 3. ugotowała, posprzątać 4. skończysz 5. napić 6. wygrać

Lesson 19

19.1 Basia i Mary były tam wczoraj. Janek i Leszek wracali z miasta. Jean jeszcze nie widział Krakowa, ale Mary już widziała. Mary słyszała hejnał przez radio. Leszek i Staszek byli u państwa Rupików.

19.2

Dat. sing.	kobiecie	fryzurze
	plotce	córce
	fryzjerce	jamie
	nodze	minucie
	cytrynie	siostrze

19.3 Siostrze. / Córce. / Koledze. / Temu poecie. / Babci. / Matce. / Temu Francuzowi. / Cioci. / Tej Kanadyjce. / Tamtemu Japończykowi.

19.4   *(masc.)* Powtarzaliście słówka?   *(masc.)* Słuchaliście radia?

       (fem.) Powtarzałyście słówka?   *(fem.)* Słuchałyście radia?

       (masc.) Śpiewaliście piosenki?   *(masc.)* Mieliście czas?

       (fem.) Śpiewałyście piosenki?   *(fem.)* Miałyście czas?

       (masc.) Graliście w piłkę?   *(masc.)* Sprzątaliście mieszkanie?

       (fem.) Grałyście w piłkę?   *(fem.)* Sprzątałyście mieszkanie?

       (masc.) Chcieliście zobaczyć „Wesele"?

       (fem.) Chciałyście zobaczyć „Wesele"?

19.5 mu, jej, mu, wam, nam, im

19.6 Czyjemu synowi? / Czyjej córce? / Czyim studentom? / Czyim studentom? / Czyjej siostrze? / Czyjemu bratu? / Czyim dzieciom?

19.7 1. Dla / Od 2. Do 3. z 4. u 5. do / z 6. w 7. na 8. od

*19.8 Jemu. / Jemu. / Jej. / Im. / Im. / Im.

*19.9 1. Było, ale już nie jest.   2. Był, ale już nie jest.

      3. Była, ale już nie jest.   4. Było, ale już nie jest.

      5. Była, ale już nie jest.   6. Był, ale już nie jest.

19.10 1. jej 2. ich 3. waszymi 4. twoim 5. jej

*19.11 1. Coś czytał? 2. Po coście tam byli? 3. Jacyście eleganccy! 4. Znowuście tam byli? 5. Czemuś nie weszła? 6. Kiedyście wróciły? 7. Kogoś widziała? 8. Jużeś wróciła?

19.12 Pewno przeprowadzali się. / Pewno przeprowadzały się.
Pewno uczyli się. / Pewno uczyły się.
Pewno gotowali. / Pewno gotowały.
Pewno jedli. / Pewno jadły.
Pewno bawili się. / Pewno bawiły się.

19.13 Właśnie mu się przyglądam. / Właśnie mu się przyglądam. / Właśnie mu się przyglądam. / Właśnie mu się przyglądam. / Właśnie mu się przyglądam. / Właśnie mu się przyglądam. / Właśnie jej się przyglądam. / Właśnie im się przyglądam. / Właśnie im się przyglądam. / Właśnie im się przyglądam. / Właśnie im się przyglądam. / Właśnie im się przyglądam.

*19.14 A, nic nie widziałam. / A, nic nie słyszałem. / A, nic nie zobaczyłem. / A, nic nie zwiedzałam. / A, nic nie sprzedawałem. / A, nic nie jadłam. / A, nic nie urządzałem.

*19.15 , Czyim bratem? / Czyim ojcem? / Czyją matką? / Czyim wujkiem? // Czyją rodziną? / Czyimi matkami? / Czyimi studentami? / Czyimi córkami?

19.16 sprzątasz? się uczysz? słyszysz? śpiewasz? się bawisz? zarabiasz?

*19.17 1. Owszem, widzę je dobrze. 2. Owszem, słyszymy je dobrze. 3. Owszem, znamy ją dobrze. 4. Owszem, znam go dobrze. 5. Owszem, słyszę cię dobrze. 6. Owszem, widzimy was dobrze.

*19.18 Nie chce przyjść. / Nie chce płacić. / Nie chce dzwonić. / Nie chce jechać. / Nie chce sprzątać. / Nie chce palić. / Nie chce wejść.

19.19 ... jego ojcu? (on) / ... mojemu ojcu? (ja) / ... mojemu koledze? (ja) / ... naszemu koledze? (my) / ... jego siostrze? (on) / ... mojej siostrze? (ja) / ... ich rodzinie? (oni) / ... ich rodzinie? (one) // ... twojej ciotce? (ty) / ... ich ciotce? (oni) / ... ich matce? (one) / ... waszej matce? (wy) / ... jego kuzynowi? (on) / ... twojemu kuzynowi? (ty) / ... twojemu dziecku? (ty) / ... waszemu dziecku? (wy)

*19.20 Naprawdę? Przecież nigdy nie sprząta. / Naprawdę? Przecież nigdy nie czyta. / Naprawdę? Przecież nigdy nie gotuje. / Naprawdę? Przecież nigdy nie pije. / Naprawdę? Przecież nigdy nie je. / Naprawdę? Przecież nigdy nie myje.

19.21 1. Po coś tam był? 2. Po coście tam byli? 3. Po coście tam były? 4. Po coś to zrobił? 5. Po coście to zrobili? 6. Po coście to zrobiły?

19.22 1. ciotki 2. muzeum 3. kawiarni 4. imieniny 5. wesele 6. teatru 7. miasta 8. lekcję 9. poczekalni 10. domu towarowego

19.23 zamówić   powiedzieć
      przynieść   oglądnąć
      sprzedać   zobaczyć
      pokazać   zapukać
      znaleźć   przypomnieć
      opowiedzieć   zaśpiewać
      włożyć   uczesać

19.24 1. Leszek i Jean wracali z uniwersytetu.
      2. Leszkowi przypomniało się, że właśnie są imieniny Marii.
      3. Mary.

4. Polacy składają solenizantom życzenia, dają kwiaty i inne prezenty.
5. Leszek chciał kupić róże.
6. Bo te róże zamówiła pewna pani.
7. Ta pani nie zgłosiła się po nie. (nie przyszła ich odebrać)

Lesson 20

20.1 *Loc. sing.* ⎰ w gromadzie, w swetrze, na stole, o doktorze, o bracie, o kobiecie,
⎱ w gazecie, o kwiecie, o lecie

20.2 rybie, zimie, szafie, głowie, klasie, szkole, burzy, matce, nodze, róży, rzeczy

20.3 1. tej 2. tym 3. tej 4. tym 5. tej 6. tym 7. tym

20.4 *Loc. sing.* w niebie, w lecie, w mięsie, na krześle, o piórze, o słowie, o żelazie, o oknie

20.5 świecie, grudniu, chłopcu, wieczorze, kościele, meblu, raku, listopadzie, moim, planie, telewizorze, fotelu, uśmiechu, włosie, zamiarze, aktorze, obrusie, krawacie, kwadracie, psie, kocie, twoim, siostrze, łące

20.6 1. jakim 2. jakiej 3. jakim 4. jakim 5. jakiej

20.7 1. w łóżku 2. na stole 3. w szafie 4. na oknie 5. na ulicy 6. na krześle

*20.8 Niestety, nie jestem inżynierem. / ojcem pani Mary. / kierowniczką. / magistrem. / doktorem. / siostrą Basi.

*20.9 1. Dlaczegoście nie kupili? 2. Dlaczegoś nie kupiła? 3. Dlaczegoś nie kupił? 4. Dlaczegoście tam nie weszli? 5. Dlaczegoście tam nie weszły? 6. Dlaczegoś im nie pomógł? 7. Dlaczegoś im nie pomogła? 8. Dlaczegoś nie zjadła? 9. Dlaczegoście nie zjedli? 10. Dlaczegoś go nie zawiózł?

20.10 1. w domu 2. w bibliotece 3. w kinie 4. w sklepie 5. u lekarza 6. u mojej siostry

20.11 Nic groźnego w płucach / nerkach / wątrobie / sercu / płucu / nerce / gardle / żołądku nie znajduję.

*20.12 1. Co? Jeszcze się nie przeprowadziła? 2. Co? Jeszcze nie poszedł? 3. Co? Jeszcze go nie przygotował? 4. Co? Jeszcze nie pojechali? 5. Co? Jeszcze go nie napisał? 6. Co? Jeszcze go nie posprzątała?

20.13 1. kupowałam 2. sprzątałam 3. robiłam 4. piłam 5. jadłam 6. chodziłam

*20.14 Coś słyszał? Coś słyszała? Coście słyszeli? Coście słyszały?
Coś czytał? Coś czytała? Coście czytali? Coście czytały?
Coś mówił? Coś mówiła? Coście mówili? Coście mówiły?
Coś widział? Coś widziała? Coście widzieli? Coście widziały?
Coś kupił? Coś kupiła? Coście kupili? Coście kupiły?
Coś sprzedał? Coś sprzedała? Coście sprzedali? Coście sprzedały?
Coś jadł? Coś jadła? Coście jedli? Coście jadły?
Coś pił? Coś piła? Coście pili? Coście piły?

20.15 1. zły 2. czerwone 3. najwyższych 4. długa 5. gorącej 6. najstarszym 7. chory 8. gazowego

20.16 Już się ubrała. / Już się uczesała. / Już (je) ułożyła. / Już (je) spakowała. / Już (w nim) napaliła. / Już (je) oglądnęła. / Już (je) zrobiła. / Już się umyła.

20.21 1. Koledzy przynieśli mu pigułki i herbatę.
2. Leszek zawiózł go do przychodni.
3. W przychodni przyjęła go najpierw pielęgniarka.
4. Pielęgniarka podała mu termometr.
5. Doktor Musiał pytał Jeana, czy ma gorączkę i co go boli.
6 Jean zachorował na grypę.
7. Doktor napisał receptę.
8. Jean może kupić lekarstwa w aptece.

Lesson 21

*21.1 *Loc. sing.* { o studencie, o Krakowie, o wagonie, o filmie, o klubie, o sąsiedzie, o kościele, o obiedzie, o zębie, o magistrze

*21.3 1. Czemuście nie przyszły? 2. Czemuście nie przyszli? 3. Czemuś nie przyszła? 4. Czemuś nie jadł? 5. Czemuś go tam nie zawiózł? 6. Czemuś nie jadła? 7. Czemuście nie jedli? 8. Czemuście nie jadły? 9. Czemuś nie pomógł? 10. Czemuś tego nie przyniósł?

21.4 O jej. (ona) / O naszych. (my) / O twojej. (ty) / O ich. (one) / O waszych. (wy) O twoich. (ty) O moich. (ja) / O jego. (on)

21.5 1. Też pojechał. / Też pojechali. 2. Też zmarł. 3. Też zjedli. 4. Też wziął. 5. Też mieli.

21.6 1. którym piętrze 2. którym domu 3. której ścianie 4. którym pokoju 5. której godzinie 6. którym teatrze

21.7 *2nd pers. sing.* { wkładaj, opowiadaj, bądź, jedz, trzymaj, wołaj, stawiaj, słuchaj, zamawiaj, oglądaj, pamiętaj, wsiadaj, wracaj

1st pers. pl. { wkładajmy, opowiadajmy, bądźmy, jedzmy, trzymajmy, wołajmy, stawiajmy, słuchajmy, zamawiajmy, oglądajmy, pamiętajmy, wsiadajmy, wracajmy

2nd pers. pl. { wkładajcie, opowiadajcie, bądźcie, jedzcie, trzymajcie, wołajcie, stawiajcie, słuchajcie, zamawiajcie, oglądajcie, pamiętajcie, wsiadajcie, wracajcie

*21.8 1. Leszek całymi dniami pisał listy. 2. Staszek nam pomagał. 3. Oni bardzo dużo jedli. 4. Czemu on tak dużo pił? 5. Bałyśmy się tego psa. 6. Nie widzieliście nigdzie mojego pióra? 7. To dziecko było chore. 8. Nie było jeszcze profesora? 9. W tej fabryce było pięciu inżynierów. 10. Tu pracowało dwudziestu robotników.

21.9 1. O trzeciej. 2. O dziesiątej trzydzieści. / O wpół do jedenastej. 3. O drugiej. 4. O dwunastej czterdzieści pięć. 5. O pierwszej pięćdziesiąt. 6. O szesnastej pięć. 7. O dwunastej piętnaście. 8. O dwudziestej dziesięć.

21.10 1. Śpiewajcie! 2. Graj! 3. Jedz! 4. Trzymajcie! 5. Słuchaj! 6. Wybieraj!

21.11 1. umieli 2. wiedział 3. znali, umiał 4. umiała 5. wiem 6. znacie

21.12 1. Myślę o nich. / o nim. / o nich. / o was.
       2. Rozmawiały o niej. / o nich. / o nim. / o tobie. / o mnie. / o nas.

21.13 1. starzej 2. ładniej 3. chętniej 4. wyżej 5. dłużej 6. ciszej 7. drożej

21.14 do, na, o, za, na, u, dla, w, do, z

*21.15 1. Nie ma nic ciekawego w tych gazetach. 2. Idziemy na egzaminy. 3. Którzy asystenci dziś
        egzaminują? 4. W których blokach mieszkają twoi koledzy? 5. Czy to prawda, że w tych lasach są
        wilki? 6. Oni mają ładne nazwiska.

21.16 1. czuje 2. zdaje 3. zmierzył 4. zmarł / umarł 5. oddycha 6. zachorowała 7. boli 8. składacie

21.17 1. prawdziwego 2. małego 3. wesołą, zakochanym 4. mali 5. nowym 6. ciekawy 7. dużego
       8. małymi, Czarne 9. młodego 10. miłej, piękną 11. nowego · 12. starym, dużym

21.19 1. późno 2. zimno 3. na środku 4. koło 5. blisko 6. wczoraj, gorzej 7. na lewo 8. dawno

*21.20 1. Kiedyś może chciała ... 2. Kiedyś może jadło ... 3. Kiedyś może spał ... 4. Kiedyś może lubił ...
        5. Kiedyś może malował ... 6. Kiedyś może pisała ... 7. Kiedyś może pracował ...

Lesson 22

22.1 1. Nie ma już półmisków? 2. Nie wiesz, gdzie tu stoją taksówki? 3. Jean poszedł do przychodni, bo
      go boli brzuch. 4. Kto gra z nami w piłkę nożną? 5. Mary ma dziś imieniny i wszyscy składają jej
      życzenia. 6. Leszek przyniósł jej piękne róże. 7. Gdzie wieszamy te wstążki, na suficie? 8. Pan Górski
      zawsze ma dobry humor.

*22.2 *Voc. sing.*   aktorze, Niemcze, Boże, ministrze, studencie, chłopcze, profesorze, prezydencie

*22.3 Jedz! / Jedzcie! Jedź! / Jedźcie! Umiej! / Umiejcie! Bierz! / Bierzcie! Żyj! / Żyjcie!
       Wiedz! / Wiedzcie! Weź! / Weźcie! Rozbierz się! / Rozbierzcie się! Otwórz! / Otwórzcie!
       Przeproś! / Przeproście! Stój! / Stójcie! Opowiedz! / Opowiedzcie! Siedź / Siedźcie!
       Pomóż! / Pomóżcie! Rób! / Róbcie! Noś! / Noście! Ciągnij! / Ciągnijcie! Śmiej się! / Śmiejcie się!

*22.4 1. Nie pisz dziś do niej. 2. Nie rób ich dzisiaj. 3. Nie sprzątaj go dzisiaj. 4. Nie gotuj jej dzisiaj.
       5. Nie piecz go dzisiaj. 6. Nie jedź tam dzisiaj. 7. Nie kładź ich tutaj. 8. Nie bierz jej.

22.5 Nie martw się, Krysiu! / tatusiu! / dziecko! / babciu! / Władku! / Haniu! / człowieku! / mamo!
      / synu!

22.6 No to śpij! / jedz! / pij! / śmiej się!

*22.7 1. Właśnie wracam z miasta. 2. Właśnie piszę list. 3. Właśnie im pomagam. 4. Właśnie gotuję
       zupę. 5. Właśnie jem śniadanie. 6. Właśnie biorę kwiaty dla matki. 7. Właśnie gram w Toto
       Lotka. 8. Właśnie oglądam program. 9. Właśnie zamawiam kawę i ciastka. 10. Właśnie myję psa.

22.8 1. O kim myśli Basia? 2. Gdzie mieszka rodzina Basi? 3. Czyja rodzina mieszka nad morzem? 4. O czym marzą Jagiełłowie? 5. Co robi Ewa? 6. O której przyjeżdżacie? 7. Na czym stoi Staszek? / Gdzie stoi Staszek? 8. W jakich dzbankach podają kawę?

22.9 1. leży 2. wiszą 3. stoi, czeka 4. pracuje 5. idzie 6. siedzi 7. było 8. spało

*22.10 O tobie również. / Ciebie również. / Z tobą również. / Tobie również. / Twoje również.

22.11 1. podaj 2. martwi się 3. Pokaż 4. Stało się 5. Uważajcie 6. wieszasz / wieszamy 7. rzucił

*22.12 1. Mnie również. 2. Do mnie również. 3. Ode mnie również. 4. Na mnie również. 5. U mnie również. 6. Mnie również. 7. Mojego również. 8. Moje również. 9. O mnie również. 10. Ze mną również.

22.13 1. Basia **wkłada** elegancką sukienkę. Zaraz **wychodzi** do teatru. 2. Małgosia lubi **opowiadać**. Chce właśnie opowiedzieć ciekawą historię. 3. Basia musi dzisiaj **wrócić** do domu po 22.00, choć nie lubi późno wracać. 4. Pan Jagiełło dużo zarabia, ale nie może zarobić na auto. 5. Leszek nagle **zatrzymał** się, bo coś mu się **przypomniało**. 6. Mary uczyła się, gdy nagle ktoś **zapukał**. 7. Leszek **pokazał** Mary Kraków. 8. Mary szybko **nauczyła się** polskiej piosenki.

22.14 1. w marcu 2. przedwczoraj 3. w maju 4. w styczniu 5. W kwietniu 6. w grudniu 7. w listopadzie 8. W lutym 9. w środę 10. do poniedziałku

22.15 1. Koledzy Mary dekorują salę. 2. Chłopcy dekorują salę wstążkami. 3. Jean stoi na drabinie. 4. Staszek podaje mu młotek. 5. Dziewczyny kupują ciasto z makiem, herbatę i lody. 6. Ciastka chcą ułożyć na półmiskach. 7. Kawę podają w dzbanku. 8. Irena prosi Ewę, żeby nastawiła jakąś ładną płytę.

Lesson 23

23.1 *Dat. sing.* koledze, matce, ojcu, siostrze, kwiatu, aktorowi, tygodniowi, pokojowi, wieczorowi, kościołowi, studentowi, panu, światu, błędowi, podłodze, ścianie, bratu, zębowi

Loc. sing. koledze, matce, ojcu, siostrze, kwiecie, aktorze, tygodniu, pokoju, wieczorze, kościele, studencie, panu, świecie, błędzie, podłodze, ścianie, bracie, zębie

Loc. pl. kolegach, matkach, ojcach, siostrach, kwiatach, aktorach, tygodniach, pokojach, wieczorach, kościołach, studentach, panach, światach, błędach, podłogach, ścianach, braciach, zębach

Voc. sing. kolego, matko, ojcze, siostro, kwiecie, aktorze, tygodniu, pokoju, wieczorze, kościele, studencie panie, świecie, błędzie, podłogo, ściano, bracie, zębie

*23.2 1. Nie pisz dziś listu! 2. Nie czytaj dziś gazety! 3. Nie sprzątaj dziś kuchni! 4. Nie gotuj dziś ziemniaków! 5. Nie piecz dziś gęsi! 6. Nie jedź dziś do miasta! 7. Nie bierz dziś tej książki! 8. Nie pij dziś wina!

23.3 1. lepiej 2. gorzej 3. mniej 4. gorzej 5. bardziej elegancko 6. bardziej interesująco

*23.4 1. Sobie. 2. Sobą. 3. Sobą. 4. O sobie. 5. Do siebie. 6. Ze sobą.

23.5 1. na 2. W 3. dla 4. W 5. u 6. ze 7. na / pod 8. do, z 9. na, z 10. do

*23.6 1. Przecież już podałam / podałem. 2. Przecież już zrobiłam / zrobiłem. 3. Przecież już przyniosłam / przyniosłem. 4. Przecież już napisałam / napisałem. 5. Przecież już przeczytałam / przeczytałem. 6. Przecież już zamknęłam / zamknąłem. 7. Przecież już się ubrałam / ubrałem. 8. Przecież już się uczesałam / uczesałem.

23.7 Trzydziestego pierwszego grudnia. / Drugiego stycznia. / Piętnastego marca. / Siedemnastego listopada. / Dwudziestego czwartego września. / Dziesiątego lipca. / Dwudziestego dziewiątego maja. / Pierwszego czerwca. / Dwudziestego października. / Dwudziestego ósmego lutego. / Trzynastego kwietnia.

23.8 1. swojego 2. swoje 3. swoich 4. swoim 5. swojego 6. swoje 7. swojej 8. swoimi

23.9 1. Jakiego 2. Komu 3. Którego 4. Czego 5. Dokąd / Gdzie 6. Skąd 7. Dla kogo 8. Od kogo 9. Czym 10. Z kim

23.10 1. dnia 2. W zeszłym tygodniu, Berlinie 3. W przyszłym tygodniu, Nowego Jorku 4. Afryce 5. Azji 6. Stanów Zjednoczonych 7. W tym tygodniu, Niemczech 8. Włoszech

23.11 1. W tysiąc dziewięćset sześćdziesiątym ósmym (roku). 2. W tysiąc osiemset czterdziestym dziewiątym (roku). 3. W tysiąc trzysta sześćdziesiątym czwartym (roku). 4. W tysiąc dziewięćset czterdziestym piątym (roku). 5. W tysiąc dziewięćset czternastym (roku). 6. W tysiąc osiemset dziewięćdziesiątym ósmym (roku). 7. W tysiąc dziewięćset osiemdziesiątym dziewiątym (roku).

23.13 1. Idźcie, bądźcie 2. Śpijcie 3. siedź 4. chodź 5. jedz 6. Idź 7. idź

WŚRÓD POLAKÓW

Polish for foreign Students

Wśród Polaków is a three-part Polish language course specifically designed for speakers of English.

PART ONE

Brygida Rudzka Zofia Goczołowa

includes:

A. **An introduction**, providing a concise description of sounds and their alternations as well as the basic inflectional categories.

B. **Twenty-three lessons**, each of which is made up of two short dialogues, a grammar section, and approximately twenty-five exercises.

C. **Grammatical tables**, covering the major declensions and conjugations.

PART TWO

Brygida Rudzka

includes:

A. **Eighteen units**, each of which contains a dialogue and a few excerpts from a short story, play, diary, poem or newspaper column, a set of questions related to the texts, a grammar section, and about twenty-two exercises.

B. **A selection of songs** (with musical notation), ranging from well-known folk songs and Christmas carols to songs popular during the Warsaw Uprising along with a few modern compositions.

C. **An appendix**, which gives a brief description of the principles governing word order.

PART THREE

Brygida Rudzka

includes:

A. **Fourteen units**, each made up of short newspaper clippings and / or samples of the best-known Polish prose and poetry, a discussion of the morphological and lexical problems involved, and over twenty exercises.

B. **A selection of popular songs**, both old and modern.

C. **An appendix**, reviewing and illustrating the most common morphological and lexical mechanisms.

All three Parts also contain a **key to the exercises** and an **index** listing the words used as well as their more difficult grammatical forms.

In order to help improve the student's pronunciation, listening comprehension and grammatical competence, a number of readings and exercises have been recorded on **cassette**. These recordings include all the dialogues and selected exercises of Part One, all the readings and songs of Part Two, and the majority of the readings together with all the songs of Part Three.

SPECIAL FEATURES

Unlike other Polish textbooks, which cater mainly for beginners or, at best, low intermediate learners, *Wśród Polaków* takes the student from the very beginning to a highly advanced level. It is the first course that covers a l l important aspects of the structure of the language, giving a s y s t e m a t i c and g r a d e d exposé of Polish inflection, syntax and word formation as well as the changes occasioned in these by context. Clarity of presentation is achieved through a large variety of v i s u a l a i d s, such as tables, charts, colours, and distinct type faces. Moreover, all grammatical structures are amply illustrated in the readings and then systematically repeated in special exercises. The course thus becomes a t i g h t l y - k n i t w h o l e, with each part fitting in with the others.

Accompanying the readings and grammar sections are structural exercises, comprehension and vocabulary exercises, guided writing and discussion topics, language games, and suggestions for role playing. Underlying all these is the s p i r a l approach to foreign language teaching which requires continuous repetition of words and grammatical structures. Exercises, therefore, fall into one of two categories:

I. exercises which practise the grammatical structures and words used in the texts of a given lesson
II. revision exercises which bring in the grammar and vocabulary from preceding lessons.

For the first time not only grammatical structures but also w o r d s become an object of s y s t e m-a t i c study. Many exercises invite the student to reflect on the main characteristics of words and their semantic relations. As synonymy, antonymy and class inclusion play an important role in the storage and retrieval of words, the student is asked to provide synonyms or antonyms for given lexical items, or to group words into related classes. More sophisticated exercises call for identification of similarities and differences between sets of related words, completing texts, or establishing collocations.

In order to stimulate the student's interest, strong emphasis is placed on variety. This holds as much for the exercises as for the readings, songs, and lay-out. The readings – the care of the work – cover such topics as man's relation to his environment, ghosts, love, cooking, psychic power, work, and sport. Their style and tone of expression range from everyday chit-chat to formal academic writing. They are, moreover, accompanied by humorous drawings, etchings, and photographs. Some of these serve to introduce the student to Polish architecture, sculpture and painting while the different songs draw him into contact with another rich area of Polish culture – its music.

Redakcja Wydawnictw Katolickiego Uniwersytetu Lubelskiego

WŚRÓD POLAKÓW

Podręcznik języka polskiego dla cudzoziemców

Wśród Polaków to trzyczęściowy podręcznik do nauki języka polskiego przeznaczony szczególnie dla studentów anglojęzycznych.

CZĘŚĆ PIERWSZA

Autor: Brygida Rudzka i Zofia Goczołowa

A. **Wstęp** to krótki opis głosek i ich oboczności a także omówienie podstawowych kategorii fleksyjnych.
B. **Dwadzieścia trzy lekcje**, z których każda składa się z dwóch krótkich dialogów, części gramatycznej i około dwudziestu pięciu ćwiczeń.
C. **Tablice gramatyczne** obejmują głównie deklinacje i koniugacje.

CZĘŚĆ DRUGA

Autor: Brygida Rudzka

A. **Osiemnaście jednostek lekcyjnych** składających się z dialogu, kilku wyjątków z noweli, sztuki, pamiętnika, wiersza lub artykułu prasowego, zestawu pytań dotyczących podanych tekstów, części gramatycznej oraz około dwudziestu dwóch ćwiczeń.
B. **Wybór piosenek** (z zapisem nutowym) uwzględniający znane melodie ludowe, kolędy, pieśni z Powstania Warszawskiego oraz piosenki współczesne.
C. **Aneks** zawiera krótki opis zasad rządzących szykiem wyrazów.

CZĘŚĆ TRZECIA

Autor: Brygida Rudzka

A. **Czternaście jednostek lekcyjnych**, w skład których wchodzą: krótki artykuł prasowy i / lub urywki z najbardziej znanych polskich utworów poetyckich czy prozatorskich, omówienie morfologicznych i leksykalnych problemów związanych z tekstami oraz ponad dwadzieścia ćwiczeń.
B. **Wybór popularnych piosenek** – dawnych i współczesnych.
C. **Aneks** zawiera powtórzenie najczęstszych mechanizmów morfologicznych i leksykalnych.
Każda z trzech części została opatrzona **kluczem do ćwiczeń** oraz **indeksem** obejmującym słowa wraz z ich najtrudniejszymi formami gramatycznymi użytymi w tekstach.

W celu usprawnienia wymowy, zdolności rozumienia i umiejętności gramatycznych wiele czytanek i ćwiczeń zostało nagranych na **kasecie**. Nagrania zawierają wszystkie dialogi i wybrane ćwiczenia z Części pierwszej, wszystkie czytanki i piosenki z Części drugiej oraz większość czytanek i piosenek z Części trzeciej.

SZCZEGÓŁOWA CHARAKTERYSTYKA PODRĘCZNIKA

Odmiennie niż dotychczasowe podręczniki polskie, które są przeznaczone dla początkujących lub średniozaawansowanych, *Wśród Polaków* obejmuje wszystkie poziomy nauczania – od początkowego do zaawansowanego. Jest to pierwszy podręcznik, który przedstawia w s z y s t k i e ważne aspekty struktury języka, z s y s t e m a t y c z n y m i u p o r z ą d k o w a n y m komentarzem do polskiej fleksji, syntaktyki i słowotwórstwa, jak również do zmian spowodowanych działaniem tych mechanizmów w kontekstach. Jasność prezentacji osiągnięto poprzez dużą różnorodność p o m o c y w i z u a l n y c h, takich jak tablice, wykresy, użycie kolorów i rysunków. Ponadto wszystkie struktury gramatyczne są wielostronnie zaprezentowane w czytankach a następnie systematycznie powtarzane w specjalnych ćwiczeniach. W ten sposób cały kurs staje się spójną c a ł o ś c i ą, w której każda część nawiązuje do pozostałych.

Czytankom i omówieniom gramatycznym towarzyszą ćwiczenia strukturalne, dotyczące słownictwa oraz rozumienia tekstu, tematy do dyskusji i wypracowań, gry językowe i sugestie do odgrywania scen sytuacyjnych. Wszystko to wynika z przyjętej s p i r a l n e j metody w podejściu do nauki języka obcego, co wymaga ciągłego powtarzania słów i struktur gramatycznych. W związku z tym ćwiczenia dzielą się na dwie kategorie:

1. ćwiczenia, które wdrażają struktury gramatyczne i słownictwo użyte w tekstach danej lekcji.
2. ćwiczenia utrwalające, które pozwalają powtórzyć gramatykę i słownictwo z lekcji poprzednich.

Po raz pierwszy nie tylko struktury gramatyczne, ale także s ł o w a stały się przedmiotem s y s t e - m a t y c z n e g o nauczania. W wielu ćwiczeniach zwraca się uwagę na główne cechy słów i związki semantyczne. Ponieważ synonimy, antonimy oraz zbiory znaczeń odgrywają ważną rolę w zapamięty- waniu i utrwalaniu słów, proponuje się ćwiczenia z tego zakresu. Bardziej skomplikowane ćwiczenia polegają na odnajdowaniu podobieństw i różnic pomiędzy zbiorami słów, na uzupełnianiu tekstów oraz ustalaniu odpowiednich układów znaczeń.

W celu pobudzenia zainteresowania studentów szczególny nacisk położono na różnorodność. Do- tyczy to zarówno ćwiczeń, jak też czytanek, piosenek i opracowania graficznego. Czytanki, stanowiące podstawę książki, obejmują takie tematy, jak: stosunek człowieka do otoczenia, fantastyka, miłość, go- towanie, życie psychiczne, praca, sport. Ich stylistyka i sposób przedstawienia sięgają od pogawędki do języka naukowego. Ponadto tekstom towarzyszą rysunki, grafiki i zdjęcia. Niektóre z nich służą do za- poznania czytelnika z polską architekturą, rzeźbą i malarstwem, a różnorodne piosenki umożliwiają kon- takt z inną bogatą dziedziną polskiej kultury – z muzyką.

Redakcja Wydawnictw Katolickiego Uniwersytetu Lubelskiego

Zrealizowano techniką offsetową. Wykonawcy: skład IBM –
ALICJA NIWIŃSKA, RENATA NOWICKA i ROMAN MŁYNAR-
CZYK, fotografia i montaż – MLADEN WELINOW, kopia –
RYSZARD ZARAJCZYK, druk – WIESŁAW SZCZĘSNY, opra-
wa pod nadzorem GRAŻYNY PACHUTY. Szef produkcji –
HENRYKA BOCHYŃSKA.

Wydanie III. Nakład 17500+25 egz. Ark. wyd. 31,25. Ark. druk. 28,5.
Papier offset. kl. III, B1, 80 g imp. Druk ukończono w marcu 1988 r.
Wkładki kolorowe na papierze kredowanym z importu.
Zam. 54/88

ZAKŁAD MAŁEJ POLIGRAFII KUL